통합학문으로서의
한국 교육철학

국립중앙도서관 출판예정도서목록(CIP)

(통합 학문으로서의) 한국 교육철학 / 지은이: 이은선. --
서울 : 동연, 2018
      p. ;   cm

ISBN 978-89-6447-397-9 93370 : ₩16000

교육 철학[敎育哲學]
한국(국명)[韓國]

370.10911-KDC6
370.9519-DDC23   CIP2018003457

통합학문으로서의 한국 교육철학

2018년 1월 26일 인쇄
2018년 1월 31일 발행

지은이 | 이은선
펴낸이 | 김영호
펴낸곳 | 도서출판 동연
등   록 | 제1-1383호(1992년 6월 12일)
주   소 | 서울시 마포구 월드컵로 163-3
전   화 | (02) 335-2630
팩   스 | (02) 335-2640
이메일 | yh4321@gmail.com

ISBN 978-89-6447-397-9 93370

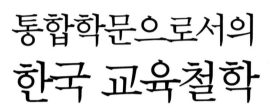

통합학문으로서의
한국 교육철학

이은선 지음

동연

1.

　세종대학교 교육학과에서 교수가 되어서 30년을 가르친 후 명예퇴직을 하게 되었다. 1980년도 초에 시작한 스위스 바젤 대학에서의 신학박사학위 논문이 페스탈로치와 왕양명의 비교연구였던 터에 원래 수도여자사범대학 시절부터 한국 교육학계에서 유서 깊던 세종대학교 교육학과에 오게 되었고, 거기서 교육철학을 담당하는 교수로 지금까지 가르칠 수 있었다.

　「페스탈로치와 왕양명의 인간교육에 있어서의 종교적·철학적 근거」가 그 첫 학위논문이었다. 이 제목이 알려주는 대로 어떻게 하면 인간 교육, 참된 인간 성장(die Menschenbildung)이 가능하도록 할 수 있을까, 무엇이 관건이 되어서 진정으로 인간다운 인간, 인간다운 세상공동체가 이루어질 수 있을까를 16세기와 18세기 동서문명 격동기의 두 사상가는 온 몸으로 찾아 나섰고, 나의 연구는 그러한 그들 삶과 사고의 궤적을 밝히는 일이었다.

　여기서 그들은 한결같이 강조한다. 참된 인간교육이란 결코 단차원의 일이 아니라는 것을, 그것은 인간과 사회에 대한 깊은 형이상학적, 종교·철학적 성찰이 요청되는 일이지만 그러나 결코 그러한 사고와 보편의 일만이 아니라 참으로 여기·이곳에서의 구체적인 관심과 참여, 작은 일에 대한 세밀한 실천적 물음들이 함께 엮여서 이루어지는 일이라는 것을 말한다. 이 책에서의 모든 흔적은 어쩌면 그 첫 가르침과 행적을 따라가려는 나의 고투였다고 말할 수 있을지 모르겠다. 결코 어떤 성취였다고 할 수 없지만, 어떻게든 그 둘 사이를 관계 맺으려는 시도였다. 그래서 보통 교육은 종교나 정치와는 상관없고, 단지 개인이나 개별적 관심의 일이고, 또는 교실에서의 방법론 이야기이며, 별로 존중받지 못하는 여성이나 보육교사의 일이라고 생각할지 모르지만, 그 인간 성장과 교육의 일은 실은 인간 문명의 가장 으뜸 되는 관심거리이고, 참된 학문적 결실이며, 그래서 모든 인간이 추구하는 최종 관건이라는 것을 말하는 것이다. 그런 의미에서 교육학 내지는 교육철학은 진정으로 하나의 '통합학문'(an integral study)이라는 것을 말한다.

2.

오늘날 우리가 사는 한반도뿐만이 아니라 인간 문화와 문명이 전체적으로 큰 위기에 봉착해 있다고 이야기된다. 두 차례의 세계대전을 불러일으켰던 서구 제국주의가 물러간 후 오늘 다시 전 세계적으로 기승을 부리는 신제국주의 경제자유주의 앞에서 인간성은 한갓 경쟁의 도구가 되거나 아니면 인공지능(AI)에 비해서 한없이 뒤떨어져 곧 대체되거나 폐기될 것처럼 말해진다. 그래서 교육은 점점 더 비싸지고, 서둘러지고, 아니면 아예 정치나 경제에 의해서 폐기될 지경이다. 이러한 가운데 이 책에서 주로 대화를 나누는 우리 정신의 선배들은 한결같이 인간 정신성의 선험성을 말한다. 그리고 그 인간적 가능성과 선험성에 대한 믿음(信)이야말로 우리의 참된 신앙이고, 진정한 종교가 되며, 지금 인류가 맞이하고 있는 높은 파고의 문명적 위기를 헤쳐갈 수 있는 근거라고 지시한다. 공자나 맹자, 소크라테스, 플라톤에 이어서 왕양명, 페스탈로치, 정하곡, 루돌프 슈타이너, 한나 아렌트, 이반 일리치나 프란시스코 바렐라 등, 좁은 의미의, 또는 넓은 의미의 이들 교육가들은 그런 의미에서 동시에 전복적인 신학자이자 정치가이고, 문명개혁가라고 할 수 있다.

3.

2018년 〈한겨레신문〉이 뽑은 올해의 책 중에 김승섭 고려대 보건과학대 교수의 『아픔이 길이 되려면』과 어린이인권전문가 김희경 씨의 『이상한 정상가족 – 자율적 개인과 열린 공동체를 그리며』가 있다. 이 두 책 모두 오늘 한국 사회에서 얼마나 보살핌과 돌봄, 공감의 일과 가족적 삶이 해체되고 파괴되어 있으며, 그렇다면 어떻게 다시 그 인간 삶에서의 근본을 회복할 수 있는지, 그 대안적 가능성이 어디에 있는가를 묻고 있다. 유사한 통찰 속에서 나는 그 한 가능성이 아시아 유교 문명 안에 놓여 있다고 말해왔다. 물론 거기서의 '가부장주의 정상가족'은 혹독한 비판과 해체를 맞이할 수밖에 없지만, 그런 가운데서도 유교 문명이 인간 문명의 전개를 '수기안인'(修己安人)할 수 있는 인간을 키워내는 일로 삼고 있고, 그 일의 출발점과 가능성을 바로 참으로 구체적이고 섬세하게 좁은 반경의 '(가족적) 관계' 안에서 찾고자 하는 일은 매우 의미 있다고 여기기 때문이다. 만약 우리 인간 공동체가 그 인간성을 잃지 않으려면 비록 그 형식의 다양성은 인정한다 하더라도 이 기본적인 인간 삶의 방식을 놓쳐서는 안 된다고 생각한다.

우리가 보통 현대 페미니즘의 시각으로 매우 부정적으로만 보아왔던 조선 유교사회에서의 가족적 삶 속에서 오늘 우리가 찾고 있는 돌봄과 보살핌, 여성적인 생명적 삶의 모형을 본다. 물론 그것이 당시 사회가 양반위주의 신분주의사회였으므로 매우 한정된 소수에게만 해당하는 일이기는 했지만, 거기서의 삶은 오늘 무작정 모든 사람이 밖으로 나가서 생존을 위한 노동자로 살아가야 하는 때에 한 대안적 모습으로 볼 수 있다. 즉 인간적인 돌봄과 살림과 보살핌의 일을 '집사람'으로서 집중해서 수행할 수 있는 가능성, 거기서 아이들은 자라고 양육되며, 젊은이는 심정적인 배려를 받고, 노인과 죽어가는 부모들은 보살핌과 배웅을 받는 인간적 삶의 모습이 가능했던 것을 말한다. 나는 오늘 21세기 인간적 삶에서 다시 이러한 일들이 가능해져야 한다고 생각한다. 물론 그 일이 당시처럼 여전히 겉의 신체적인 구분에 따라서 몸적 여성에게만 한정되어서는 안 되고 여남 누구에게나 열려진 일이어야 하지만, 이런 인간성의 배려적 삶이 가능했던 것이 결코 포기되어서는 안 된다고 여긴다. 그래서 예를 들어 18세기 영·정조 시대의 여성 선비 임윤지당(任允摯堂, 1721-1792)이나 강정일당(姜静一堂, 1772-1832)의 경우를 보면 그들의 관심과 배려는 그들 가족에 대한 한정을 넘어서 오히려 오늘 핵가족에 매몰되어 있는 우리보다 더 크고 넓게 공동체를 향한 공적 의식으로 채워져 있었고, 그런 의미에서 그 여성들의 배려적 삶을 나는 그들의 마음이 천지만물로 향하는 '천지생물지심'(天地生物之心)의 표현이라고 풀어냈다(『잃어버린 초월을 찾아서 - 한국 유교의 종교성과 여성주의』, 2009).

4.

이러한 모든 통합학문적 연구가 오늘 한국 사회에서 큰 위기 가운데 봉착한 인간 공동체적 삶, 그중에서도 특히 한 인간이 태어나서 인간다운 삶을 살 수 있도록 되기까지 그 성장 과정에서 반드시 요청되는 가족적 삶의 가치를 지키는 일에 도움이 되었으면 좋겠다. 오늘날과 같이 아이들의 육아와 성장이 이른 시기부터 거의 집밖에서 이루어지거나 노인 세대와 죽어가는 자의 보살핌과 배려가 철저히 집단적으로 이루어지는 상황에서 어떻게 우리가 인공지능의 문화와는 다른 인간성의 문화를 기대할 수 있겠는가? 그런 의미에서 다시 가족적 공동체의 의미가 살아나고, 그것을 우리 삶의 다양한 분야에서 적용할 수 있어야 한다. 마을공동체가 회복되고, 오늘처럼 모두가 집밖으로 나가서 일자리를 찾는 방식의 삶으로 우리 활동적 삶이 획일화되어서는 안 된다고 여긴다. 정부와 사회는 그러한 돌봄의 일들이 단지 한 개인의 책임이거나 전적으로 사적인 역량에 따라서 가능해지는 일로 보지 말고, 누구에게나 열린 선택의 가능성이 되도록 공적으로 지원하고, 도와주고, 사회 전체가 그런 가치의 지향으로 나아가도록 노력해야 한다. 오늘 우리 주변에서 종종 들려오는 심각한 아동학대나 요양병원 시설에서의 노인들의 죽음과도 같은 삶은 우리 사회가 아무리 감춘다고 해도 결코 감출 수 없는 비인간화의 모습이다. 그렇게 태어나는 자와 죽어가는 자에 대한 보살핌과 배려가 모두 집단적으로 공공시설의 일로만 여겨질 때 인간 문명의 섬세함과 결이 지속되고 전개되기 어렵다. 그래서 오늘 우리 사회와 교육에서 제일 긴요하고 시급한 일이 바로 긴밀한 공동체적 의식을 회복하는 일이라고 보는데, 그것은 그 섬세하고 친밀한 인간적 삶의 체험을 통하지 않고는 인간 삶과 문명의 기초적 토대인 믿고 신뢰할 수 있는 능력(信), 약속하고 용서할 수 있는 능력(恕)이 결코 길러질 수 없기 때문이다.

5.

　페스탈로치는 일찍이 어린 시절에 한 인간이 마땅히 받아야 하는 인간적인 돌봄과 교육의 부재로 인한 폐해는 그 사람이 무덤에 들어갈 때까지 따라다녀서 자신의 삶은 물론이려니와 주변 사람과 공동체에게도 지속적으로 영향을 미친다고 하였다. 나는 이 말을 들을 때마다 나 자신의 지금까지의 삶뿐 아니라 여러 주변 사람들의 경우도 돌아보게 된다. 이런 경험과 통찰로 페스탈로치는 시간이 지나갈수록 더욱더 자신의 학문적 역량과 정치적 활동을 모아서 당시 유럽 사회의 가난한 민중교육의 개혁을 위해서 힘썼고, 좁은 울타리의 종교와 신앙을 넘어서 그들의 교육을 위해서 몸을 바쳤다. 하지만 그는 동시에 그렇게 어린 시절의 좋은 교육의 부재로 인한 고통과 불행에 안타까워 하지만, 그와 더불어 인간 자연성에 대한 확고한 믿음으로 어떠한 경우에 처한 인간이라도 그 회복의 가능성에 대한 믿음을 저버리지 않았다. 즉 우리는 어떠한 경우라도 우리 안에 본래적으로 선하게 놓여 있는 선험성의 힘으로 다시 회복되고 극복될 수 있다는 것이다. 이러한 두 가지의 가능성에 대한 믿음을 항상 다시 상기하면서로 나는 우리들의 부모님, 완전하진 않았지만 그 가운데서도 스스로의 희생을 통해서 어떻게든 자식들에게 안정된 보금자리를 마련해주려고 노력했던 나의 어머니, 나의 시어머니를 위해서 이 책을 제일 먼저 드리고 싶다. 또한 그와 더불어 나의 어린 시절의 교육의 불안정으로 인한 폐해를 끊임없이 되받고 자라났을 나의 아들들도 생각한다. 어린 시절의 불안정이 스스로를 잘 믿지 못하게 하고, 주변과 세상의 선함을 보지 못하면서 불안과 비겁함, 부정직과 불성실 속에서 살도록 하기 때문이다. 이런 모든 일들을 생각하면서 이 책을 엮었다.

6.

정말 하늘의 은혜로 세종대학교에 오게 되어서 이러한 성찰들을 같이 나눌 수 있는 기회를 얻어 크게 감사한다. 하지만 오늘에 이르러 이미 이반 일리치도 지시했듯이 유럽 역사에서 제1의 종교개혁이 중세 교회로부터의 인간 해방이었듯이 이제 제2의 종교개혁은 학교로부터의 해방이라고 한 것처럼, 오늘날 사람들이 제일 고통스러워하는 것이 교육이고, 자식 대학 보내는 일이라는 것을 아는 상황에서 계속 남아있을 수만은 없었다. 대학에 남아서 내가 할 수 있는 일이 무엇인가를 많이 고민도 해보았지만 시간이 지날수록 점점 더 능력의 한계를 느끼고, 한편으로 좀 더 범위를 좁혀서 탐구를 계속해보고 싶은 생각이 많이 들었다. 그리고 나 스스로에게도 좀 더 편안한 집과 가족적 삶을 마련해주는 일이 요청된다고 생각했다. 그러나 앞에서도 말했듯이 그런 선택이 모든 공적 감각을 내려놓고 사적 집으로 숨는 것을 의미하지 않는다. 오히려 어쩌면 더 큰 삶의 실험─간디의 말로 하면 '진리와의 실험'(an experiment with truth)을 시작하려는 것인지도 모르겠다.

그것은 어떻게 한 인간의 삶에서 공적 영역과 사적 영역을 조화롭게 통합할 수 있을까 하는 물음이고, 어떻게 오늘 우리 시대에 '사고하는 집사람'(eine denkende Hausmann/frau)로서 우주의 만물에 대한 관심과 물음을 놓지 않으면서 참된 인간성의 삶으로 살아갈 수 있을까 실험하는 일일 것 같다.

7.

부족한 사람을 지금까지 지지해준 제자들에게 고마운 마음을 보낸다. 교육학적 사고에서 항상 다시 돌아가는 페스탈로치와 왕양명의 말을 또 기억해보면 페스탈로치는 '교육은 기다림이다'라고 했고, 양명은 진정한 공부란 '더하는 것이 아니라 날마다 (자신의 이기심을) 덜어내는 것'(只求日減, 不求日增)이라고 했다. 이러한 말들이 요사이 더욱 생각나는 것을 보면 이 가르침이 나에게 제일 부족했던 것이 아니었나 여긴다. 이미 말했듯이 이번의 글들도 하나같이 종교와 정치, 정치와 교육, 남성적 시각과 여성의 관점, 개인과 공동체, 몸과 정신, 감정과 인식, 지성과 의지, 영성의 차원들을 서로 '불이적'(不二的)으로 연결하고 통합하려는 노력(聖·性·誠의 통합학문탐구)에서 나온 것들이다. 그러다 보니 덜어내기는커녕 점점 더 더해지는 욕심만 쌓이게 된 것 같다. 하지만 그런 모든 그러함에도 불구하고 나는 이 일들을 다시 '긍정'의 방식으로, 특히 한국 여성들이 지금까지 지난하게 수행해온 나름의 고유한 삶의 방식이었던 만물을 낳고 살리는 영성과 모성의 모습으로 표현하는 일에 주저하지 않겠다. 즉 '한국 생물(生物)여성영성의 교육철학'을 말한다.

짧은 시간 안에 시간을 다투면서 책을 묶는 일을 위해서 큰 수고를 해주신 동연출판사의 김영호 사장님께 마지막으로 감사 인사를 드리고 싶다. 이미 다른 제목하에서 엮은 글들을 다시 가져오기도 했지만 이렇게 '통합학문으로서의 한국 교육철학'이라는 이름으로 엮어져서 작은 책으로나마 나올 수 있어서 남은 학생들과 제자들을 위해서 조그만 위로가 되기를 바란다. 오늘의 이 시간이 있기까지 지금까지 30년을 함께해준 사랑하는 가족, 친지와 동료들, 특히 세종대학교의 선생님들과 제자들을 위해서 기도하는 마음을 모은다.

2018년 1월 28일
부암동 언덕에서
이은선 모심

책을 내며 5

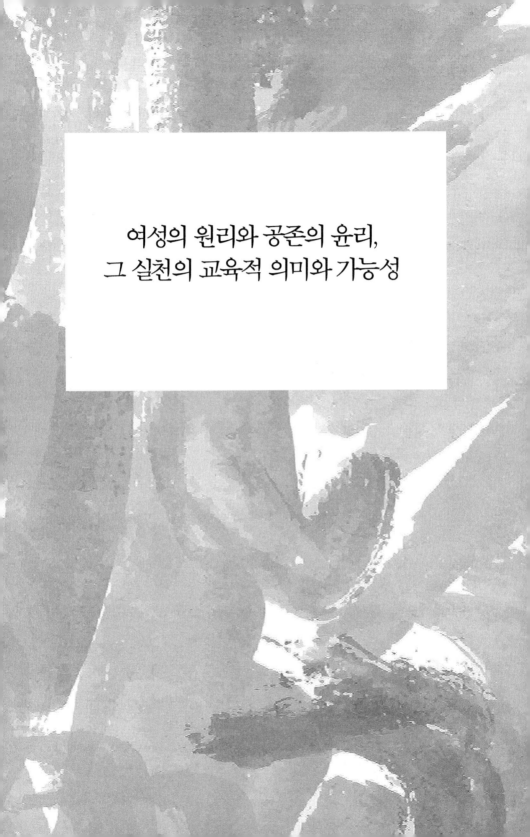

여성의 원리와 공존의 윤리,
그 실천의 교육적 의미와 가능성

I. 시작하는 말

지난 1995년 2월에 우리나라를 방문한 일본의 노벨상 수상작가 오에 겐자부로(大江健三郎)는 자신의 문학주제의 핵심은 바로 어떻게 '실존적 주체'와 '타인의 공생' 문제가 서로 관계될 수 있을까를 탐색하는 것이라고 밝혔다. 선천적 장애인의 아들 '히카리'가 태어나기 전에는 오직 사르트르만을 읽으며 실존적 주체를 추구해온 그에게 그 장애인 아들의 탄생은 절망이고 비탄이며, 나락이었다고 한다. 그것은 그 아들의 존재가 자신의 모든 주체성을 삼켜버릴 것 같았기 때문이다. 그 아이가 더 이상 존재하지 않게 되기를 바라는 이기심과 잔혹성에 떨며 방황하던 그의 모습이 그의 소설 『개인적 체험』(1964)에 적나라하게 그려져 있다. 그러나 그는 그 소설의 말미에서처럼 자신이 자신의 아들을 죽이면서까지 지키려 했던 것이 도대체 무엇이며, 자신의 어떠한 모습을 지키기 위해 그렇게 해나가려고 하느냐고 물었을 때,

그 답은 '無'라는 것을 깨닫게 된다.[1] 거기서 그의 삶의 반전이 시작되고, 이전에는 도저히 같이 살 수 없을 것 같았던 생명과 더불어 살아나가는 것을 인내하고 배워나가면서, 오히려 그가 이전에 오로지 자기 자신에게만 관심이 집중되어 있을 때 겪었던 절망과 허무의 늪에서 벗어나서 삶의 긍정과 치유가 가능해지는 것을 체험하게 된 것이다.[2] 그 개인적 체험을 바탕으로 그는 한국과 일본, 아시아, 세계의 화해와 치유를 위해 노력하는 양심으로 살고 있다. 이러한 오에의 이야기는 오늘 우리 삶의 딜레마와 그곳으로부터의 치유의 길을 잘 지적해주는 것 같다.

오늘 우리의 삶은 우리 자신의 '더 나은' 미래를 위해서 '더 안정된' 기반을 위해서 우리 이웃은 물론이려니와 우리의 부모도, 형제도, 자식도 제거하기를 원한다. 심지어는 우리 자신의 가장 적나라한 생명과도 경쟁을 벌여 그 생명의 최소한의 생존요구마저도 들어주지 않으려고 한다. 그러나 그 생명이 죽어버리고 나면 도대체 우리는 어떤 다른 우리를 더 기대할 수 있을 것인가? 부모도 가고 가족과 이웃도 모두 떠난 뒤 우리에게 남겨진 울타리에서, 설령 그 울타리가 아무리 훌륭하다 해도 우리는 과연 행복할 수 있을까?

이러한 성공과 경쟁, 안정 추구의 이야기는 단순히 개인적 삶에만 적용되는 것이 아니다. 오늘날 가해지는 현대과학 기술문명의 끝없는 요구, 점점 더 대기업화와 다국적 기업화 되어가는 세계경제, 우리나라에서의 남한과 북한의 관계 등은 다 그런 모습이다. 자신의 성공과 안정을 위해서 한쪽 편을 완전히 제거하기까지 치닫는 오늘의 경제신

---

1 오에 겐자부로, 정효영 역, 『개인적 체험』(서울: 소학사, 1994), 268.
2 "일본의 순결한 지성 오에겐자부로", 「시사저널」 제277호 95/2/6, 44 이하.

화, 개발신화, 성공신화는 그러나 요즘 서서히 그 진행이 부드럽지 못하고 발목이 잡혔음을 드러낸다. 그것은 아주 치명적이다. 1950년 이후, 엄청나게 확대된 세계경제 규모로 인해 그 경제체계가 환경에 끼치는 부담이 지금 이 지구행성의 허용한도에 달하고 있다는 이야기나, 힘의 원리가 지배하는 사회 전반에 나타나는 깊은 우울증, 허무, 퇴폐, 불특정 다수에 대한 무차별한 공격, 폐륜적 범죄 등은 다 그러한 징후들이다. 누구를 위한 안정인가, 무엇을 위한 효율성인가를 이제 심각히 물어보아야 한다는 것이다.

본 글의 목적은 이와 같은 오늘날의 상황에 비추어서 그 원인의 이해와 가능한 한의 대안 모색을 '페미니즘적' 시각에서 시도해보는 것이다. 즉, 이제까지 인류의 삶의 전개를 '여성'과 '남성', '여성적 원리'(Feminine Principle)와 '남성적 원리'(Masculine Principle) 등의 性의 구별의 차원에서 이해하면서 이제까지 주도적 가치였던 남성적 원리 대신에 그 대안적 가치가 되고 더욱더 근원적인 삶의 원리가 되는 여성의 원리를 드러내 보이는 것이다. 본 글의 초점은, 그러나 그 여성의 원리에 대한 이론적 탐색을 심화하는 것이 아니다. 오히려 우리가 참으로 적나라하게 구체적 여성의 삶에서 만나는 모습들과 가치들을 여성의 원리로 보면서, 그것들이 남성의 원리와는 다른 '공존의 윤리'가 되며, 그 가치들이 억눌리고 짓밟혔을 때 우리 삶에서 나타나는 파괴적 모습들을 보면서 그 실천의 의미를 되새기는 것이다. 한 인간이, 한 여성이 어떻게 진정으로 더불어 사는 능력을 가지게 될 수 있을까, 그것의 중요한 관건을 우리는 '여성 원리'의 인정으로 보는 것이다. 그것의 탐색을 우리는 본 글에서는 주로 서양적인 연구결과의 테두리 안에서 행할 것이다.

II. 여성의 원리와 공존의 윤리

'여성'이 본격적인 탐색의 대상이 된 후, 시몬느 보봐르(Simone de Beavoir)는 이미 그 분야에서 고전이 된 책『제2의 성』에서 여성에 대한 본체론적, 실재론적 규정의 어려움과 그 개별적인 학문적 탐색의 불충분성을 언급했다. 이 같은 어려움은 우리가 지금 '여성의 원리' (Feminine Principle)를 이야기하고 '공존의 윤리'를 탐색하고자 하는 데도 그대로 적용된다. '여자란 무엇인가', '여성의 성격'이란 과연 무엇이며, '여성의 원리', '여성의 윤리'라는 것이 과연 있는가? 있다면, 그것은 여전히 전통적으로 나뉜 한쪽의 性에만 관계된 것인가, 아니면 인간 누구에게나 보편적 삶의 원리로 이해될 수 있는가 등의 물음이 이어진다. 또한 이 여성의 원리에 대한 논의는 이미 여성과 남성이 똑같다는 것을 주장하면서 여성의 해방을 추구해온 근본주의적 페미니스트들에게는 여성들을 다시 전통의 굴레에 묶으려는 의도가 아닌가 하는 의혹을 갖게 한다.

보봐르는 여성에 대한 실체론적 정의는 부정하지만, 그러나 현실에서 그 뚜렷한 차이와 구별이 여전히 명백히 존재한다는 사실은 부정할 수 없다고 했다. 그리하여 그녀는 그 불충분성의 인식에도 불구하고, 여성에 대한 생물학적, 정신분석학적, 사회학적 탐색 등을 통해 그 이해의 시야를 넓혀갔고, 거기서 더 나아가 여성들의 진실한 세계를 그녀들이 실제로 살고 있는 구체적 삶에서의 '체험'들을 분석함으로써 밝혀내고자 했다. 이러한 보봐르의 방법론은 지금 '여성의 원리'를 탐색하고자 하는 우리에게도 의미가 깊다. 먼저 그녀의 지적대로 현실적으로 오늘날에도 여전히 뚜렷하게 존재하는 성별 차이를 인정함으로써 여성의 원리가 이제까지는 인류의 수천 년의 전통 속에서 특히 한쪽의 性에 연결되어 전개되어왔다는 것을 인정하게 한다. 즉, 여성과 남성의 차별 없음을 강하게 주장하는 논의에도 불구하고, 그 '여성의 원리'(Feminine Principle), '여성의 성격' 등은 여전히 따로 구별되어 이야기될 수 있다는 뜻이다. 두 번째, 여성의 원리를 이해하기 위해서 각 개별 학문들의 탐색을 살펴보고 그것들을 종합하는 방법이다. 최근까지 여성에 대한 생물학, 인류학, 심리학, 철학, 신학 등 개별 학문들의 탐구가 심화되어 왔다. 그러한 개별 과학들의 탐색은 여성의 존재 이해를 위해서 중요한 관건이 되는데, 다만 오늘의 문제는 어떻게 그 시각들이 서로 관계되어서 더욱더 통합된 시각으로 구성되느냐 하는 것이다. 세 번째, 그녀의 '체험'연구가 여성연구의 한 특별한 방법론이 된 것처럼 우리가 '여성의 원리'를 이해하고 '공존의 윤리'를 말하려고 하는 데 있어서도 그러한 현상학적 방법은 중요한 의미를 지닌다는 것이다. 즉, 우리가 어떠한 한두 가지의 객관적 논리로 이해하기보다는 구체적으로 우리의 삶 속으로 들어가서 보면, 여성의 원리가 더욱더 확연히 드러나고, 그것이 진정으로 생명을 살리는 공존의 윤리가 됨을 볼 수 있다는 확신이다. 우리 주변의 구체적인 여성들의 삶과 살림하는 사람들의 삶 속에서 그것의 지극한 예들을 발견할 수 있다는 이야기이다.

　이러한 세 가지의 방법론적 시각에 근거하여 가능한 한의 여성 원리를 탐색해보면, 먼저 최근의 여성인류학자들의 탐색이 주목을 끈다.『성의 계약』(Sex Contract),『사랑의 해부학』(Anatomy of Love) 등의 책으로 우리에게 알려진 미국의 여성인류학자 헬렌 피셔에 따르면, 인류 진화의 원동력은 여성의 섹스할 수 있는 능력이다. 이제까지 일반적인 통념과는 달리 그녀는 인류 진화에서 여성들의 역할, 특히 그중에서도 이제까지 남성주의적 가치관에 의해서 가장 무시되고 억눌려왔던 여성의 성적 매력을 가장 중요한 미덕으로 이야기한다. 섹스를 통해 번식하는 생물종 중에서 인간만큼 시간의 제약을 받지 않고—매일, 임신 중에라도—할 수 있는 존재가 없다는 사실에 주목하면서 그녀는 그 섹스할 수 있는 능력을 통한 '성의 계약'이야말로 모든 인류 진화—인류의 신체적 진화, 감정, 언어, 가족관계 등—의 단서이자 힘이라고 주장한다.3 즉, 지금부터 800-400만 년 전쯤에 아프리카의 숲에서 사바나로 나오게 된 인류의 선조들은 더 이상 예전처럼 나무를 타며 다닐 수 없게 되면서 '직립보행'을 하게 되었다. 그러나 이 직립보행은 그들의 골격에 여러 가지 변화를 가져왔고, 특히 '암컷'들에게는 문제가 되었는데, 즉 골반의 형태가 변해 산도가 좁아지며 차츰 난산을 하게 되었다. 그러나 여기서 다시 자연의 선택이 개입되어 '조산'이라는 인간의 특성이 나타났다고 한다. 미숙한 인간 태아의 머리는 작아서 산도를 쉽게 통과할 수 있기 때문이다. 그러나 여기서 문제가 다 해결된 것이 아니라 암컷은 또 다른 어려운 문제를 짊어지게 되었는데, 즉 다른 포유류 동물과 비교하여 거의 1년 정도나 일찍 세상 밖으로 나오는 것이라는 조산된 새끼를 몇 개월, 혹은 몇 년 간 보살펴주지 않으면 안 되었다. 다시 말하면, 인간의 오랜 기간의 양육 문제가 생긴 것이다. 여기서 선조의 암컷들은 이제 각자의 힘만으로 새끼를 기르던 시대를 뒤로 하고 수컷과 특별한 관계를 맺을 수밖에 없게 되었고, 그래서 남녀의 '性의 계약'이 시작되었다는 것이다.

새끼를 기르는 책임 일부를 분담하기 위하여 시작한 性의 계약으로 그 후 인간의 신체적 진화, 가족, 사회조직, 언어 등이 오늘날과 같은

---

3 헬렌 피셔, 박애영 옮김, 『성의 계약 - 인간의 진화를 보는 새로운 관점』(서울: 정신세계사, 1993).

형태를 취하는 방향으로 전개되었다고 한다. 수컷에게 자신의 성적 매력을 제공해주고 자신의 아이들을 살려낼 수 있었으므로 그러기 위해서는 보다 긴 기간 섹스할 수 있는 암컷, 임신 중에도 하는 암컷, 출산 후 즉시 가능한 암컷의 새끼들이 더 많은 양식을 제공받아 생존율이 높게 되었고, 그리하여 인간에게는 마침내 발정기가 없어지게 되었다고 한다. 이 性의 혁명은 인류 진화 과정에서 일어난 사건 중에서 "가장 획기적인 사건"이라고 한다. 수컷은 더 많은 섹스를 제공받기 위해 더 좋고 많은 고기를 가져와야 했으므로 그의 신체는 점점 커지고 소위 남자답게 되었고, 섹스를 하는 가운데 더 좋고 싫은 감정이 생기면서 지속적인 관계인 가족이 생겨났으며, 아버지라는 개념과 언어, 여러 가지 금기사항과 윤리의식 등 모두 "섹스베테랑"인 암컷에 의해 주도 되었다고 한다. 발정기가 없어지자 인구가 폭발적으로 증가할 수 있었다.

이상에서처럼 헬렌 피셔의 이야기를 들어보면 여성이, 그녀의 몸이 전체 인류 삶의 전개를 위해서 얼마나 공헌했는지 알 수 있다. 그녀의 가장 적나라한 몸의 사용을 통한 후손 양육에의 배려와 수고가 밑받침이 되어 인류의 삶이 전개될 수 있었다. 그러나 이제까지 3천 년 이상이나 지속되어온 가부장주의는 그 기초와 삶의 기반으로서 여성의 역할, 그녀의 몸의 원리를 무시하고 억눌러왔다. 대략 3만여 년 전쯤에 남성들에 의해 주도된 것으로 여겨지는 인류의 사냥문화는 '기본 활동'으로서 여성의 채집활동이 있었기 때문에 가능했다고 한다. 최근 생물학의 유전자 탐색에 따르면 인간도 단 하나의 X만으로도 살 수 있고(XO), 세 개의 X로도 살 수 있으며(XXX), 또한 XYY 또는 XXY의 남성 염색체 인간은 있으나, 어떤 경우든 인간이 되려면 여성 염색체인 X가 동반되지 않고는 가능하지 않다고 한다.[4] 이러한 이야기는 여성의 자연적 기본됨을 잘 지적해주고 있다.

레비스트로스 등의 문화인류학자들의 탐색이 인간의 '자연의 상태에서 문화의 상태로의 이행은 생물학적 관계를 일련의 대립, 즉 이중성과 교체, 반대, 대칭 등으로 관찰할 수 있는 능력에 의해서 이해된다'고 밝혔다면, 이는 현실적으로 우리로 하여금 이제까지 인간 삶에서 성역할의 구분과 대립을 인간 사회 현실의 기본적이며 직접적인 사실로 받아들이게 한다. 다시 말하면 이제까지 인류 삶의 전개에서 여성의 원리와 여성의 가치가 한 특정한 성(여성)에 밀착되어 전개되어왔음을 인정하는 것이다. 그러나 우리가 위에서 여러 가지로 살펴본 대로 여성의 원리—그것이 비록 역사의 필연에 의해서 특정한 하나의 성에 부과되어온 역할과 거기서 얻어진 가치를 지칭하면서 파생된 의미이긴 하지만—는 인간 모두의 기본이 되며, 더 나아가서 더 지극한 자연적 기초가 됨을 보았다. 오늘날의 변화된 현실은 여러 가지 차원에서 이제 이 성의 구별과 차별이 지양될 수 있고 통합될 수 있으며, 그렇게 되어야 한다는 사실을 지적해준다. 그런 의미에서 심리학자 칼 융(K. Jung)이 인간의 더 깊은 내면을 '아니무스'(Animus: 남성적 영혼)와 '아니마'(Anima: 여성적 영혼)라고 하는 두 원형적 원리의 통합으로 이해한 것은 의미 있다고 하겠다. 한편의 페미니스트들은 융의 이러한 이해가 오히려 '여성성'이라는 것을 실체화하고 고정화해 현실에서 여성 차별을 더욱더 조장하는 것이고, 융이 남성이듯이 그 여성의 영혼이라고 하는 것은 결국 다시 남성에 의해서 규정되고 조작된 것이라고 비판한다. 하지만 나는 위에서 살펴본 대로, 우리가 생물학이나 인류학 등의 탐구결과들을 같이 고려해볼 때, 오히려 그것이 양쪽 性 모두

---

4 엘리자베그 바뎅테, 최석 옮김, 『XY 남성의 본질에 관하여』(서울: 민맥, 1993), 69 이하.

에게 자신들의 또 다른 성적 본질의 존재를 자각케 한다는 점에서 해방적이라고 여긴다. 독일의 여성심리학자 한나 볼프(H. Wolf)는 그녀의 『남성 예수, 심층심리학적 시각에서 본 예수의 형태』라는 책에서 역사상에서 어떻게 예수가 한 남성으로서 그 자신 안에 자신의 여성적 영혼을 자각하고 통합하여 온전한 인격체가 될 수 있었는지 적고 있다. 그녀에 따르면 예수가 그리스도가 되는 이유는 바로 이러한 통합의 작업을 참으로 원형적이고 선구적으로 이루었기 때문이라고 한다.

융은 '여성의 원리', 여성적 영혼인 '아니마'의 특성을 크게 '수용성' (receptivity)으로 보았다. 융의 추종자가 아니라 하더라도 1970년대 이후 심화된 여러 심리학적 탐색들이 이 여성적 원리에 주목하게 되었다. 그 대표적인 예가 우리나라에서도 작년에야 번역 소개된 미국 여성 심리학자 캐롤 길리건(C. Gilligan)의 탐색이다. 1980년대 초 그녀는 그녀의 책 『다른 목소리로』(*In a Different Voice: Psychological Theory and Women's Development*)에서 이제까지 전통적으로 남성심리학자들이 남성심리의 관찰을 통해 밝혀놓은 것과는 달리 여성 고유의 인식발달과 도덕발달 과정을 밝혀냈다. 그녀에 따르면 인간의 윤리 중 '정의의 윤리'(a morality of justice)와 '보살핌의 윤리'(a morality of care) 사이에는 분명한 차이가 있는데, 그 차이가 주로 남성과 여성의 구별과 일치한다고 한다. 즉, 대부분의 남성에게는 정의의 윤리가 나타나는데 그것이란 칸트나 롤스(J. Rawls)의 윤리에서처럼 보편적인 원리들에 관심을 갖는 것이고 정당성, 원리들, 공정성, 객관성 등에 주목하는 것이다. 반면 여성들에게서 많이 나타는 보살핌의 윤리는 다른 사람들과 그들의 차이들, 또한 원리보다는 책임감 등에 관심을 두는 것이고, 도덕적 상황의 다양성을 인정하면서 그 상황성에 열려져 있는 의식이라고 한다. 더 나아가서 정의의 윤리는 자기 자신에게 관심을

가져 '자율의 이성'(idea of autonomy)을 추구하지만, 보살핌의 윤리
에 특징적으로 나타나는 관계에의 관심은 '상호관계의 이상'(the idea
of independence)을 갖고, 그리하여 여성들이 자신들의 성인기에 대
해서 말할 때는 인간관계가 가장 큰 관심이 된다고 한다.

　이렇게 '관계지향적'이고 '책임지향적'이며, '구체성과 상황성에 관
심을 갖는' 여성들의 다른 목소리는 1986년 메리 블랭키(M. Belenky)
등을 비롯한 여성심리학자 네 명에 의해 다시 한번 탐색되었다. 이들
이 5년여에 걸쳐 여성 135명과 심도 깊은 인터뷰를 통해 발견한 여성
인식발달과 도덕발달의 양상을 보면, 우선 여성들이 그들의 생각이나
경험을 표현하는 데 사용하는 언어가 남성들의 그것과 다르다는 점이
다. 즉, 여성들은 조사원들의 질문에 응답하거나 서로의 대화에서 주
로 '말하다'나 '듣다'와 같은 소리와 침묵에 관련된 은유, 다시 말하면
청각적 은유와 구술적 은유를 많이 사용하는데, 이것은 지금까지 대부
분의 남성철학자나 과학자가 그들의 정신활동을 표현하는 데 써온 '빛'
이나 '보다'와 같은 '시각적 은유'와 다르다고 한다. 시각적 은유가 실재
에 대한 비참여와 객관화를 중요시하는 데 반해서 청각적 은유는 말하
는 자와 듣는 자, 주체와 객체의 상호접근과 상호참여를 내포한다는
것이다.[5]

　이러한 탐색을 할 때, 여성심리학자들은 이제까지 남성심리학자들
이 주로 남성들을 표본으로 삼아 연구해온 발달이론과는 다른 전제에
서 시작한다. 즉, 지금까지 이루어진 대부분의 인지발달, 도덕발달, 신
앙발달에 관한 실증연구에서 보면, 그 완성이나 성숙의 개념이 아주

---

5 Mary Field Blenky 외 4인, trans. Nele Löw Beer, *Das andere Denken* (Frankfurt/
　New York: Campus Verlag, 1989), 30ff.

단편적이어서 근대 합리주의 정신에 입각한 합리성과 자율성, 독립성과 객관성 등만을 목표로 삼는 데 반해 이 페미니스트 심리학자들은 지금까지의 발달요인에 몇몇 요인을 더 첨가하고 보완해야 한다고 주장한다. 즉, 직관력과 상상력, 상호 관계력과 상황적 고려 등이다. 이들이 전제하는 '성숙'과 '완성'이란 순수한 합리적 단계에 머무르는 것이 아니라 인식자가 하나의 인격체로서 이성과 정열을 고루 갖추고 사람과 사람 사이의 '연결의식'(a Sense of connectedness) 내지 '관계의식'을 포함하는 의미이다. 블랭키 등의 연구팀은 여성들이 맨 처음 소리가 없는 "침묵의 단계"를 거쳐 "받아들이는 인식의 단계", "주관적 인식의 단계", "절차적 인식의 단계"를 지나 마지막으로 "구성적 인식의 단계"(Constructed knowledge)에 이르는 길을 밝혀주었는데, 이 단계란 짧게 말하면 다양한 상황과 목소리를 통합할 수 있는 능력의 단계이다. 이 성숙된 단계에서 여성들은 "정열적인 사고가"(a passionate thinker)로서 세계를 자신 안에 품기 위해 정신과 가슴이 동시에 열린 인격을 말한다. 이 단계에 들어서면 여성들은, 특히 이전 단계와 확연히 구별되는 모습으로 다른 사람들에게 진정으로 관심을 가질 줄 알고 그들과 연결된 것임을 느낄 줄 안다고 한다. 블랭키 등의 여성팀은 의미 깊게도 이러한 여성의 능력을 프랑스 여성철학자 시몬느 베이유(S. Weil)가 종교적이고 깊은 영적인 의미로 이해한 "집중하는 사랑"(attentive love)과도 같은 것으로 보았다.

이상에서처럼 우리는 여성인식과 경험, 여성원리의 독특성을 살펴보았다. 그것은 여성들의 책임지향성, 타인에의 관심, 차이들을 묶으려는 통합에의 배려 등이었다. 그것은 남성들의 '분리된'(separated) 인식방식 대신에 상황을 살피고, 남을 돌보는 '연결된'(connected) 인식방식이었다. 그러나 이제까지 이러한 여성의 인식방식과 삶의 원리를 무시하였고, 열등하고 미성숙한 것으로 여겨왔다. 그것의 독특성을 인정하지 못했고, 그것이 우리 삶의 또 하나의 기준이 되는 것이 받아들이지 않았기 때문에 여성들의 좌절과 우울, 고통은 깊다. 개인적인 성취가 아니라 보살핌의 관계가 유지되고 있는가를 더 가치 있는 발달기준으로 여기고 있는 그녀들에게 이제까지의 성취지향적 남성원리의 잣대는 그것에 도달한 여성에게든 그렇지 않은 여성에게든 모두에게 좌절감을 주었던 것이다. 그러나 우리는 오늘의 개인적, 사회적, 지구적 상황에서 공존을 지향하는 여성의 원리가 더욱더 절실히 요구되는 것을 본다. 그런 의미에서 남성윤리학자 한스 요나스도 오늘날의 전지구적 생존위기의 상황에서 이제까지의 진보의 윤리 대신에 '책임의 윤리'(Das Prinzip Verantwortung)를 제시하면서 그 책임 윤리의 원형적 모습으로 '우리 앞에 갓 태어나 무조건적인 생존을 요구하는 아기에 대한 부모의 배려의 마음'을 들었다.

진정으로 공존할 수 있는 능력을 키워주는 여성의 원리, 우리는 앞에서 그것이 비록 이제까지 한 특정 성에 부과되어 전개된 원리이기는 하지만, 남녀 모두에게 공통된 삶의 원리가 되며, 더 근원적인 기반이 되는 것을 보았다. 또한 시몬느 베이유의 종교적인 '집중하는 사랑' 등과 관계시켜 봄으로써 우리는 그것이 오히려 우리 모두가 지향해야 하는 "더 성숙된 사고"(das Andere der Vernunft)가 되며, 단순히 한 생물학적 원리이거나 심리이론의 차원으로만 이해할 것이 아니라 더 깊은 차원의 생명과 창조의 역이 됨을 볼 수 있다. 시몬느 베이유는 "집중력"이란 바로 신적 삶의 본질을 이루는 것이라고 했다. 우리가 알고 있는 이웃사랑도 같은 본질로서, 그녀에 따르면 불행한 사람이 이 세상에서 필요로 하는 것은 정말로 다른 것이 아니라 바로 집중할 줄 아는 사람, 그들에게 진정으로 집중할 수 있는 능력을 가진 사람이라고 한다. 그런데 불행한 사람에게 집중할 수 있는 능력이란 그녀에 따르면 세상에서 아주 드문 것이고, 아주 어려운 것으로서 그것은 사실 거의 하나의 '기적'에 가까운 것이다.[6] 그것은 우리가 일반적으로 생각하듯이 단순한 감정의 차원이나 동정심 정도가 아니라 그것은 완전히 내가 사라지는 것이고, 상대를 위해서 나를 완전히 비우는 것이며, 아무것도 기대하지 않고 단지 기다리며, 그 대상을 그의 적나라한 진실 속에서 그대로 받아들이는 것이라고 한다. 그녀에 따르면 모든 혼합으로부터 완전히 정화된 집중력이란 기도이고 구도이고, 그것은 우리 모든 교육과 공부의 목표가 된다.

우리가 앞에서 여성의 원리를 탐색해내는 세 번째의 방식에서 언급한 것처럼 이러한 원리는 단순히 한두 가지의 합리적 이론만 가지고는 파악해낼 수가 없는 것으로 보인다. 오히려 우리가 우리 삶의 구체적 현장으로 들어가서 거기서 생생한 예들로 살아가는 구체적 모습들을 보면서 그것의 전체적인 모습을 파악해낼 수 있을 뿐이다. 딸로서, 여성으로서, 아내로서, 어머니로서 살아가는 모습들 속에서, 또는 겉모습은 다르지만 그들의 삶 속에서 이 여성의 원리와 가치를 통합하며 살아가는 모습들 속에서 보일 뿐이다. 다음 장에서의 우리의 과제는 그리하여 여성의 구체적인 성장과정에서 그 여성의 원리가 관계하며, 그 원리의 억압으로 인한 상처, 그것의 회복과 거기서부터 성숙에의 길이 열리게 되는지를 살펴보는 것이다. 미국의 여성작가 낸시 프라이디(N. Friday)가 이미 1977년 *My mother, My self*라고 하는 제목의 책

---

6 Simone Weil, *Aufmerksamkeit für das alltägliche, Ausgewählte Texte zu Fragen des Zeit* (München: Kösel-Verlag, 1984), 65.

으로 발표하여 큰 반향을 일으켰던 그녀 자신의 자전적 체험 이야기를 중심적으로 다룰 것이다. 비록 서양 여성의 이야기이고, 또 그 후 많은 새로운 여성연구가 이어졌지만, 나의 생각으로는 여성 이야기의 한 전형을 밝게 밝혀주는 것이라 여기기에 여기서 살펴보고자 한다. 우리나라에서는 1985년에 작가 안혜성 씨가 『여성의 자기발견』이라는 제목으로 번역 소개하였다.[7]

III. 여성원리의 인정, 여성의 자기발견의 길

낸시 프라이디는 이 책에서 여성으로서 자신의 자아발견과 성숙으로의 과정을, 특히 어머니와 자신, 모녀 관계의 빛에서 조명한다. 그 모녀관계 중에서도 여성원리의 한 중요한 측면인 性의 원리, 즉 신체성의 인정 여부에 중점을 두어서, 어떻게 그것이 그들 사이에서 역할하면서 그녀들의 삶과 성장이 이어지게 되는가를 관찰한다. 이 性의 원리가 충분히 인정받지 못하고 억눌리고 기만되면서 그녀는 그녀의 어머니와 건강한 공생의 단계를 놓치게 되고, 거기서부터 이어져서 한 건강한 독립적 인격으로 성장하는 것이 방해를 받고, 그 방해 속에서 진정으로 타인과 공존할 수 있는 능력 대신에 흔들리고 불안해하고 매달리는 기생의 여성이 되는 것을 보여준다.

그녀의 어머니는 스무 살에 두 딸을 데리고 과부가 된 여인이었다. 어머니는 이미 소녀시절에 할아버지에게 손이 못생겼다고 자주 지적

---

7 낸시 프라이디, 안혜성 역, 『여성의 자기발견』(서울: 대완대도출판사, 1985).

을 받은 경험을 가지고 있고, 지독히 가부장적인 할아버지의 폭압에 못 이겨서 할머니가 집을 떠났고, 외로웠던 그녀 자신은 17세 때 저자의 아버지를 만나서 이른 결혼을 했다고 한다. 연년생의 두 딸이 곧 태어나고, 그러나 그녀의 남편은 금세 사망했으므로 저자인 낸시 프라이디에 따르면 그녀의 어머니, 곧 "자아라고는 한 번도 가져보지 못했던 사람"에게 그것은 말할 수 없는 충격이었을 것이라고 한다.[8]

이렇게 한 번도 자아정체감을 가져보지 못한 여성이 어머니가 되어 모성의 역할을 해야 되었을 때, 그녀는 그 아이들에게 그들이 자신들의 정체감을 키우기 위해서 반드시 필요로 하는 정서적 발판이 되어주지 못함을 생각해볼 수 있다. 이 정서적 발판이란 우리가 앞에서 살펴본 시몬느 베이유의 개념으로 이야기하면 "집중력", "집중하는 사랑"과 같은 것이라고 말할 수 있겠고, 또 전문적인 심리학 용어로 이야기하면, 생후 거의 세 살까지 지속되는 것으로 여겨지는 '공생기'(Symbiosis)에 형성되는 '건강하고 근원적인 나르시시즘(자기애)'의 형성을 위한 '거울'과 같은 역할을 말한다고 하겠다. 낸시 프라이디는 그녀의 어머니가 역시 자신도 그렇게 필요로 했던 정서적인 안정감을 줄 수 있는 남성을 택하지 못했고, 한 여성으로서의 생활을 통해 느끼게 된 욕망은 모성과는 정반대라는 사실을 발견해내고, 그래서 어머니로서의 역할에 심한 갈등을 느끼고 절망해버려 사실 그들 "자매들과는 정신적으로 거의 헤어져서 지낸 것"이나 다름없는 것이었다고 적고 있다. 그들 자매가 어머니를 필요로 했던 만큼이나 그 어머니 자신도 아버지가 필요했고, 그녀의 솔직한 몸의 요구가 경청되고 받아들여져야 했으나, 그녀는 '모성본능'이라는 더 큰 이야기 앞에서 마치 그 자녀들

---

8 같은 책, 49.

이 자신의 생활에서 가장 중요한 사람들인 척할 수밖에 없었다고 한다. 그러나 이렇게 어머니가 섹스와 모성에 대하여 느끼는 모순과 그것으로 인한 정서적 불안정은 아이들에게 은밀히 전달되고 강요되어 그 후 그들의 불안과 가식, 죄책감과 공포 등의 원인이 된다고 한다.

낸시는 어렸을 적 그녀의 어머니가 머리를 땋아주는 것을 싫어했는데, 왜냐 하면 등 뒤에서 그녀 어머니의 한숨 소리가 들렸기 때문이라고 한다. 어머니와 한 방에 있으면서 그녀의 한숨 소리와 절망하는 모습을 참을 수가 없었다는 낸시는 아이들에게 그들의 부모가 불완전하다는 것을 인정하는 일은 결코 받아들이기 쉬운 일이 아니라고 지적한다. 왜냐 하면 그들은 어려서 너무나 그들의 부모에게만 의존해 있기에 그럴 경우 자신들의 생존의 위협을 느끼기 때문이며, 그들은 그리하여 무슨 일이 잘못되면 오히려 그들 자신들의 잘못이라고 생각한다는 것이다. 자기는 훌륭한 어머니를 가졌으며, 어머니의 삶에서 가장 중요한 사람이 됨을 영원히 바라는 희망으로 살지만 현실의 괴리 속에서 아이는 실망하고, 그 괴리의 원인이 자신에게 있다고 자책하고, 쌓이는 분노를 묻어두면서 가식하고, 어머니도 또한 자기부정과 방어에만 급급하게 되어 여기서는 이 두 사람 사이의 진실한 정서적인 관계는 성립되기 힘들다고 한다. 이러한 위선과 거짓의 대가는 엄청나서 이 삶의 초기단계의 불신과 불안은 그 후의 모든 불안과 불만족, 자립적이지 못함, 독립하지 못함의 원인이 된다고 밝힌다. 낸시는 "이 지상에 있는 1다인의 에너지도 근본적으로 태양에서 얻어지는 것과 마찬가지로 우리는 우리의 용기, 자아 인식, 우리가 비록 홀로 있을 때라도 자신의 가치를 믿고 일할 수 있고 남을 사랑할 수 있고, 그리고 자기자신이 사랑받을 수 있다고 느끼는 이 모든 능력은 전적으로 우리가 영아였을 때 어머니에게 받은 사랑에서 나오는 것"이라고 강조한다.9

삶에서 맨 첫 번째 겪는 인상이 가장 깊게 뇌리에 박히는 법이고 그러한 인상들이 모여서 우리의 성격을 형성하고, 그 성격을 통해 우리 삶의 경험이 이루어지게 되는 것을 생각해볼 때 이 어머니에 대해 느끼는 최초의 애정 위에 앞으로 닥쳐올 일생 동안의 긍지와 자존심의 기초가 세워진다고 한다. 특히, 여성들에게는 이 초기의 공생단계가 매우 중요한 의미를 지니는데, 그것이 바로 일생 동안 맺는 대부분의 대인관계를 결정짓기 때문이다. 또한 이 공생단계가 건강했다면 대략 18개월 이후부터는 분리의 과정이 힘차게 북돋아져야 하는데, 많은 여성에게서 이 분리는 이루어지지 못하고 건강하지 못한 기생의 모습으로 변형됨을 알 수 있다. 그 어머니로부터 분리하기까지 거의 일생이 걸리는 경우도 많으며, 그런 경우 그 여성이 경험하게 되는 분노와 죄책감, 애증의 교차는 우리에게 전혀 생소하지 않다. 저자는 어린 시절에 충분한 공생의식을 느끼지 못하고 자란 여성에게 그 후의 삶이란 단지 안정과 만족감을 찾기 위한 노력이 된다고 지적한다. 그리하여 최초의 청혼을 받으면 그녀는 다시는 그런 기회가 오지 않을까 두려워서 얼른 결혼해버린다든가, 독립적인 일을 하려는 용기보다는 안정성 있는 공무원 같은 직업을 택하게 되고, 애인과 남편에게 끊임없이 매달리며 사랑한다는 말을 듣고 싶어 하고, 상실과 분리에 대한 끝없는 '여성 특유의 공포의식'을 보인다고 한다.

자기 자신들도 그녀의 어머니들에게 온전히 받아들여지는 경험을 하지 못했고, 또 그녀들의 건강한 性의 원리와 몸의 요구가 무수히 부정되는 것을 경험한 어머니들은 딸이 생기자마자 이제 그녀들에게 자신들의 모든 성적 불안감을 투사하며, 끊임없이 부정적인 말과 저지로

---

9 같은 책, 58.

그녀들을 자신들 곁에 묶어두려고 한다. 남자아이는 공생단계에서 벗어나 독립된 개체가 되는 기쁨을 맛보며 세상으로 나아가나, 여자아이는 정반대의 교육을 받는다. "위대하면서도 사람을 병신으로 만드는 것이 바로 '무슨 일이 있어도 내 딸은 상처를 받아서는 안 된다'는 생각이다." '내 그럴 줄 알았어', '이리와 아빠는 할 일이 많아요' 등의 말을 수없이 되뇌고, 그리하여 어린 소녀는 분명히 이 세상에서 끝까지 자기를 버리지 않고 돌봐줄 사람은 어머니 단 한 사람밖에는 없다고 믿게 된다는 것이다. 그러나 어머니가 이렇게 딸을 묶어두는 것은 악의에서 나오는 행동이 아니고 자신도 역시 공포감과 욕망을 갖고 있기 때문이다.

건강하고 근원적인 나르시시즘을 갖고 있지 못한 사람은 제2차적인 나르시시즘에 빠지기 쉽다고 한다. 그것은 조심스러운 반복을 특징으로 갖는 것으로서 거울 앞에서 끊임없이 자신을 확인해야 하는 불안감이며, 자기 자신을 절대로 남 앞에서 칭찬하지 못하고 자신에 대한 긍정의 말을 그대로 받아들이지 못하는 자기 비하와 부정의 모습이기도 하다. 떠나야 하고 세상으로 나가야 할 시기에 자기 자신에게 과도하게 집착하고 집중하는 것이므로 그런 여성에게서 진정한 공존은 기대할 수 없고, 후에 어머니가 되었을 때 자신의 자녀를 위한 비움, 거울의 역할, 집중력을 가질 수 없어 다시 갈등과 문제는 대를 이어가는 것을 알 수 있다. 자신의 딸이 여성으로서 성적 특징을 나타내기 시작하면, 어머니의 불안과 간섭, 미묘한 모녀 간의 경쟁 등은 더욱더 증폭하는데, 예를 들어 딸의 첫 월경에 대한 어머니의 반응은 그 후 그 딸의 성에 대한 태도를 많이 좌우한다고 한다. 만약 그때 그녀가 월경에 관련된 수치심을 겪는다면, 그 수치심은 쉽게 지워지지 않고, "수치심에 사로잡혀 있는 사람들이야말로 가장 치료하기 어려운 환자들이다. 수

치심은 가장 강력한 감정이기 때문에 그 감정은 경우에 따라서 사람들을 파멸로 이끌 수도 있다. 수치심은 자아를 위축하고, 의지력을 말살하기도 한다"라는 지적대로 자아존중감에 심한 타격이 될 수 있다는 것이다.[10]

프라이디는 이 시기에는 다른 또래 소녀들과의 연대와 친어머니와의 갈등 속에서 그것을 완화해주고, 그녀의 어머니와는 다른 삶의 모형을 보여줄 수 있는 '대리인의 존재'가 중요하다고 이야기한다. 항상 불행한 모습을 보였던 그녀의 어머니와는 달리 저자에게는 그러한 역할을 그녀의 이모가 해주었다. 그녀의 지적에 따르면, 그녀의 이모는 "자신의 독특한 스타일과 자기 확신, 그리고 독창적인 정신"을 가지고 살아가던 여성으로서 저자가 사춘기 때 열렬히 남자들을 사냥하러 다니고 만나러 다닐 때도 비판적인 말 대신에 한없는 너그러움을 보여주었다고 한다. 그런 모습을 보면서 저자는 "점점 세련돼가고 있는 자신에 대해 자부심을 갖기 시작했으며, 인생에서 남자를 사냥하는 것보다 더 좋은 일이 있지 않을까"라고 자문하기 시작했다고 한다. 즉, 졸업식 날 학사모와 웨딩드레스를 함께 입고 싶었을 정도로 이제 결혼을 통해서 안정과 만족감을 충족하기를 원했던 저자가 비로소 진정으로 홀로 설 수 있는 가능성에 대해 생각해보기 시작했다는 것이다.

저자에 따르면, 여성들이 자신들을 안전하게 어머니로부터 독립시켜 주체적인 여성이 되도록 도와주는 모델을 발견할 수 없을 경우, 다시 자신이 출발했던 단계로 후퇴할지도 모르는 위험을 가지고 있다고 한다. 이 발달단계에 조급한 결혼과 출산으로 어머니에게 돌아간다는 것은 중대한 패배이며, 자기 확신과 재시도의 의지를 스스로 약화시키

---

10 같은 책, 150.

는 어리석은 짓이라고 한다. 그렇게 되면 계속해서 "지배적이고, 이기적인 사람들(남편들)과 마조히즘 관계에 사로잡혀 헤어나지 못하고", 그것은 그녀들에게 "자아발달의 첫 단계조차 허용치 않는 사람들"에게서 안식처를 찾으려 하는 것과 마찬가지라고 한다. 그리하여 여기서 여성의 '독신시절'의 중요성이 강조된다. 어머니에 대한 의존성이 깊으면 깊을수록 저자는 자신의 결혼을 신중히 생각하라고 하는데, 왜냐하면 그 결혼으로 인해서 또 다른 형태의 나쁜 공생이 시작되기 때문이다. 그것은 자신보다 강한 사람 속에 자아를 묻어버리려는 나쁜 공생에의 욕구이고, 또한 자신을 남성에게 의탁하고 그 남성이 없으면 살아갈 수 없다는 두려움에 빠지는 것이라고 한다.

일찍이 직장생활을 통해 자립감을 맛본 여성들은 대체로 만혼(晚婚)의 경향을 보인다고 한다. 그녀들은 "남자를 잃어버릴까 봐 무조건 침대로 뛰어드는 처녀들의 경우"와는 다를 수 있다. 여성들이 섹스에 대해서 보여주는 많은 수동성, 마치 남성들이 오르가슴을 베풀어주는 것처럼 생각한다거나 우리의 처녀성을 '차지'했으니 영원히 우리를 떠나지 말아달라고 매달린다거나, 어느 경우이든지 자신의 남편은 자신보다 나은 사람이어야 한다고 생각한다거나, 백만장자가 되겠다는 사람은 드물어도 백만장자와 결혼하겠다는 사람은 흔한 것 등은 모두 타인에 의존하겠다는 여성심리가 극복되지 못했음을 보여주는 것이라고 한다. 이렇게 하여 그녀는 자기 어머니와 똑같은 인생을 원치 않으면서도 자신도 모르게 닮아가고, 남자친구나 남편이 "너도 네 어머니와 똑같구나" 하는 소리라도 하면 분노는 더욱 커지게 된다.[11]

이상과 같이 많은 경우에 결혼은 여성들에게 또 하나의 굴레가 되

---

11 같은 책, 240.

고 더 심각한 자아상실을 초래할 수 있지만, 그것이 하나의 기회가 되어서 진정으로 여성들이 회복될 수 있고 자신의 과거(어머니)와도 화해할 수 있는 계기가 되기도 한다. 결혼을 통한 '공존에의 복귀'가 힘이 되어주는 경우이다. 저자인 프라이디의 결혼이 그런 경우였다.

프라이디 자신도 그녀의 남편 빌을 만나기 전에는 열렬히 남성들을 쫓아다니면서 안정을 추구해왔고 그들에게서 모든 것을 구하려고 했다고 한다. 그러나 그러한 가운데서도 신문사에서 글을 쓰며, '성적 매력이 풍부한 성공한 여인상'의 모습을 보여주며 살았으나, 사실 그녀는 진정으로 원하는 그녀만의 독특한 글을 써내지 못했고, 자신이 의미 있는 일을 진지하게 추구해본 적이 없는 천박한 여자임을 느끼고 있었다고 한다. 겉으로는 독립적인 것처럼 행동했으나, "함께 밤을 즐긴 남자에게 아무 연락도 받지 못하면 모욕을 느끼며", "그들의 전화를 기다리며 안절부절 하면서 그런 자신의 자세에 대해 역겨움을 느끼고", "남자가 문을 박차고 나갈 때 버려졌다는 어린애 같은 유약감에 빠지는" 여성이었다고 한다. 그녀가 그러한 이율배반적인 모습으로 독신녀의 절정기에 있을 때 그녀의 남편을 만났다고 한다. 알고 지낸지 2년이 지났고, 그때까지의 다른 남자와는 달리 서로 손목조차 잡아보지 않았으나, 그 둘이 처음으로 같이 있게 되자 자신들의 여생의 나머지를 같이 지내기로 결정했다고 한다. 그녀의 남편은 대부분의 남자들처럼 "나는 당신에게 당신의 전부가 되고 싶소"라고 말하는 대신에 "나는 내가 당신 생활의 전부가 아니어도 좋소"라고 말하는 남자였던 것이다.[12]

그녀의 남편은 '독신생활의 즐거움'에 관해 여러 권의 책을 썼을 정

---

12 같은 책, 289.

도로 독립적인 사람이었다고 한다. 그렇게 홀로 설 수 있는 남자, 성숙한 남자를 만나서 결혼하게 되자, 그녀는 비로소 자신의 어머니와도 화해를 시작하게 되었다고 한다. 그녀는 고백하기를 그녀는 그와 결혼하기 전까지는 떠돌이 작가나 다름없었고, 자신이 생각하기보다는 남들이 성공이라고 판단하는 글들을 써왔던 그녀가 그의 도움으로 비로소 이 책처럼 그 이전에는 감히 물어볼 수도 없었던 자신의 내밀한 비밀들을 탐색할 수 있었다고 한다. 마침내 그녀가 그토록 원했던 '공생으로의 복귀'를 결혼으로 이룬 것이다. 그것은 '좋은 공생'이고, 공존의 삶이며, 평등과 자기존중감과 사랑에 근거한 공생이다.

그 사이 그녀의 어머니도 재혼을 하여서 새로운 삶을 살고 있었다. 이제 그녀는 그녀의 어머니를 더 이상 예전의 어린아이의 눈으로 보지 않는다. 성인이 되어서 과거를 이해하고, 그 당시의 어머니의 어려웠던 상황을 터득하게 된 것이다. "성인이 된 우리가 할 일은 과거를 이해하고, 배울 점은 배우고, 그리고 잊어버리는 것이다. 어머니를 탓하는 것은 아직도 어머니에게 매달려 있는 바람직하지 못한 태도"이기 때문이다. 이제 그녀는 완벽하고 언제나 자신을 받아줄 것이라고 생각하는 어머니에 대한 기대가 다시 깨져도, 더는 예전처럼 죽을 것 같이 절망하지 않는다. 오히려 이제야 "진정으로 자신을 자신이 책임지기 시작했다"라고 생각하게 되었다. 이제 그녀와 그녀의 어머니는 친구가 되었다. 아니 그보다 더 나아가서 이제 딸이 오히려 그 어머니가 그 때까지 이룰 수 없었던 삶의 또 다른 모습의 모델이 될 수 있고, 어머니를 보살피고 배려할 수 있게 되었다. 어머니는 죽고, 이제 다시 그녀의 딸이 탄생한다. 이렇게 해서 인생은 반복되고, 그 이해 속에서, 그녀의 참된 자아의 회복 가운데서 그녀는 그녀의 딸을 위해 이제 그녀의 어머니가 했던 것보다 좀 더 커다란 이해력을 가지고 거울이 되어줄 수 있고, 집중할 수 있게 되었다. "자기 아기를 가슴에 안고 있을 때, 우리는 생애의 그 어떤 때보다 어머니에 대해 노여워할 수 없게 된다. 우리가 어머니와 아버지에게 지고 있는 감사의 빚은 늘어만 간다. 부모에게 입고 있는 빚에 대해 우리 아이들이 우리한테 지불청구서를 제시한다고나 할까?" 여성의 자기발견, 그리하여 그것은 우리의 진정한 공존의 삶에로의 가능성이 된다.13

IV. 여성의 자기발견, 공존의 삶으로의 길

위의 저자는 그러나 결국 여성이 활개를 펴지 못하는 것은 남성 탓도 아니고, 사회 탓도 아니며, 남성의 구속을 벗어나는 일도, 그리고 나래를 펴는 일도 여성 자신이 해야 할 일이라고 지적한다. 그러나 우리가 위에서 또한 살펴보았듯이 남성과 사회가 그 여성의 원리에 대한 인정과 더불어 지지를 보낼 때 그 일은 훨씬 용이하다. 여성의 몸의 요구가 인정되고, 그녀의 따뜻함과 섬세함(Zaertlichkeit)에의 요구, 공생에의 취향이 건강하게 받아들여지고 키워질 때, 거기서 우리는, 요즘 우리에게 특히 요구되는 공존할 수 있는 능력을 가진 사람, 남과 더불어 살고, 그를 인정해주며, 보살펴줄 줄 아는 사람들이 키워짐을 보았다. 그러나 우리가 여기서 또한 지적하고 싶은 것은 그 여성의 모성이라고 하는 것은 여성의 여러 성적 동일성의 요소 중 한 요소라는 것, 그리하여 그것이 너무 과도하게 요구되고 이상화될 때 손상을 일

---

13 같은 책, 350.

으킨다는 것이다.

세상의 어느 어머니도 완벽할 수 없다. 그리하여 영국의 심리분석학자 위니 코트(D. W. Winnicott)의 말을 빌려 낸시 프라이디는 지적하기를 아이가 세상을 믿을 만하다고 하는 '근본적인 신뢰감'만 키워주었다면, 그녀는 '좋은 어머니'인 것이라고 한다. 아이가 기만을 느낄 때, 완벽한 사랑에 대한 환상과 현실 사이에서 괴리를 느낄 때 아이는 혼란스럽게 되며, 거기서 건강한 자아정체감의 성장은 기대할 수 없기 때문이다. "거짓말이라면 나는 이제 지긋지긋하다. 바로 그 거짓말 때문에 나는 항상 나 자신을 이해하기 힘들었다"라는 고통에 찬 외침을 생각해볼 때, 어머니가 자신의 또 다른 성적 동일성을 솔직하게 인정하고 이해시켜주며, 자신이 처한 상황의 여러 가지 어려움을 좀 더 솔직하게 밝혀준다면 아이들은 훨씬 더 건강하게 자랄 수 있다는 것이다. 그리하여 아버지를 인생에서 아이스크림과 같은 존재라고 하면서 어머니는 빵과 밥 같은 존재이고 그녀를 통한 건강한 자기애의 형성이 중요하다고 이야기되지만, 그러나 또 한편 그 어머니도 하나의 성적 인간이고, 상황의 한계를 받고 있다는 것을 이야기하는 '모성의 비신화화'도 중요한 메시지를 담고 있다는 것을 알 수 있다.

우리가 앞에서 살펴본 대로, 특히 오늘날에는 그 모성이라는 것을 하나의 특정한 성의 전유물로만 생각할 수 없게 된 이상 반드시 친어머니와 여성만이 그 역할을 담당해야 한다고 주장하는 것은 더 이상 받아들여질 수 없다는 것이다. 어머니 자신들도 자신의 자유를 원하면서도 예전의 모성애의 신화에 사로잡혀 아이들만은 전적으로 자신에게 묶어두려고 고집하는 것은 결국 아이들만 피해를 보게 할 뿐이라고 한다. 아이들에게 중요한 것은 그 모성애가 누구한테서 오는가가 아니라 그 모성애의 따뜻함과 보살핌 자체이기 때문이다.

우리에게도 잘 알려진 독일의 작가 하인리히 벨(H. Böll)의 소설 중에서『한 광대의 시선들』(Ansichten eines Clowns, 1967)이라는 작품이 있는데, 이 소설은 한 아이가 부모와 전후 독일사회의 기만성과 허위, 이기주의와 인색함, 차가움 등에 의해서 파멸해가는 과정을 생생하게 그려준다. 부모와 기성사회의 허구에 찬 논리, 도덕률은 아이로 하여금 혼동을 일으키고, 그 아이의 섬세한 느낌과 감각으로 그 부모들의 거짓과 위선이 감지되자 아이는 병들어간다. 性과 돈, 명예와 권력에 대한 부모들의 이율배반적 태도, 조그마한 것일지라도 그것이 그들에게 이익과 안정을 가져다줄 것이라고 생각되면 모든 인간다움을 벗어버리고 다른 얼굴로 변신하는 그들, 그들의 추상성과 인색함, 잔인함에 눌려 아이의 우울을 깊어지고 메말라간다. 배고팠고 외로웠던 그 부모 집의 허위를 떠나 그녀의 여자 친구와 함께 집을 나가고, 낯선 고장에서 그는 그 직업의 성공을 위해서는 "전혀 동정심을 불러일으키지 않을 것", "죽은 사람의 얼굴처럼 어떠한 감정도 드러내지 않을 것" 등이 요구된다고 하는 '광대'가 되어서 살아나가나—그가 사실 그 때까지 그 주변의 환경에서 보고 배웠던 것은 그 광대역할이었다—그러나 그는 6년이나 같이 살아온 자기 '부인'이 교회의 결혼 승낙을 받지 못했다고 괴로워하다가 결국 나가버리자 더 이상 삶을 지탱할 수 없음을 깨닫게 된다. 그가 몇 시간, 몇 날을 광대로 지내면서 자신을 잃고 살다가 그래도 집에 돌아와 자신의 참모습을 다시 확인하고 비추어볼 수 있는 거울, 그녀의 눈동자가 사라졌기 때문이다. 그에게 그녀의 존재는 그의 자기 동일성을 비추어보고 발견할 수 있는 마지막 거울이었던 것이다.

하인리히 벨이 "매춘의 시대"(Zeit der Heuchelei)로 규정한 오늘날의 가부장주의적 성취지향적 윤리관은 여성들로 하여금 이러한 거울의 역할의 수행을 더욱 어렵게 만들고 있다. 보살피고 배려하고 공존하려는 그녀들의 특성은 열등한 것으로 치부되고, 밖에서의 성공과 성취만이 인정됨으로 인해서 그녀들은 자기분열의 위기에 직면해 있다. 힘과 강한 것, 빠른 것만이 추종되고 찬양되면서, 또한 추상적인 미래만이 관심되면서 여성들의 구체성과 현재성, 배려의 마음, 기다리는 마음은 짓밟힌다. 이 가운데서 가장 큰 피해를 입는 것은 어린이들이다. 왜냐하면 그들은 아직 약하고 이해가 부족하며, '현재'와 '순간'의 존재들이고, 우리가 외형적으로 우리의 모습을 가다듬기 위하여 날마다 거울을 필요로 하듯이, 그들이 자신들의 미완의 모습을 가꾸어나가기 위해서는 반드시 확인해주는 눈길과 기다려주고 배려하는 손길이 필요하기 때문이다. 한 가정에서, 그리고 한 사회에서 힘의 원리가 지배하고 대신에 이러한 여성의 원리가 짓밟히고, 그리하여 그곳에서의 여성과 어머니는 아무것도 아닌 것이 되어버렸을 때 어떠한 폭력과 파괴가 결과될 수 있는지를 살펴볼 수 있는데, 그중에서도 스위스 여성 심리학자 알리스 밀러(Alice Miller)가 행한 히틀러의 어린 시절에 대한 탐색은 그 한 극단적 예를 보여준다.

히틀러의 어린 시절의 가정은 '아버지'라는 독재자를 통치자로 한, 한 '전제국가'의 모습을 보여주었다고 한다. 거기서 부인과 아이들은 아무런 권리도 없었고 그 아버지의 기분과 감정에 따라 철저히 복종해야 했으며, 굴욕과 부당함을 아무런 이의 없이 받아들여야 했다고 한다. '복종'이 그들의 가장 중요한 생활수칙이었다고 한다. 거기서 어머니는 비록 가계살림은 맡고 있었지만, 그녀 자신이 한 노예인 노예감시인의 역할을 하였는데, 즉 그 독재자 아버지가 없을 때 노예인 아이들에게 그의 뜻을 수행하고 그의 이름으로 공포를 주고 벌을 내리는 역할이었다.

이러한 폭군 아버지의 출생과 성장배경 또한 비극적인 것이었다. 그는 한 유태인 가정에서 식모로 일하던 여자의 사생아로 태어났던 것이다. 그 어머니와도 그는 5세 때 그녀의 결혼으로 헤어지게 되었고, 그 후 가난과 불투명한 출생의 의혹 속에서 외롭게 자랐다고 한다. 그런 그는 그러나 고된 노력을 통해 국가공무원이 되었고, 자수성가한 사람의 위엄과 엄격함으로 자기 주변의 가까운 사람들에게도 자신에게 경칭을 쓸 것을 요구했다고 한다. 히틀러는 그의 책『나의 투쟁』(*Mein Kampf*)에서 자신의 아버지를 "주인 아버지"(Herr Vater)라고 부른다.

히틀러의 어머니는 매우 여린 사람이었다고 한다. 16세 때 먼 친척 아저씨였던 히틀러의 아버지 집에 들어갔는데, 그것은 그의 전 부인이 아파서 그들의 두 아이를 돌보러 간 것이었다. 거기서, 그러나 그녀는 그의 전(前)부인이 죽기도 전에 임신을 하게 되었고, 24세에 48세의 그의 아버지와 결혼하였다고 한다. 어머니로서도 그녀는 많은 고통을 경험한다. 2년 반 사이에 세 명의 아이를 출산하지만, 한 달 반 동안에 모두 전염병으로 잃고, 네 번째 아이였던 히틀러의 탄생은 그 비극 후 그렇게 오래지 않은 시절이었다고 한다. 히틀러는 10세경에 그의 남동생의 죽음도 경험한다. 우리가 이러한 모든 상황을 생각해볼 때, 그러한 여인에게서 어떻게 한 어머니가 아이에게 줄 수 있고, 주어야만 하는 사랑과 집중된 관심을 기대할 수 있겠는가? 그녀는 아이들이 연달아 죽음으로 인해 공포와 불안감에 사로잡혔고, 가톨릭 신자로서 그것이 혹시 자신의 '부정'에 대한 신의 벌이 아닌가 하는 두려움을 느꼈을 것이다. 이러한 정서 속에서 그녀는 결코 아이에게 안정감을 심어줄 수 없었고, 그에 대한 다른 남성 전기작가들의 의견과는 달리 히틀러를 향한 그의 어머니의 사랑은 사실 거의 집착이고 그것과 연결된 무절제였을 거라고 저자는 추측한다. 그 가운데서 그의 아버지는 히틀러의 학업성적과 훈육을 이유로 무서운 매질을 해댔고, 거의 아이를 죽일 것 같이 때리는 아버지에 대해서 어머니는 속수무책이었다고 한다. 그 상황에서 아이는 무엇을 생각했을까? 평상시에는 자신에게 사랑을 이야기하고 밥을 차려주고 보호해주던 어머니가 그 아버지 앞에서는 자신이 그토록 도움과 구원을 청하는데도 아무것도 해주지 못하는 것을 보면서 아이는 깊은 절망감과 당혹감, 힘없음에 대한 분노와 좌절감을 느꼈을 것이다. 아이에게는 존재의 기반이 되고 모든 안정의 근거가 되는 어머니가 그 아이의 면전에서 아버지의 폭력으로 아무도 아닌 것(Niemand)이 되는 경험, 그것은 아이에게는 치명적이다. 그의 존재의 기반이 무너질 수 있고 흔들리고 안전하지 않다는 경험, 거기에 그 아이의 세상에 대한 불신과 분노, 힘에 대한 집착, 폭력성의 기원이 있다는 것이다. 그러나 그의 어머니는 아버지가 갑작스럽게 죽고 난 후 남긴 파이프에 대해서까지 경외를 보이는 사람이었으므로 히틀러는 그 어머니에게도 자신의 아버지에 대한 분노를 표현할 수 없었을 것이라고 한다. 이렇게 해서 그의 아버지에 대한 분노와 복수는 후에 다른 사람들 특히 유대인에게 투사가 되고, 힘없고 이방인이고 약한 사람들은 다 처치해버려야 하는 무가치한 사람들로 보게 만든 것이다. 그것은 마치 자신과 자신의 어머니가 한때 그 아버지에 대해서 그랬던 것과 마찬가지이다. 이렇게 해서 "모든 범죄 뒤에는 개인적인 비극이 숨어 있다는 것"을 알 수 있고, 아무리 커다란 세상의 범죄자라도 원래 범죄자로서 세상에 태어나는 것은 아니며, 이러한 상황에 대한 '이해'를 통해서만 문제를 바로 잡을 수 있다는 것이 저자의 결론이다. 그리하여 저자는 여성 아동심리학자로 다음과 같은 관점들을 밝히면서 폭력 없는 사회, 공존하는 사회를 향한 자신의 대안들을 밝힌다.

1) 모든 어린이는 자라나고, 자신을 펼치고, 살기 위해서 이 세상에 태어난 것이다.

2) 자신들을 펼치기 위해서는 그들은 어른들의 관심과 보호, 그들을 진지하게 받아주고 사랑해주며 도와주는 배려가 필요하다.

3) 어린이들의 삶에 결정적으로 필요한 이러한 요구들은 때때로 거부되고, 대신에 어린이들은 어른들의 필요에 따라 착취당하고, 매 맞고, 벌 받고, 무시당하는데, 그러면서도 이유조차 제대로 몰라 그들의 자아정체성은 심히 손상된다.

4) 이러한 상처에 대한 정상적인 반응은 화남과 고통이다. 그러나 그의 상처 주는 환경은 그것을 드러내는 것을 허용하지 않기 때문에 아이는 그 감정들을 내면으로 억누르고, 성장하여서도 그 실체는 정확히 모르는 채 고통을 받는다.

5) 이렇게 원래의 원인에서부터 분리된 분노와 무력, 절망, 기대, 두려움, 고통의 감정들은 범죄나 민족 말살 등 다른 사람들에 대한 파괴적인 행동이나 마약이나 알코올 중독, 매춘, 정신병, 자살 등 자신에 대한 폭력적인 행동으로 표현된다.

6) 많은 경우에 이 복수 행위의 희생자는 다시 자신들의 아이들이 된다. 이제까지 그러한 부모들의 행동들이 오히려 '교육'이라는 이름으로 고무되기까지 한 것이 우리 사회의 실정이다.

7) 그리하여 이 손상당한 아이들이 범죄나 정신병자가 되는 것을 막기 위해서는 반드시 그의 일생에서 최소한 한 번이라도 그들을 이해할 수 있는 사람들을 만나야 한다. 즉, 잘못된 것은 매질 당하고 버려졌던 그들이 아니라 그의 환경이 미친 것이었다는 것을 깨우쳐주는 사람들을 말한다. 친척이나 변호사, 판사나 의사 등 배려해줄 수 있는 사람들이 그의 편이 되어줄 수 있다.

8) 지금까지 사회는 어른들의 편으로서 그들을 보호하고 희생자인 아이들에게는 죄를 물었다. 이러한 상황에서는 아이들도 부모들의 잔인한 행위의 원인들을 자신들에게 있는 것으로 보고 대신 부모들을 이상화하고 그들에게서 책임을 덜어준다.

9) 이렇게 지금까지 부정되어왔던 어린 시절의 일반적인 잔혹함과 그것들의 결과들에 대한 우리의 확인과 인식은 바로 폭력이 세대에서 세대를 걸쳐 지속되는 것을 막을 수 있다.

10) 어린 시절에 그들 인격의 전체성이 상처받지 않고 그들의 부모에게서 보호와 존중을 받고, 그리고 진지함을 경험한 아이들은 나중에 청소년기와 성인이 되어서도 더욱더 지성적이고 섬세하며, 풍부한 감성과 배려를 지닌 사람들이 된다. 그들은 삶에 기쁨을 가질 것이며, 자신이나 다른 사람을 해치고 싶은 어떠한 욕망도 품지 않게 된다. 그들은 자신들을 보호하기 위해서는 힘을 쓰지만, 다른 사람들을 공격하기 위해서는 힘을 쓰지 않는다. 그들은 '약자와 같은'(schwachere) 사람들로 행동하는 것 외에 다른 길을 찾지 않으며, 그들의 아이들을 보살펴주고 존중한다. 왜냐 하면 그들이 과거에 그러한 대우를 받아왔으므로 잔인함에 대해서는 처음부터 아는 바가 없기 때문이다. 그러한 사람들은 도대체 왜 예전에 그의 조상들이 이 세상을 더 살기 좋고, 안전하게 만든다는 이유로 그 어마어마한 전쟁 산업을 일으켰는지 이해할 수 없게 된다.

V. 마무리하는 말

유엔은 1995년을 '세계관용의 해'로 정했다. 그러나 현실로 이 '관용'은 오늘날의 우리가 주변에서 자주 듣게 되는 '세계화'와 '무한경쟁', '경쟁력' 등의 의미와 많은 면에서 서로 같이할 수 없다. '관용'을 베푸는 것은 정말 어려운 일이다. 모두가 다 앞으로 나아가려고 하고 좀 더 찬란한 성취를 지향하는데, 자신보다 못한 처지의 사람들을 배려하고 기다려주며, 도와주고 이해하는 일이란 참으로 힘들기 때문이다. 그리하여 간디 같은 사람은 그러한 비폭력의 길은 현대의 어떤 어려운 과학 실험보다 더 어렵고, 세밀한 집중력을 필요로 하는 일이라고 했다.

본인은 이 글에서 이 관용과 비폭력, 배려와 공존에의 가능성을 여성 원리의 인정, 그것을 통한 어머니와 모성의 회복으로 보았다. 그래서 마지막으로 한 기독교인으로서 우리 신앙의 대상인 예수와 그 어머니와 그리고 아버지의 관계에 대해 묻고 싶다. 예수와 그의 어머니와의 관계는 어떠했을까? 그의 아버지 요셉과의 사이는? 또한 그 어머니 마리아와 요셉은 어떤 부부의 모습을 보여주었을까?

예수는 아마도 마리아의 혼전의 아이였던 것 같다. 오늘날에도 이 사실은 용납되기 힘들고 허용될 수 없는 일로 여겨지는데, 마리아는 그 당시 오늘날보다 더 철저했던 가부장주의의 시대에 상상을 초월하는 고통을 겪었을 것이다. 좌절과 분노, 고통과 절망 속에서 어쩔 줄 몰라 하던 마리아에게, 그러나 하나님은 계시되어, 그 미천하고 멸시받는 아이가 바로 하나님의 아들인 것을 인정하라고 요구한다. 있을 수 없는 일이다.

그러나 마리아는 그 일을 해냈다. 그 아이가 자신의 친남편의 아들이 아님에도, 그녀는 때때로 그녀를 엄습하는 한없는 부끄러움과 좌절, 고통 속에서도 자신의 모든 힘을 짜내어 그 아들을 인정해주었고, 거울이 되어주었으며 그가 하나님의 아들이라고 불릴 정도로 귀한 아들이며 보배라는 것을 마음에 새겨주었을 것이다. 어떻게 이 일이 가능할 수 있었을까? 이 일이 가능했다는 것이 바로 하나님의 기적이고, 예수 탄생의 비밀이 아닐까? 요셉도 그 당시의 다른 남성들과는 달리 참으로 섬세했고 배려하는 마음의 소유자였던 것 같다. 그는 자신의 약혼녀가 임신했다는 것을 알게 되자, 그때의 관행대고 돌로 치려고 하지도 않았고, 처음에는 조용하게 그녀를 떠나보내려 했으나 마침내는 그것을 자신의 일로 받아들이기로 했다. 그리고 그 아이를 자신의 다른 아이들과 똑같이 자상함과 배려로 키워냈다.

예수는, 그러나 그러한 부모들의 배려에도 불구하고 자라면서 어떤 심상치 않은 것을 느꼈을 것이다. 좀 더 커서는 어쩌면 자신의 탄생의 비밀을 알았을지도 모른다. 그의 번민과 고통, 좌절도 상상해볼 만하다. 이러한 개인적 상황과 당시의 사회적·국가적 상황 속에서 방황하고 헤매던 예수에게, 그러나 다시 하나님의 음성이 들린다. "너는 나의 기뻐하는 아들"이라고. 사람들이 버리고 멸시하고 천시한 사람이 그렇게 그들 모두의 하나님이 인정하는 아들이 되었으니, 이제 그 은혜에 보답하기 위해 그에게 남은 길은 바로 자신과 똑같이 멸시받고 천대받는 사람들을 위한 십자가의 길을 걷는 것이었다. 예수의 구원자로서의 삶은 바로 그렇게 시작된 것이리라. 기적이란, 하나님의 섭리와 계시란 바로 그렇게 우리의 힘만으로는 다 이루어낼 수 없는 일이 이루어지는 것이고, 그 시대에 여성들에게 가장 힘들고 불가능했던 일은 아마 자신의 '사생아'를 하나님의 아들로 키워내는 일이었을 것이다.

유아기 종교교육과
생태 감수성

— 페스탈로치의 종교교육

I. 시작하는 말

오늘 우리 시대에 심각해진 생태위기는 우리 삶 전체를 총체적으로 위협하고 있다. 그리하여 여러 가지 대안이 모색되고 있는데, 한국 생태유아교육학회의 일도 그중의 하나일 것이다. 그러나 이 일은 다른 어떤 것보다도 근본적인 탐색이 되는데, 삶의 초기단계에서 일깨워진 생태 감수성이야말로 가장 폭넓게 그리고 지속적으로 우리 삶에 영향을 미치기 때문이다. 이 생태 감수성을 이야기할 때 많이 같이 이야기되는 것이 종교적 삶이다. 종교적 삶에 깊이 들어간 사람은 그렇지 않은 사람보다 훨씬 발달한 생태 감수성을 보인다는 것이고, 특히 이 생태 감수성과 관련하여서는 기독교 등 서양 종교보다도 아시아 종교들이 더 많이 언급된다.

이렇게 종교적 삶이 생태 감수성과 밀접하게 연관되어 있고, 그 생태 감수성이 앞으로 우리 삶을 지속하는 데 필수불가결한 요소임을 모두 인정하지만, 그러나 정작 우리 교육실천에서 종교 내지는 생태 감수성에 대한 관심과 언급은 미미하다. 우리가 오늘 힘을 쏟고 있는 교육이 진정으로 생명을 살리는 교육이 되기 위해서는 어떻게 종교와 관계를 맺어야 하는지, 아니 그보다 먼저 종교란 무엇이고, 어떤 모습이 참 모습이어서 우리가 종교교육을 이야기할 때 같이 언급해야 하는지 등, 종교와 관련한 질문들이 교육현장에서 드물다는 것이다.

이러한 상황들에서 여러 가지를 지적해낼 수 있다. 먼저 교육에서 종교적 물음이 빠졌다는 것은 교육이 단지 수단적 가치 차원에서만 접근되고 있으며, 또한 우리가 종교교육을 이야기하면서도 그것을 오직 어떤 특정 종교나 종파의 교리공부와 일치시킴으로써 오늘 우리 시대에 필요한 생태 감수성 교육이나 타문화·타종교에 대한 개방성과 관용성을 키우는 교육과는 거리가 멀다는 지적들이다.

이러한 일반적인 사정이 아니더라도 아동교육에서 종교를 말하고, 종교교육을 말하는 것은 매우 어렵다. 그동안 축적된 아동 발달과정에 대한 연구는 이 시기에 하나의 교과공부로서 종교교육을 말하는 것은 바람직하지 않다고 밝혀주기 때문이다. 20세기 과학시대 현대교육에서는 특히 공교육에서 종교를 말하는 것이 금지되었다. 지금까지 종교가 많은 인류 분쟁의 직접적인 원인이었기 때문이다. 그러나 이렇게 교육에서 모든 종교적 물음이 퇴치되었다고 해서 문제가 해결된 것은 아니다. 오히려 상황은 마치 목욕물을 버리면서 그 속의 아기까지 함께 버린 모습으로 보인다. 특히 오늘의 아동교육, 초등교육이 철저히 지적 능력 위주의 교육, 분별하고 대상화하는 이성능력 중심의 교육이 된 것을 보면 더욱 그런 생각이 든다. 왜냐하면 오늘의 아이들에게는 놀랄 만하고 초자연적이며, 무시무시한 저 세상적으로 보이는 것에 대한 관심과 상상력을 찾아보기 힘들고, 또한 놀이 속에 몰입하면서 자신을 잊어버리는 경험을 기대하기 힘들기 때문이다. 이러한 모든 것이 바로 자연을 깊이 있게 느끼는 생태 감수성과 관련되어 있는 것이라면 일찍부터 철저히 인위적인 인간 문화의 자식이기만 한 오늘의 아이들이 안타깝다.

이 글은 이상과 같은 문제의식에 근거해서 오늘의 시대에 의미를 주는 종교교육, 특별히 아동기 종교교육과 그것과 관련한 생태 감수성에 대해서 살펴보려고 한다. 이 일에서 특별히 자신의 교육 전체를 종교교육으로 파악한 사상가라고 할 수 있는 페스탈로치(1746-1827)의 사상을 중심으로 살펴볼 것이다. 많이 흔들리고 있는 아동교육이 다시 근본으로 돌아갈 수 있기를 희망하기 때문이다.

II. 종교란 무엇이며, 어떻게 종교심이 아이들 속에서 일깨워질 수 있는가?

'종교'(宗敎)는 그 한자어가 지시하는 대로 '궁극적인 것(또는 뿌리)'(宗)에 대한 '가르침'(敎)이다. 또한 영어 단어 'religion'이 라틴어 're-ligare'(to be tied back : 과거[근원]에 연결됨)에서 연원된 것에서도 드러나듯이, 모든 존재가 근원과 뿌리와 연결되어 있는 것에 대한 가르침이다. 우리는 일반적으로 종교를 역사상 발생한 어느 한 종교 내지는 종파의 교리체계나 실행 등과 하나로 생각하지만, 사실 그런 것들은 모두 특정한 시공간의 제약을 받으면서 나름대로 궁극적인 것에 대한 관심을 펼쳐온 것이다. 그러므로 그것들을 종교의 본질로 생각해서는 안 된다. 그리하여 예를 들어 페스탈로치 같은 종교교육사상가는 종교에서 "신적인 것"(göttliche)과 "예배의식적인 것"(gottesdienstlich)

을 분명히 구분하여 예배의식적인 것의 차이나 다름에 대해서 관용할 것을 주장한다. 그러면서 교육이 토대로 삼아야 하는 것은 바로 종교의 본질을 드러내는 신적인 것이라고 강조한다. 그가 자신의 종교사상을 핵심적으로 드러낸 "종교에 관해서"(Übe die Religion, 1782)라는 글을 보면,[1]

"… 땅에서 하나님에 대한 인간의 믿음은 그 종족들이 먹는 양식과 모습들이 다르듯이 그렇게 서로 다르다. 그러므로 주의 선함의 흔적과 티끌에서 그의 권능의 길은 모든 하늘 아래서 서로 다르고, 그러므로 그 모든 하늘 아래서 영원자의 형상은 서로 다른 것이다. 따라서 좋은 지역에 살고 있는 너희들이여, 너희들과는 다르게 그들의 가르마가 태양에 불타고, 그들의 두개골이 북녘의 추위로 짓눌려지는 환경에 사는 형제들이 그들 나름대로 하나님 형상을 경배할 때, 그것을 조롱하는 일은 너희들의 일이 아니다. … 주를 경배하는 일에서의 오류는 먼지 속에 사는 인간들의 운명이다. 누가 그에게 완벽한 예배를 드릴 수 있겠는가? 또한 어느 누구의 영혼이 형상으로부터 완전히 자유로울 수 있겠는가?"

이상에서 밝히는 대로 인간은 여러 형상의 도움을 받아서 근원과 기초에 대한 관심을 표현해왔다. 그 표현이 때로는 '신'(하나님, God)의 이름과 더불어 나타날 수도 있고, 아니면 '만물일체'(理)나 '공'(空) 등으로 그려져서 거기에 따른 나름의 예배의식을 형성해온 것이다. 그리

---

1 J. H. Pestalozzi, "Etwas ueber die Religion", in: *Auswahl aus seinen Schriften 1*, (UTB Haupt Verlag, 1977), 52-54.

하여 19세기 서구 기독교 신학자 슐라이에르마허는 페스탈로치보다도 더 나아가서 "신은 종교에서 모든 것이 아니다. 오히려 한 가지 일 뿐이며, 그것에 비해 우주가 더 중요하다"라고 선언하였다. 그러면서 그는 종교의 본질이란 사고하고 분석하는 것이 아니라 직관하고 느끼는 것이라고 하는데, 그것은 바로 우주를 무한한 감동으로 느끼는 것이고, 그 무한자에게 사로잡히는 것이며, 들에 핀 한 송이 백합화에서도 무한자를 보며, 주위의 수많은 유한자가 궁극적으로 모두 무한자에게 속해 있는 것을 직관하는 것이라고 한다. 즉 그것은 "모든 개별적인 것을 전체의 일부분으로, 모든 한정된 것을 무한자의 표현들로 받아들이는 것"이다.[2] 그래서 그에 따르면 예를 들어 기독교의 '인격신'이나 '신성'은 인간이 무한자와 우주를 직관하는 "한 방법이자 종류"(eine einzelne religiöse Anschauungsart)일 뿐이다. 그것은 인간이 중심이 되어서 무한자를 자신의 형상대로 그린 것일 뿐이라는 것이다.

그렇다면 이제 우리가 어떻게 이와 같이 우주를 그 무한한 크기 가운데서 전체로서 느끼고, 주위의 수많은 유한자가 궁극적으로 무극한 전체와 연결되어 있다는 것을 감지할 수 있게 될까? 오늘 우리의 이야기로 하면 '만물일체'의 생태 감수성이 되겠는데, 어떻게 하면 그 감정과 직관을 체화할 수 있을까?

페스탈로치도 그가 프랑스혁명 전후 유럽사회에서 고통에 빠져 있던 민중들을 구하기 위해서 진통하면서 쓰게 된 교육서 『게르투르드는 그녀의 아이들을 어떻게 가르치는가?』(*Wie Gertrud ihre Kinder*

---

2 F. Schleiermacher, *Ueber die Religion - Reden an die Gebildeten unter ihren Veraechtern* (Goettingen: Vandenhoeck & Ruprecht, 1967), 53. 참조: 이은선, "슐라이에르마허의 종교교육론 – 한국사회와 교육을 위한 의미와 시사", in: 이은선, 『한국교육철학의 새 지평 – 聖·性·誠의 통합학문적 탐구』(인천: 내일을여는책, 2000), 82-104.

lehrt?, 1801)에서 이와 유사한 질문을 하고 있다. 모두 14편의 편지글로 된 책에서 마지막 13장과 14장을 그가 가장 중요하게 생각하는 종교와 도덕교육에 관한 글을 담고 있는데, 거기서 그는 "어떻게 내 영혼 속에 하나님에 대한 생각이 싹트게 되는가?"(Wie entkeimt der Begriff von Gott in meiner Seele?), 또한 "어떻게 하나님 경외의 본질이 내가 지금까지 인간 성장에서 보편적인 진리로 파악한 원리와 관계되는가?"라고 묻는다.3 그런데 여기서 그는 단호하게 대답하기를, "사랑과 신뢰와 감사와 순종의 마음이 내 속에 먼저 일깨워져야 한다, 그것을 신에게로 향하기 전에. 나는 먼저 인간을 사랑하고, 인간을 신뢰하며, 인간에게 고마워하고 순종할 수 있어야 한다, 내가 신을 사랑하고, 감사하고, 신뢰하기 전에"라고 하였다.

　이것은 인간의 종교교육이란 결코 두뇌와 추상의 일이 아니라 체험이고 감정이며, 바로 인간적인 감정의 발달과 밀접히 연관되어 있음을 밝히는 것이다. 페스탈로치는 여기서 더 나아가, "그러면 어떻게 내가 인간을 사랑할 수 있고 신뢰할 수 있게 되는가?"라고 묻는데, "그것은 주로 미성숙한 아동과 엄마 사이의 관계에서 나온다"라고 대답한다. 즉 페스탈로치에 따르면 '하나님 신앙'(종교심)도 인간 사랑과 인간 신뢰와 인간 순종에서 나오는 것이고, 이 인간적인 감정들은 다시 "아이와 엄마 사이의 본능적인 감정들이 만나는 데서 나오는 순수한 흐름" (eine blosse Folge des Zusammentreffens instinktartiger Gefühle zwischen Mutter und Kind)이라고 한다.4 이것은 엄마와 아이 사이의 깊은

---

3 J. H. Pestalozzi, *Saemtliche Werke, Kritische Ausgabe*, begruendet von A. Buchenau, E. Spranger, H. Stettbacher, Berlin/Zuerich 1927ff. Bd.13, 341. 여기서부터 KA로 표기하여 인용한다.

4 Ibid., 345.

신뢰와 사랑이 주변으로 확장되고, 그래서 온 자연과 신에게까지 미치는 것을 말하는 것이다.

　페스탈로치는 이렇게 신에 대한 믿음까지도 가장 기초적인 인간적인 토대 위에서 싹트는 것으로 여겼다. 그 믿음의 시작은 결코 사변의 문제가 아니라 인간적인 사랑과 신뢰의 일이라고 본 것이다. 그런데 이 일이 가능해질 수 있는 근거는 바로 인간의 자연 안에 비록 처음에는 감각적인 모습으로 놓여 있기는 하지만 고상한 능력으로 고양될 수 있는 신적 씨앗이 있기 때문이라고 한다. 그것은 인간 본성의 선한 씨앗이고 신적인 가능성이다. 나중에 페스탈로치는 그것을 "신적 불꽃"(der göttliche Funke)이라고도 표현했다. 이 인간 속에 놓인 신적인 씨앗에 대한 직관과 믿음은 그로 하여금 삶의 모든 고통과 곤란 중에서도 그것들을 참고 인내하게 했으며, 오히려 "세상의 모든 영역이 영원의 영역이 됨"을 고백하게 만들었다.[5] 그가 프랑스혁명 후 아이들과의 밀도 깊은 교육실험을 하던 중 심한 귓병에 걸려 고생하고 있을 때 쓴 글인 「병든 페스탈로치가 건강한 시민에게」(1812)를 보면 다음과 같은 고백을 들을 수 있다.[6]

　"내가 극심한 절망에 빠져 있을 때, 내가 주변에 대한 짙은 울분에 싸여 있을 때, 거리에 지나가는 한 아이를 보고 내 무릎에 앉히자 그의 내적인 천상의 눈이 내 굳은 시선을 한번 가볍게 스치기만 해도 나는 다시 그 아이 속에서 나를 잊는다. 아니 진정으로 다시 나를 찾으면서 그 아이의 눈처럼 다시 웃음을 띠고, 하늘도 잊고 땅도 잊어버리며,

---

5 KA 23, 21.
6 KA 23, 218.

또한 신과 인간의 옳고 그름도 모두 잊어버리고서 인간 본성의 환희와 순진무구 속에 살게 된다. 그렇게 해서 나는 다시 조용한 감동 속에서 내 무릎에 앉아 있는 아이가 나의 지친 영혼에 가져다주는 거룩한 기쁨으로 나의 현존을 기뻐하게 된다."

페스탈로치에게 종교의 본질이란 바로 이 인간자연 안에 놓여 있는 신적인 씨앗을 믿는 일이다. 그 외 종교의 모든 외면적인 것이란, 그에 따르면 이 불꽃을 배려하고 장려하기 위해 있는 것이다. 즉 이 신적 기초를 인간의 '도덕적인 힘'과 "이 세상의 모든 일을 나의 욕망과 나의 사회적 관계성으로부터 완전히 독립시켜서 오로지 어떻게 하면 나의 내면의 고양을 위해 도움이 될까 하는 측면에서만 볼 수 있는 힘"7으로 키우기 위해서 있는 것이라고 한다. 이 힘이란 "자기 스스로를 자기 내면의 더욱 높은 도덕법에 복종시킬 수 있는 힘"이다.8 그것은 우리의 신적인 뿌리로서 자신의 완성을 바로 타인의 완성 안에서 보며, 자기 스스로를 자신의 내면에서 심판하며 고양할 수 있는 힘이다. 이상의 의미에게 예수는 페스탈로치에 따르면 바로 이 "인간에 대한 믿음"(Glauben an die Menschen)을 가지고 그것을 사람들에게 설득시키다가 죽게 되었고, 죽어가면서도 자기 자신보다 인간을 더욱 믿었으며, 그래서 모든 사람을 향한 그의 가르침이란 스스로의 신적인 뿌리에 대한 믿음을 가지고 하늘의 자녀로서 살라는 것이었다고 한다.9

"자연은 자신의 일을 다 하였다. 그러니 너도 너의 일을 하여라. 너 자

---

7 J. H. Pestalozzi, *Auswahl aus seinen Schriften*, Bd.1, 219.
8 Ibid., 243.
9 Ibid., 279.

신을 알고 너 자신의 고양을 너의 동물적인 속성에 대한 자각에서, 그러나 동시에 너의 내적인 힘, 육체의 구속 가운데서도 신적으로 살 수 있는 너의 내적 힘에 대한 깊은 자각과 더불어 시작하라."10

페스탈로치는 처음에는 동물적으로 놓여 있는 인간의 신적인 씨앗을 키우기 위해서 〈기초교육의 이상〉(die Idee der Elementarbilung)을 말한다. 또한 그는 이 인간의 기초적인 힘을 프랑스혁명 후 인간 교육에 더욱 집중하면서부터 "직관의 힘"(die Kraft der Anschauung)으로 표현했다. 그것은 인간이 어떠한 어려운 상황과 비참한 고통 중에 빠질지라도 결코 소멸되지 않는 인간적인 인식과 느낌, 행위의 힘을 가리킨다. 앞에서 종교를 "무한자에 대한 감각과 느낌"이며, 그것의 본질을 사고도 행동도 아닌 "직관과 감정"으로 여긴 슐라이에르마허도 우리 내면 안에 가지고 있는 "종교적 감각을 위한 기반"(eine Anlage zur Religion)을 언급했다. 그러면서 종교교육이 "감각"(der Sinn)을 키우는 것이라고 지적했다. 이성과 논리는 분석을 원하지만 감각은 대상의 통합된 인식을 추구하고, 전체로 파악하기를 원하는데, 자신의 완성을 타인의 완성 속에서 보며, 이 세상의 만물을 한 몸으로 볼 수 있는 인간적인 힘은 결코 처음부터 완성된 모습으로 있는 것이 아니라 하나의 씨앗처럼 내재하여 성장하며 발화하기를 원한다. 그래서 페스탈로치는 "감각적으로 자극되어야 한다"(sinnlich belebt werden)고 강조하고, 아이들의 가장 기초적인 필요물과 연결하여서 체험과 마음의 문제로 보기를 원했다.

---

10 KA 12, 125.

III. 아동기 종교교육과 생태 감수성

1. 신체와 감각의 만족을 통한 아동 종교교육

그러면 어떻게 아이들 속에 이상의 인간적인 도덕성이 피어날 수 있으며, 신에 대한 사랑과 신뢰, 자연에 대한 하나됨의 감수성이 피어날 수 있을까? 위에서 페스탈로치는 그것은 바로 엄마와 아이 사이의 자연스러운 관계에서, 그 아이의 가장 긴요한 필요물들이 채워짐을 통해서 가능하다고 했다. 도덕성과 종교성의 발달이란 나중에 성장하여 이론으로 이루어지는 것이 아니라, 태어나서 처음부터 아이의 신체적인 필요물들이 조용히 채워짐을 통해서, 그것을 인간적인 방법으로 평화롭게 배려하는 "어머니의 거룩한 보살핌"(die heilige Muttersorge)으로 가능해진다는 것이다. 이렇게 인간적인 더 높은 수준의 정신적인 힘도 기초적으로 인간의 기본적인 욕구와 감각적인 배려에서 오는 것이라고 여기는 페스탈로치에 따르면 그 반대로 이 세상의 모든 악은 바로 그 요람에서부터, 아이의 날마다의 필요물들이 무시되고, 그래서 자주 감각적으로 동요되고 흥분될 때 생겨난다.11

"어머니가 울어대는 아이에게 자주 그리고 불규칙적으로 부재했을 때, 또한 필요 속에서 고대하는 아이가 자주 그리고 오랫동안 기다려야 할 때, 그래서 고통과 절망과 아픔의 감정이 생길 때까지 내버려졌을 때, 그때 바로 악한 불안정의 씨앗이 생기고, 거기서부터 모든 동요가 따라온다. … 이 요람의 처음 시기에 생겨난 불안정은 그 후 모든 동물적인 폭력성과 부도덕과 불신의 씨앗들을 펼친다."

---

11 KA 28, 63.

이렇게 아이들의 직접적인 필요물들이 채워지지 않고서는 어떤 인간적인 힘의 발현도 가능하지 않다고 보는 페스탈로치의 생각은 이미 루소에게서도 여러 가지로 유사하게 표현되었다. 루소는 그의『에밀』에서 '자기애'와 '이기심'을 구별하면서 온전히 자신만을 위해 존재하는 자연인인 유아시절에 자기애가 충족되지 못한 사람은 나중에 남을 위해서도 존재할 수 없다고 한다. 그런 사람은 전 생애를 통해서 두 개의 힘과 싸우고 두 개의 힘 사이에서 방황하며, 자신과 일치하지 못하고 결국 자기를 위해서도 남을 위해서도 이바지하지 못하고 삶을 마감할 뿐이라고 한다.[12] 가장 가까운 삶의 반경에서, 가장 절실히 요구되는 삶의 필요물들이 배려받지 못한다면 더 높은 인간적인 힘을 키우기 힘들다. 그래서 유아기 종교교육, 더 나아가서 생태 감수성을 위한 교육은 먼저 그들의 직접적인 필요물들을 따뜻하게 배려하는 것이고, 거기서 아이에게 감사와 사랑, 신뢰의 감정을 길러주는 것이다.

오늘날 우리의 유아교육에서 아이들의 신체와 가슴의 한계와 특성이 존중되지 않고 이른 시기부터 과도하게 '의무'로 몰리고, 아주 이른 시기부터 지적 교육이 강요되는 것은 모두 이상에서 살펴본 종교교육과 생태 감수성 교육에 어긋나는 것이다. 이와 같은 맥락에서 오늘날의 유아 연령구분과 반드시 일치하는 것은 아니지만, 일찍이 중국의 신유교 사상가 왕양명이 펼친 아동교육사상은 우리에게 많은 것을 시사해준다. 그는 당시 주희 교육이 과도하게 지적 교육으로 흘러서 심지어 어린아이들 교육까지 피폐화하는 것을 보고서 나름의 대안을 제시하였다. 그에게 공부와 교육의 참된 목표는 이 세상의 만물을 자신의 형제자매로, 심지어 길거리에 깨어져 굴러다니는 돌멩이 하나에까지 깊은 연민을 느끼는 사람을 키우는 것이었다. 즉 깊은 만물일체의

---

12 J. J. 루소, 정봉구 옮김, 『에밀(상)』(서울: 범우사, 2000), 33.

영성과 생태 감수성을 지닌 사람을 키우는 것이다.

양명은 1518년에 강서(江西), 복건(福建), 호남(湖南), 광동(廣東)에 접하는 지역에서 군사적으로 많은 일을 하였으며, 동시에 그곳들에 초등학교를 설치한다거나 향약을 만들어 민생의 안정을 도모하고자 노력하였다. 그가 유백송 등의 선생들에게 아이들을 잘 가르치기 위한 지침들로 준 글들을 보면 배움에서 그가 무엇을 제일 중시 여기는지 잘 드러난다. 그것은 아이들의 자발성이고 자유로운 분위기이며, 도덕적 실천을 중시하고 그것을 몸으로 실행하는 것들을 말한다. 양명은 당시 아이들의 교육에서도 주로 행해졌던 암기와 암송[記誦], 조작적인 글쓰기[詞章], 또한 지극히 경직되었고 형식화되어 있던 교실 분위기를 세차게 비난한다. 그러면서 아이들이 도덕적으로 타락하고 공부를 싫어하며, 몸도 튼튼하게 되지 못하는 이유를 바로 그러한 아이들의 본성에 맞지 않는 공부법에 있다고 본다.13

양명에 따르면 아이들의 본성은 노는 것을 좋아하고 구속하는 것을 싫어하는 것이다(樂嬉遊而憚拘檢). 그러므로 마치 싹을 띄우기 시작하는 초목처럼 그들을 자유롭게 놓아두면 잘 자라지만 억지로 비틀거나 방해하면 잘 자라지 못하고 말라죽기 때문에, 아이들을 자유롭게 해주고 기쁘고 즐겁게 해주어 스스로 할 수 없는 것을 도와 발전할 수 있도록 해야 한다고 강조한다. 이 맥락에서 그는 '노래 배우기' 수업을 중시여기는데, 그것은 단지 그들의 의지를 돋우는 것뿐만이 아니라 노래를 통해서 고함치고 뛰노는 일을 하면서 그들의 기분을 풀어주고 자유롭

---

13 『傳習錄』中 44조, 古之敎者, 敎以人倫, 後世記誦詞章之習起, 而先王之敎亡。今敎童子, 惟當以孝弟忠信禮義廉恥爲專務, 其栽培涵養之方, 則宜誘之歌詩以發其志意, 導之習禮以肅其威儀, 諷之讀書以開其知覺。今人往往以歌詩習禮爲不切時務, 此皆末俗庸鄙之見, 烏足以知古人立敎之意哉!

게 해주기 위한 것이라고 밝힌다.[14] 양명은 또한 몸으로 예절을 실습하는 활동을 중시하는데, 그것은 단지 그들의 품행을 고상하게 해줄 뿐만 아니라 절하고 조심해서 걷고 하는 행동들을 통해서 혈액순환을 원활히 해주고, 근육과 뼈를 튼튼히 하는 것이라고 말한다. 또한 그에 따르면 아이들에게 책 읽는 것을 가르치는 것은 단순히 그들의 지식만 확장해주려는 것이 아니다. 그것은 페이지와 문단들을 반복하면서 집중력을 키워주는 것이고, 그들의 의지를 길러주는 것이다. 이러한 모든 교육 프로그램은 결국 그들의 의지를 바로 해주고, 그들의 본성과 감성을 바로 잡아주며, 속에 있는 나쁜 생각을 없애고, 그리하여 그들로 하여금 어렵다는 생각 없이 점차로 예와 의에 다가서고 '중화'(中和) 속에 자연스럽게 잠길 수 있도록 만드는 것이라고 한다.[15]

양명에 따르면 자신의 시대는 아이들에게 외우는 것만을 강요하고 과거시험 문제들을 따라하게만 하며, 예는 따르도록 하는 것이 아니라 단지 단속과 강제의 수단으로만 일삼고 있다고 한다. 그러한 공부는 아이들을 똑똑하게 만들려고만 할 뿐이지 선을 길러주지 못한다고 하는데, 그들을 채찍질하고 결박해 마치 죄수처럼 다루기 때문에 학교 가는 것을 감옥 가는 것처럼 싫어하고, 선생이나 어른 보기를 원수처럼 여긴다고 양명은 지적한다. 이러한 싫은 감정을 감추고 더 놀고 즐

---

14 『傳習錄』中 44조, 今教童子必使其趨向鼓舞, 中心喜悅, 則其進自不能已, 譬之時雨春風, 霑被卉木, 莫不萌動發越, 自然日長月化, 若冰霜剝落, 則生意蕭索, 日就枯槁矣, 故凡誘之歌詩者, 非但發其志意而已, 亦所以洩其跳號呼嘯於詠歌, 宣其幽抑結滯於音節也.

15 『傳習錄』中 44조, 導之習禮者, 非但肅其威儀而已, 亦所以周旋揖讓而動蕩其血脈, 拜起屈伸而固束其筋骸也, 諷之讀書者, 非但開其知覺而已, 亦所以沈潛反復而存其心, 抑揚諷誦以宣其志也, 凡此皆所以順導其志意, 調理其性情, 潛消其鄙吝, 黙化其麤頑, 日使之漸於禮義而不苦其難, 人於中和而不知其故, 是蓋先王立教之微意也.

기려고 거짓말하고 속이게 되어 결국은 나쁜 아이들이 되고 만다고 하는데, 양명은 그러한 강제와 억지, 암기식 공부에서 어떻게 다른 아이들이 나오기를 바라느냐고 반문한다.16

양명은 아이들 각자의 능력에 주의하라고 권고한다. 한 아이가 만약 200단어를 배울 수 있는 능력이 있으면 100단어만 가르쳐주어 항상 에너지와 힘이 남아 있게 하는 것이 좋은데, 그럴 때만이 그 아이가 즐겁고 쉬운 마음으로 공부에 임할 수 있고, 그래야만 나쁜 행동에 마음을 두지 않기 때문이라고 한다. 즉 양이 문제가 아니라 얼마나 온전히 배웠는지가 중요하다는 것이다. 아이들이 단어와 문장을 외울 때 거기에 그치는 것이 아니라 그 배운 것을 마음으로 반복해서 뜻을 새기게 하고, 리듬과 목소리도 잘 맞도록 하라고 권고한다. 매일 아침 아이들이 학교에 오면 먼저 그들의 도덕 생활을 점검하고, 전에 배운 과제들을 복습하고 새로운 과정을 배우게 하며, 또한 예절의 실습과 노래 등을 통해서 아이들이 즐거운 마음을 가지고 공부할 수 있도록 하여 피곤해지지 않아서 나쁜 행동에 마음이 몰리지 않도록 하는 것이 중요하다고 강조한다. 기초를 충실히 하고, 통전적으로 배우며, 지행이 일치하도록 하는 공부에 주력하라는 당부인 것이다. 오늘 우리 시대에 공부가 무척 어려운 것이 되었고, 아이들이 밤늦게까지 지적 공부에 허덕이며 지쳐 있는 모습을 볼 때 양명의 이러한 지적들은 시대를 초월해서 타당하게 들린다. 페스탈로치도 그의 "기초교육의 이상"에서 기초를 중시하지 않는 교육은 사상누각이며, 결코 거기서 선한

---

16 『傳習錄』中 44조, 若近世之訓蒙撝者, 日惟督以句讀課倣, 責其檢束而不知導之以禮, 求其聰明而不知養之以善, 鞭撻繩縛, 若待拘囚° 彼視學舍如囹獄而不肯入, 視師長如寇仇而不欲見, 窺避掩覆以逐其嬉遊, 設詐飾詭以肆其頑鄙, 偸薄庸劣, 日趨下流° 是蓋驅之於惡而求其爲善也, 何可得乎!

행동이 나올 수 없고, 실천력 없는 공부가 되고 만다고 지적한다.

2. 삶의 안정성 속에서 길러지는 생태 감수성

가정적인 인정 속에서 아기의 첫 필요물들을 채워주는 엄마의 거룩한 배려는 그러나 단순히 그 단계에만 머물지 않는다. 아기가 커갈 수록 엄마는 아이들에게 주변의 자연을 지적해주며, 그 이름들을 알려주고, 그것들을 신의 창조물로서 가르쳐준다. 아이의 첫 번째 필요물들을 평화 속에서 배려해주었던 것처럼 삶의 안정 속에서 온 자연을 신의 현현으로 가르쳐주는 어머니의 모습을 페스탈로치는 다음과 같이 그리고 있다.17

> "'어머니들의 책'(das Buch der Müttter)은 그녀에게 자신의 젖가슴에 안겨 있는 아이에게 '하느님의 이름'을 말해보도록 가르친다. 이렇게 그녀는 떠오르는 태양 속에서, 흐르는 냇물 가운데서, … 꽃의 반짝임에서, … 사랑하는 신의 존재를 가르치고, 그 아이 자신 속에도, 그의 눈빛에서도, 모든 것 중에 존재하는 신의 모습을 지시해준다. 그 아이가 신을 보았을 때 아이의 가슴은 뛰고, 세상에서 신을 보면서 이 세상을 사랑하게 된다. … 아이는 신과 세계와 어머니를 모두 하나의 마음(사랑)에서 껴안는다."

여기서 어머니가 이처럼 아이에게 신의 존재를 가르쳐주고, 온 세상과 자연을 신의 현현으로 볼 수 있는 생태 감수성을 키워줄 수 있었던 것은 바로 그 어머니와 아이가 처해 있는 "안정된"(in der Ruhe) 삶

---

17 KA 13, 351.

의 정황과 관련이 깊다. 만약 어머니와 아이가 온갖 삶의 소용돌이 속에서 개인적이고 가정적인 또는 국가 · 사회적인 어려움 속에 놓여있었다면 이렇게 조용히, 평화롭게 자연을 만나게 하고, 그것의 이름을 부를 수 있게 하며, 관찰하고 사귀어 나갈 수 있도록 하지 못했을 것이다. 페스탈로치에 따르면 그래서 이 "안정"(die Ruhe)은 모든 인간교육의 원천이고, 방법이 되며, 또한 목표가 되기도 한다. 여기에 반해서 모든 충동질과 애태움, 서두름은 만악의 근원이 되는데, 그러한 상황에서 어떻게 대상을 전체적으로 파악하며, 직관하고, 직접적으로 느껴서 진정으로 하나됨을 경험할 수 있도록 하겠느냐는 것이다. 즉 우리가 이야기하는 생태 감수성과는 거리가 먼 것이다.

이 '안정', "거룩한 평안"(heilige Ruhe)이라고까지 일컬어지는 생태 감수성 발달의 근원을 다시 루소적인 의미로 이야기해보면 그것은 아이들로 하여금 '현재'에 살 수 있도록 하라는 말과 같다. 아이들이 너무 이른 시기부터 과도한 의무와 미래의 목적을 위해서 희생되고, 그래서 놀이를 잃어버려 자연스럽게 대상에 몰두하여 하나되는 경험을 할 수 없다면 생태 감수성 계발은 기대하기 힘들다는 것이다. 또한 일찍부터 자연과 인간을 구분하고 인간적인 일에만 관심을 두며 살아가게 하니 거기서 생태 감수성 계발은 생각해볼 수 없다는 것이다. 루소는 12세까지 인간과 동물은 물론이고 물질과의 차이도 의식하지 못하게 하며 그 자연의 대상들과 놀이 속에서 온전히 하나되게 키우라고 했다. 오늘날 그렇게까지는 못한다 하더라도 아이들을 너무 일찍부터 놀이로부터 격리하고 미래의 목적만을 위해서 살아가도록 채찍질한다면 결과는 더욱 삭막해질 것이다.

또한 칸트도 그의 『(미학적) 판단력비판』에서 개인적인 목적에 사로잡힘 없이 "사심 없이" 세상과 자연과 만날 때 그 美를 감지할 수 있고,

또한 자연의 아름다움을 볼 수 있다고 했다. '美'를 감지하고 그것을 예술로 표현해낼 수 있는 능력이란 '사적 관심' 없이 현재 그 대상이 나에게 주는 기쁨을 순수하게 느낄 수 있을 때 가능하다는 의미이다.[18] 그렇다면 예술의 발달도 바로 이 현재 속에서 살아가는 경험들이 축적되어서 가능한 것이라고 할 수 있으며, 역으로 예술교육은 아이들로 하여금 다시 안정과 현재 속에서 살게 하고, 몰두할 수 있게 하며, 자연의 미를 깨닫고 생태 감수성을 일구어 나가는 데 도움을 준다고 하겠다. 유아기의 (종교)교육은 그러므로 각종 예술체험과 더욱 밀접하게 관련되어야 하며, 자연의 美를 탐색하는 작업으로 풍부히 채워져야 한다. 예를 들어 '레지오 에밀리아' 교육의 아이들이 온갖 색과 소리와 형태의 풍부함 속에서 자연을 탐색해나가는 모습을 그려보면, 그들에게는 매 식사시간이 만찬시간이 되고, 모든 아이의 현재 활동이 가장 큰 관심거리가 되며, 참으로 안정된 환경 속에서 살아가는 것을 알 수 있다. 그 속에서 아이들의 생태 감수성은 커가고, 꼭 좁은 의미의 종교교육을 거론하지 않는다 하더라고 참으로 풍성한 종교교육이 이루어지는 것이라고 보고 싶다.[19]

3. 도덕교육과 연결되어 수행되는 종교교육

페스탈로치의 종교교육, 즉 아이들의 마음에 신의 형상을 심어주고 만물을 신의 창조물로 볼 수 있게 하는 교육은 여기서 더 나아간다. 생애 처음의 필요물들을 사랑과 신뢰로 채워주던 어머니는 앞에서 본

---

18 I. 칸트, 이석윤 역, 『판단력비판』(서울: 박영사, 2003), 58 이하; 참조 이은선, 「한나 아렌트 사상에서 본 교육에서의 전통과 현대」, 『교육철학』 제30호(2003. 8), 152.
19 루이즈 보이드 캐드웰, 오문자 외 공역, 『레지오와의 만남, 귀향 그리고 적용』(서울: 양서원 1999).

대로 아이가 커가면서 그가 만나고 이름을 알아가는 세상과 자연의 대상물들을 신의 선한 창조물로 지시해주었다. 이제 여기서 더 나아가서 그 아이가 그 대상물들을 측정하고 계산하면서 좀 더 지적으로 알아가기 시작할 때 어머니는 아이에게 "온전하여라, 하늘에 계신 우리 아버지가 온전한 것처럼"(Sei vollkommen, wie unser Vater im Himmel vollkommen ist)이라고 말한다고 한다. 이것은 오늘의 의미로 이야기하면 아이들이 커가면서 학교에서의 교과목이나 자신들의 삶의 의무를 행할 때 그 일들을 나름대로 온전하게 수행한 경험, 그래서 그것의 완성에 대한 기쁨과, 거기서 자신이 온전하게 행한 것에 대해서는 확실히 안다고 하는 만족감을 쌓아나갈 때, 그것이야말로 참된 종교교육과 도덕교육이 된다는 것이다. 예를 들어 자연탐구 과목을 통해서 지금 배우는 자연대상을 온전히 안 느낌, 그 대상의 구조와 질서를 나름대로 파악함으로써 얻게 되는 그 대상의 아름다움에 대한 인식, 이런 것이야말로 참된 생태 감수성의 교육이 되고, 바로 앞에서 지적한 참된 예술교육이 된다고 하겠다. 이러한 지적과 달리 오늘 우리 아이들이 항상 할 것이 너무 많아서 어느 것 하나도 온전히 수행하지 못하고, 그러면서 도무지 온전성의 경험과는 거리가 멀고, 항상 지쳐 있으며, 수많은 표피적이고 분절적인 지식정보들을 외우느라고 시간을 보내고 있다면, 이것이야말로 바로 가장 반종교적이고 비도덕적이며 반생태적인 교육이라고 하겠다.

페스탈로치에 따르면 그러나 종교교육은 아이가 이제 사춘기가 되어서 어머니의 품을 떠나려고 하고, 나름의 판단력과 목표를 가지고 세상으로 나아가려 할 때 그때 더욱 분명한 모습으로 필요한 것이라고 강조한다. 이것은 루소가 15세 이후에 드디어 아이에게 정념(특히 性적 사랑)이 싹트기 시작했을 때 인간의 일에 관계하는 역사, 도덕, 종교교육 등이 필요하다고 말한 것과 유사하다. 페스탈로치는 하나의 "전환점"(der Scheideweg)에 대해서 말하는데, 이것은 이제 아이에게 세상의 어머니를 대신해서 하늘의 부모가 필요한 때임을 말하는 것으로, 이 정신적인 또 하나의 태어남을 위한 위기의 상황에서 어머니는 더욱 큰 배려와 염려를 가지고 아이에게 사랑과 신뢰와 감사의 하늘의 부모를 지시해주어야 한다는 것이다.[20] 우리가 일반적으로 좁은 의미에서 말하는 종교교육의 진정한 필요성이란 바로 이때를 말하는 것이라고 할 수 있으며, 그 이전 시기에 과도하게 언어와 개념으로 종교교육을 강요하는 것은 사실 이익보다는 해가 더 많다는 것이 루소를 비롯한 자연주의적 교육사상가들의 생각이다.

아이들이 역사나 도덕, 윤리나 종교 이념 등 인간적인 관념들과 관계하기 이전에 먼저 자연과 충분히 교류해야 하고, 자연이 오히려 더욱 그들의 관심과 사랑의 대상이 되어야 한다는 것이다. 이제 사춘기를 거치면서 정념이 싹트기 시작하면, 다시 말하면 성에 대한 관심이 일깨워지고 인간적인 일에 대한 관심이 자극되어 시작되면, 관심을 자연으로 되돌리기란 쉽지 않다는 것이다. 우리 세대에 초등학교에도 들어가기 전에 먼저 성이 자극되고, TV드라마 등을 통해서 온갖 인간적인 복잡한 일들이 여과 없이 아이들의 머리로 들어가는 것을 보면 생태 감수성이 일깨워지는 일이 그렇게 용이하지 않음을 알 수 있다. 물론 인간의 이 성숙기에는 성이념의 발달이 한 인간의 정신적인 성숙을 위해서 큰 역할을 하는 것을 부인할 수 없다. 성은 삶의 근원적 신비인 사랑, 헌신, 죽음 등을 가장 짙은 농도로 가르쳐줄 수 있기 때문이다. 그래서 스탠리 홀과 같은 종교심리학자는 이 시기의 종교교육을 위해

---

20 KA 13, 346.

서 결코 성의식이 억압되어서는 안 된다고 주장한다.[21] 예를 들어 타자에 대한 사랑과 헌신의 극도를 보여주는 그리스도교의 상징은 특히 사랑을 추구하는 청년기에 적절한 종교 상징이 될 수 있다고 말한다.

그러나 지금까지 페스탈로치가 이야기한 모든 세밀한 종교교육의 방법에도 불구하고 그는 자신의 기초교육 이념을 마지막으로 정리해 낸 "백조의 노래" 끝 부분에 고백하기를, 종교는 세상의 교육을 인간 본성의 발전을 위해서 사용하지만, 세상은 종교에 대해서 아무것도 아니며 아무것도 될 수 없고, 은총 없이는 어떠한 믿음과 사랑도 가능하지 않다고 말한다. 그러나 그럼에도 그가 교육을 선택한 이유는 바로 어린 시절부터 교육을 통해서 참되게 일깨워진 종교심이 아니고서는 그것들이 후에 참된 생활을 영위하기 위한 지속적이고도 구체적인 힘이 되지 못하며, 또한 우리 안에 이미 놓인 신적 씨앗이란 한편으로 인간의 교육하는 예술, 그 씨앗을 길러주는 인간적인 배려의 예술을 필요로 하기 때문이라고 밝힌다.[22]

오늘 우리가 탐구하는 아동 종교교육의 예술도 이 인간적인 힘을 꽃피우는 데 일조하기를 바란다.

IV. 생태 감수성 육성을 위한 몇 가지 마무리 정리

지금까지 우리는 특별히 페스탈로치의 사상을 중심으로 어떻게 아동기 종교교육이 이루어질 수 있으며, 어떻게 거기서 생태 감수성이

---

21 김재영, "인격 형성의 궁극적 상징으로서의 종교이해 - 그랜빌 스탠리 홀의 발생 종교심리학을 중심으로", in 이계학 외 지음, 『인격 확립의 초월성』(서울: 청계, 2001), 270.
22 KA 28, 270.

육성되는지 살펴보았다. 여기 마무리하는 장에서는 지금까지 살펴본 내용들에서 생태 감수성의 육성을 위한 몇 가지 정리를 끄집어내고자 한다.

첫 번째, 페스탈로치가 고상한 신에 대한 감수성, 자연을 모두 신의 창조물로 느낄 수 있는 감수성의 계발도 지극히 직접적인 인간적인 필요물들을 배려하는 데서 시작하는 것으로 보았듯이, 특히 어린 시절 생태 감수성이란 아이의 몸과 감각과 직관을 배려해야만 가능한 것이라는 사실이다. 또한 인간의 생태 감수성이란 그것만을 따로 떼어서 별도로 육성할 수 있는 것이 아니라 전체적인 인간적인 배려 속에서 함께 길러야 하는 것이고, 그러므로 그 생태 감수성이라는 것은 구별된 별개의 능력이 아니라 인간의 통합적인 능력 안에 같이 포괄된다는 것이다. 페스탈로치는 만년에 접어들수록 자신의 '기초교육'의 이상으로 인간의 "통합능력"(Gemeinkraft)을 이야기하는데, 이것은 궁극적으로 '사랑'과 '믿음'의 능력에 기초하여 온 세상과 화합하는 방식으로 관계하는 능력이다. 이 통합능력을 키우기 위해서 인간의 교육은 한 '예술'로서 필요하지만 그러나 그 교육이 가능한 이유는 바로 통합능력으로서 인간적 힘이 신적인 뿌리로 인간 속에 놓여 있기 때문이라는 것이다. 아이의 생태 감수성이 일깨워지는 진정한 근거도 바로 교육자가 자신의 아이를 그렇게 귀하게 받아들일 때, 거기서 모든 섬세한 배려가 나오고, 아이의 성장에 대한 믿음을 보여줄 때 가능한 것이라고 하겠다. 생태 감수성이란 세상을 향한 기본적인 신뢰가 자라난 것이며, 교육자가 아이를 배려하면서 이 신뢰를 보여줄 때 싹트는 것이다. 그래서 어머니와 교사나 교육자는 "신의 중보자"(Gottesvermittler)가 된다.23

두 번째, 우리가 이미 앞에서 지적했듯이 생태 감수성이란 아이들의 '현재적' 삶이 보호될 때 가능한 것이다. 아이들이 과도하게 미래적·목적적 삶에 휘둘릴 때, 그래서 그들의 감정과 순수한 직관력과 상상력이 훼손되고 서둘러서 이성의 계발로 내몰릴 때는 육성하기 어렵다. 적어도 유아시절만큼은 오늘 우리의 현대적인 속도보다 훨씬 느리게 전개되는 자연의 순리 속에서 살아갈 수 있도록 한다면 상황은 훨씬 달라질 것이다. 페스탈로치는 그의 궁극적인 교육방법으로 "삶이 기른다"(das Leben bildet)라는 말을 남겼다. 조작적으로 분절되고 추상화되었으며, 개념화된 지식들만을 이른 시기부터 쏟아 부을 것이 아니라 아이들을 좀 더 자연 속에 놓아두고, 전체적인 모습 속에서 연결되어서 나타나는 세상의 대상들을 스스로 관찰하며 교감하게 하고, 손과 몸의 사용을 통해서, 또한 놀이 속에서 세상과 만나게 할 때 생태 감수성이 길러질 수 있다는 것이다. 또한 어른들의 삶에서도 '현재'를 다시 회복해주는 '축제'를 아이들이 좀 더 경험할 수 있도록 여유를 주고, 거룩함을 체험할 수 있도록 감정적으로 잘 배려된 예배의식에 자주 참석하게 하며, 시나 판타지, 초자연적이고 무시무시한 이야기들을 아이들이 다시 즐길 수 있도록 배려해주는 것들 모두는 아이들로 하여금 종교 감수성, 생태 감수성을 계발할 수 있게 해주는 것이다. 또한 이러한 현재성의 삶과 교육이 가능할 수 있도록 우리 사회가, 아이들을 구체적으로 돌보는 가정이, 그곳에서의 어머니나 아버지가, 또한 유아원과 유치원의 선생님들이 여유를 가지고, 아이들 스스로가 현재 속에 살 수 있도록 배려해주는 것, 이것이야말로 생태 감수성 교육을 위해서 빼놓을 수 없는 하나의 중요한 조건이 된다고 하겠다.

---

23 KA 28, 165ff.

세 번째, 우리가 페스탈로치가 '신의 온전성'을 들어서 아이들의 학습과정에서도 그것을 닮아가도록 촉구한 방법에서도 알 수 있었듯이, 아이들의 종교교육과 생태 감수성 교육은 그들의 도덕교육과 밀접하게 연관되어 있음을 알 수 있다. 앞에서 우리가 예로 들었던 칸트도 지적하기를, 선에 있어서 이미 훈련이 되어 있는 사람이 자연의 미에 대한 관심도 표현할 수 있다고 했는데,24 아이들의 도덕적 힘과 생태 감수성은 그렇게 같이 가는 것이다. 예를 들어 자기 주변을 잘 정리할 수 있는 아이, 글씨도 반듯하게 쓰고 사실에 부합하는 것이 아닌 거짓을 말하는 것을 괴로워 할 수 있는 아이, 청결한 것을 좋아하고 주변의 질서와 아름다움을 기뻐하는 아이가 생태 감수성이 일깨워진 아이이고, 그런 아이야말로 나중에 어른이 되어서 사심 없이 자연과 환경을 보호하는 데 앞장 설 수 있고 노력할 수 있다는 의미이다. '眞'과 '善'과 '美'는 그래서 인간 속에서 하나의 통합된 힘으로 같이 육성되는 것이며, 그것이 성스러운 기반에 기초함을 인지하면서 행할 때 바른 종교교육, 생태 감수성 교육이 이루어지는 것이라고 하겠다. 이 세상 만물이 성스러운 근원에 모두 같이 연결되어 있음을 느끼는 마음, 또한 그 근본이 다시 우리 삶과 생명의 궁극적인 지향점이 된다는 믿음, 이러한 사랑과 믿음의 마음을 키우는 것이 우리의 종교교육이고 생태 감수성 교육이다. 이 마음이 바로 삶의 초기단계인 유아기에 잘 놓여야 한다는 것이다.

---

24 I. 칸트, 같은 책, 178.

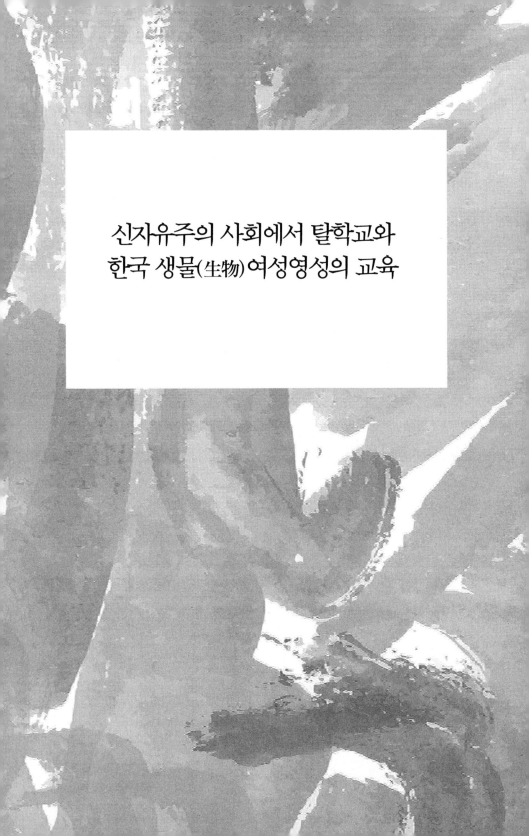

신자유주의 사회에서 탈학교와
한국 생물(生物)여성영성의 교육

I. 시작하는 말

지구 온난화와 세계 인구 폭발로 인한 이산화탄소 배출량 증가, 북극 빙하의 해빙 등 요즈음 지구 생태계 위기에 관한 경고가 점점 더 강해지고 있다. 이와 더불어 신자유주의 경제파탄으로 인한 세계 대공황의 우려와 한국 경제가 1970년대 중남미 경제처럼 완전히 8자형 경제 혹은 눈사람형 경제로 갈지 모른다는 우려가 크게 제기되고 있다. 여기에 덧붙어 한국 언론을 통해서 연일 들리는 소식은 남북관계의 경색과 함께 공영방송 매각과 교육 및 의료부문에 대한 자유화와 시장화를 넘어서 이제는 물, 전기, 가스 등 국가의 가장 기본적인 공공부문까지 민영화 내지는 시장화를 추진한다는 것이다. 젊은이들의 끔직한 취업난과 입시에 내몰린 중·고등학생들의 비참함, 그리고 초등학교와 유아원으로까지 번지는 사교육 열풍과 더불어 이러한 모든 상황을 몸으로 직접 맞이하고 있는 여성들은 점점 더 가난해지고 있다.

〈한겨레신문〉에서 눈에 띄게 알찬 한국 사회 분석과 대안을 제시하곤 하는 우석훈 금융경제연구소 연구위원은 오늘 우리 사회의 경제공황 상황을 타개할 수 있는 좋은 처방이 바로 교육에 숨어 있다고 한다. 그에 따르면 한국의 중산층은 지난 10여 년 동안 너무 많은 개인 소비를 사교육과 대학 교육비로 지출하였다. 그러다 보니 내수시장은 궁핍할 대로 궁핍해져버렸고, 이 상황에서 내수를 기반으로 한 중소기업들이 말라죽은 것이 현 한국 경제의 궁핍한 구조라고 진단한다. 그래서 그는 과외금지를 위한 법을 국민투표에 부쳐서라도 실행하여서 국민의 80%가 압박을 느끼고 30조원 이상으로 늘어날 전망인 사교육비를 줄여야 한다고 촉구한다.[1] 오늘 한국 사회 문제의 핵심을 교육에서 찾은 것이다.

생태운동 잡지 〈녹색평론〉의 김종철 교수에 따르면 〈녹색평론〉은 아이들 대학 보내지 말자는 캠페인을 벌일 계획이라고 한다. 왜냐하면 농민들이 자식을 도시학교 보내고, 대학에 보내야 한다는 것 때문에 겸업하면서 뼈가 빠지게 작물을 심고 1년 내내 고달프기 짝이 없기 때문이다. 많은 수확을 내야 하니 유기농법은 생각할 수도 없고, 농약을 더 많이 쓰는 환경 위해적 농사법이 될 것임은 짐작할 수 있다. 이렇게 요즈음 자신이 제일 존경하는 사람은 자기 자식들 대안학교에 보내고 대학 안 보내는 사람들이라고 하는 그도 오늘의 가난문제가 지구의 생태문제와 긴밀하게 연결되어 있듯이 그렇게 생태문제가 교육과 긴밀히 연관되어 있다는 사실을 통찰한 것이다.

이상의 지적들에서 나오듯이 오늘 우리 주변의 일상의 고통뿐 아니라 지금 한국 사회가 총체적으로 겪고 있는 신자유주의, 그리고 점

---

1 우석훈, "과외금지, 국민투표에 붙이자", 〈한겨레신문〉, 2008. 10. 23.

점 더 실질적으로 다가오는 생태계 위기문제가 우리의 '교육', '배움', '학교' 등과 매우 밀접하게 관련되어 있는 것을 알 수 있다. 이 글은 이러한 연결고리에 깊이 주목하면서 어떻게 한국 교육이 지금까지처럼 신자유주의 경제체제 아래서 무한경쟁주의와 경제우선주의에 잠식당해 있는 모습에서 벗어나, 다시 참된 인간교육의 정도를 회복할 수 있을지 탐색해보려는 것이다. 굳이 이반 일리치가 40여 년 전부터 서구 자본주의 사회의 자기공멸적 폐해와 모순을 예언자적으로 지적해온 『학교 없는 사회』(Deschooling Society)를 들지 않더라도 오늘 우리가 겪고 있는 많은 문제의 핵심에 교육이 관련된다는 사실을 잘 알기 때문이다. 위에서도 지적했지만 오늘 한국 사회의 모든 개인과 가정은 바로 이 '교육'으로 인해서 허리가 휠 지경이고, 나라 경제가 근간에서부터 흔들리고 있으며, 얼마 전 치른 대입 수능고사의 진행과정에서도 잘 드러났듯이 교육에 한국의 산하뿐 아니라 종교와 여성들이 모두 함께하고 있다. 본 연구는 우리의 상황이 20세기 후반기 일리치가 간파했고 전망한 내용들과 잘 부합하는 것을 보고서 이미 서양교육사에서 하나의 고전이 된 그의 '탈학교 논쟁'을 다시 검토해보며 그것이 어떤 의미가 있는지, 그러나 거기에 머무르지 않고 한국적 생태주의와 여성주의가 어떠한 나름의 대안을 제시할 수 있을지를 탐색해보려고 한다.

II. 세계화와 신자유주의 경제체제 아래서
세계 아이들의 보편적 출생과 성장

"아기 X는 미국 대도시 지역에 살고 있는 한 여자와 남자 사이에서 태어났다. 아기가 태어난 지 3개월 만에 엄마는 다시 직장으로 돌아가고 X는 공인된 보육원에 맡겨진다. 아빠는 X가 태어날 때 무급휴가를 받아서라도 직장을 쉴 만한 경제적 여유가 없었다. 그래서 아빠는 비록 아기를 무척 사랑하기는 했지만 X와는 그다지 강한 유대감이 없었고 그 유대감을 이루기 위해 계속 노력해야 했다.

경제적 압박과 노동이 가져다주는 극도의 피로감은 이 신참 가족이 한 가족으로서 생활하고 활동하려는 결의를 서서히 침식해 들어오고 이런 저런 텔레비전 프로그램을 시청하는 일이 여가 활동의 전부가 되어간다. X의 평일 스케줄은 오전 여덟시쯤 아빠가 일하러 가는 길에 탁아소에 맡겨졌다가 오후 다섯시 반쯤 엄마가 일터에서 돌아오는 길에 들러서 데려오는 식이다. 여섯시 반이면 아빠가 와서 저녁을 먹은 후 아기 X는 자러갈 시간인 8시 전까지 디즈니 채널에서 보여주는 프로그램을 시청한다. 주말이 되면 가끔씩 가족끼리 외출을 하는데 보통 가까운 교외의 쇼핑몰로 간다. 그 나머지 시간은 흔히 텔레비전과 비디오 영화를 장시간 보는 걸로 때운다. 이 가족이 살고 있는 대단위 아파트는 애완동물을 키우지 못하게 되어 있고, 안전한 놀이터도 없으며 엄마 역시 아이가 돌보는 사람 없이 문 밖을 나가는 것을 불안하게 여겨 허락하지 않는다. 엄마 아빠 둘 다 어린 시절에는 집안의 종교를 갖고 있었지만 지금은 어린아이를 데리고서 어떤 교회든 참석할 만한 에너지나 믿음을 어느 쪽도 가지고 있지 않다.

특히 가을철과 겨울철이 되면 아기 X는 자주 귓병을 앓는다. 그래서 가족이 소속된 HMO(종합건강관리기관)에 들르게 되는데 갈 때마다 진료해주는 의사가 다른 사람으로 바뀌고 의사마다 간단하게 항생제를 처방해서 보통 삼사 일 내에 문제를 없애준다. 어머니에게는 아픈 아기를 맡길 만한 사람이 없고, 따라서 아기가 아플 때마다 일을 못하게 되는 점은 가족의 경제적 곤란에 심각함을 더해준다. 이럭저럭 하는 사이 엄마 아빠의 로맨틱한 출발은 먼 기억 저편으로 재빨리 사라진다. 부부싸움이 늘어감에 따라 각자는 각자만의 친구들—친구라 해봐야 몇 안 되는 같이 일하는 사람들—에게 조언과 지지를 구하게 된다. 이 시점에 두 번째 아기가 태어나고 일시적으로 마찰을 완화시켜준다. 그러나 불행히도 새로 태어난 아기를 돌봐야 한다는 가중된 스트레스는 불행의 끝으로 가족들을 데려가고 X가 다섯 살이 채 되기도 전에 아빠 엄마는 영영 갈라서고 일 년 후 이혼한다. 아기 X와 어린 동생은 엄마에게 남고 같은 지역에 살고 있는 아빠와는 주말을 같이 보낸다. … 다섯 살이 되는 해 가을에 X는 주거단지 안에 있는 공립학교에서 운영하는 유치원에 들어가는데, 그곳에서 한 교실에 교사 한 명과 스물여덟 명의 다섯 살배기들과 지내고 그 후 시간은 어머니가 돌아올 때까지 방과후 프로그램에 다닌다. 처음 얼마 동안을 그런 대로 잘되어 나간다. 그러나 일학년이 되어 학년 중간쯤에 이르자 담임교사는 X가 어떤 수업시간이든 주의집중력이 떨어지고 있다는 사실을 발견한다. 교사는 가정통신문의 행동발달란에 이 사실을 적어 보낸다. 그해가 끝나갈 무렵 X는 초기 천식 증세를 보이기 시작한다. …"2

---

2 크리스 메르코글리아노, 공양희 옮김, 『두려움과 배움은 함께 춤출 수 없다』(서울: 민들레, 2002), 231-233.

이렇게 긴 인용문을 그대로 옮기는 이유는 저자가 오늘날 "미국에 살고 있는 판에 박힌 어린이의 삶을 보여주는 초상"이라고 소개한 아이의 모습이 바로 오늘 한국 사회에서의 보통 아이들의 성장 모습과 거의 다르지 않아서 매우 경악스럽기 때문이다. 이 글에는 많은 이야기들이 함축되어 있다. 먼저 신자유주의 경제체제에서 불안한 임금노동자로 살아가는 젊은 부부의 모습과 그들이 맞벌이로 나가서 열심히 일하지만 생활은 더 나아지지 않고 점점 더 대도시의 소비와 텔레비전과 의료제도에 종속되어가는 모습이 잘 그려져 있다. 아이들을 돌보고 가르치는 일은 일찌감치 집과 부모의 손을 떠나서 익명적 공공의 손에 맡겨지고, 거기서 마음의 건강은 물론이려니와 몸의 건강도 서서히 상해서 중이염과 아토피와 천식 등이 아이들의 일상이 되어간다. 부부관계를 이루어 대도시에서 핵가족으로 살아가지만 노동 외에는 다른 인간적인 활동과 공동체적 삶을 경험하지 못하고 예전에 참여했던 종교생활도 그것을 지속할 만한 에너지와 의미도 발견할 수 없어서 점점 사라져가는 것을 알 수 있다. 결국 그들이 지쳐감에 따라 갈등과 비인간화는 오직 개인적이고 성적(性的) 문제이거나 경제적인 문제 등으로만 여겨지고 마침내 그 핵가족까지도 포기하고 갈라서고, 아이들 대부분은 가난한 여성들의 손에 남겨진다. 그때부터 다시 더욱 고립되어서 거기서 아이들이 관계 맺고 살아가는 세계는 폭력적이고 잔인한 또래집단이거나 가상세계의 주인공들, 아니면 대중매체의 추상화된 스타뿐이다.

미국에서 공부한 후 유수한 증권회사에서 일하다가 9.11사태를 계기로 저널리스트가 되었다는 일본의 여성작가 츠츠미 미카가 쓴 『르포 빈곤대국 아메리카』를 보면 신자유주의 세계화 시장독재가 어떻게 국민들의 삶을 망가뜨려 가는지를 생생하게 알 수 있다. 신자유주의 정책에 따른 극단적인 민영화와 국민의 생존권이 관련된 분야까지 시장원리가 끌어들여져서 미국의 중산층이 소실되어가는 과정을 잘 그려주었다. 예를 들어 미국에서 중산층의 주택 소비율이 포화상태에 이르자 다음 시장으로 저소득층을 겨냥한 '서브프라임 모기지론'으로 옮겨가 결국 위험에 무방비 상태인 저소득층을 겨냥해서 이제 그들의 희망뿐 아니라 인생도 망가뜨려 최소한의 생활마저도 불가능하게 만든 모습 등이다. 불법 이민자나 가난한 흑인 가정들이 그 주된 타깃이었는데, 이런 빈곤층 아이들이 공립학교의 급식이나 또는 노동으로 힘겨워하는 부모의 가정에서 주로 먹는 음식은 전자레인지에 익힌 열량 많은 정크 푸드들이다. 뉴욕 아동 190만 명 중 4분의 1이 빈곤아동이며, 그중 3분의 2가 학교의 무료할인급식제도에 등록되어 있다고 한다. 성인 중에서도 푸드 스탬프로 살아가는 사람들이 2006년에 전국적으로 2,700만 명이 되고, 2005년에 '기아상태'를 경험한 인구가 3,510만 명이라고 하는데, 이들은 주로 인공감미료와 방부제가 범벅이 된 육류 위주의 식사를 한다고 한다. 이처럼 『르포 빈곤대국 아메리카』에는 "빈곤이 만들어낸 비만국민"에 대한 보도가 매우 생생하다.3 한편 월스트리트의 CEO들은 4,500만 달러가 넘는 상여금을 받고, 석유 메이저 회사의 CEO는 3억6천만 달러가 훌쩍 넘는 퇴직금을 받는다고 한다.

2005년 8월 미국과 멕시코 만 연안을 강타한 허리케인 카트리나는 자연재해가 아니라 인재였다는 주장은 우리가 익히 들었던 이야기이다. 국가의 재난방지시스템까지도 민영화에 맡긴 결과이고, 재해가 발생하고 2년이 지났지만 뉴올리언스의 빈곤지역은 '재건'이 아니라

---

3 츠츠미 미카, 고정아 옮김, 『르포 빈곤대국 아메리카』(파주: 문학수첩, 2008), 23 이하.

'철거'되었고, 거리에는 "과대광고를 믿지 마라. 이것은 시 전체를 민영화하는 실험이다"(Don't Believe the Hype, This is an experiment in privatization of an entire city)라고 쓰인 티셔츠를 입은 사람들이 데모 행진을 했다고 한다.4 이 재해가 있은 직후 루이지애나 주 의회는 주 안의 학교 128개교 중 107개교를 관리하에 두고 차터 스쿨(Charter School)로 전환했는데, 차터 스쿨이란 자금은 국가에서 대고 운영은 민간에 의해 이루어지는 학교를 말한다. 단 정해진 기한 내에 학생 수나 정해진 목표 등의 할당량을 달성하지 못하면 폐교조치가 내려진다. 그리되면 부채는 고스란히 운영자 측이 떠맡게 되기 때문에 경쟁이 매우 심할 것은 불 보듯 훤하다. 이러한 학교의 민영화에 대해서 한 교직원은 이렇게 말한다. "차터 스쿨이라고 하면 교육에 자유가 있는 것 같아 듣기에는 좋지만 루이지애나 주와 같은 가난한 지역에서 차터 스쿨을 운영한다는 것은 의미가 전혀 다릅니다. 왜냐하면 그것은 교육격차를 창출하는 결과를 낳으니까요."5 이러한 지적은 오늘 한국 사회에서도 국제중학교나 자립형 사립고 등의 설립으로 교육의 민영화가 가속화될 전망인 상황에서 시사하는 바가 크다. "자유가 주어지는 것 같아 듣기에는 좋지만" 중산층도 무너지는 상황에서 80% 이상의 빈곤층이 교육으로 인해 더욱 가난해지면서 계층 간 격차가 심화되리라는 것은 닥치지 않아도 뻔히 알 수 있다.

이 르포에서 큰 충격으로 다가온 것은 "출구를 저지당한 젊은이들"이라는 제목에서 어떻게 '낙오학생방지법'(No Child Left Behind Act)이 교육에서 경쟁을 도입하면서 교사들을 내몰고 있고 그 진정한 목적이

---

4 같은 책, 62.
5 같은 책, 63.

국가의 부당징병정책을 돕는 것이라는 사실이었다. 미군은 가난하고 전망이 어두운 학생들을 중심으로 목록을 만들어서 학비면제와 의료 보험 가입 등을 조건으로 징병을 하고 있는데, 이런 일의 부도덕성은 불법이민자 자녀, 커뮤니티 칼리지 학생들에게 미친다. 민영화된 학자금 대출과 카드 지옥에 빠지는 학생들이 증가하고, "전 세계의 근로 빈곤층이 지탱하고 있는 '민영화된 전쟁' 이야기는 어떻게 한 국가가 자신의 국민뿐 아니라 전 세계의 빈곤층을 보이지 않는 용병으로 삼아서 비즈니스라고 명명하는 전쟁으로 배불리고 있는지를 잘 지적해준다. "사회 보장비를 줄이고 대기업을 우대하는 정부의 방침은 안전망이 없는 사회 안에서 교육과 고용의 장소를 빼앗긴 젊은이들의 장래에 대한 희망을 꺾고 있습니다. 지금 상담을 받으러 오는 귀환병의 대부분이 신자유주의 정책의 희생양이 된 젊은이들이죠"[6]라고 츠츠미 미카는 지적한다.

일찍이 한나 아렌트가 그의 책 『전체주의의 기원』에서 두 차례의 세계대전이란 그때까지 공적 주체라고 생각되던 국가들이 사적 개인의 욕망과 이익을 위해서 발 벗고 나서면서 결국은 밖에서 충돌하여 일어난 전쟁이라고 밝혔듯이(제국주의),[7] 오늘날은 여기서 더 나아가 국가가 이제는 자기 국민들까지도 사적 이익을 위해서 파는 권력이 된 것을 볼 수 있다(신자유주의 다국적 시장경제). 한국도 지난 번 광우병 파동에서 촛불집회를 무력으로 진압하고 나중에 잡아가두고 하는 정부의 모습을 보면서 한국 정부가 "국가권력을 이용해서 사람들의 건강과 생명을 위협할 수도 있는 상황에서 바로 국민들을 자기 나라에서

---

6 츠츠미 미카, 앞의 책, 150.
7 한나 아렌트, 이진우·박미애 옮김, 『전체주의의 기원 1』(서울: 한길사, 2006).

비국민으로 만드는" 권력을 행사하는 것을 목도했다.8 그러한 모습은 "민영화에 의한 국내난민과 자유화에 의한 경제난민"을 대량으로 생산하는 영미식 신자유주의 자본주의의 모습 바로 그것이라는 지적에 부합한다.9

재영 경제학자 장하준 교수는 『나쁜 사마리아인』(Bad Samaritans, 2007)이라는 저서를 통해 선진 강대국들의 신자유주의 세계화의 불의를 아주 실감나게 밝혀서 주목을 받았다. 이 책을 우리나라 국방부에서는 금서로 지정했지만, 그는 다시 새 책 『다시 발전을 요구한다』(Reclaiming Development, 2008)를 펴내서 신자유주의를 지탱해온 경제발전에 대한 대안으로 무역과 금융 규제, 공기업 민영화, 국제자본 흐름 등에서 상생의 발전전략을 제시한다.10 그러나 그의 메시지는 "다시 발전을 요구한다"는 것이다. 그래서 본 연구자는 이반 일리치 같은 이가 이미 40여 년 전에 이보다 훨씬 더 급진적으로 "자율적 공생을 위한 도구"(Tools for Conviviality)를 주창하며 '성장을 멈추라'는 메시지를 보낸 것을 기억하고 오늘 우리 상황이 지구의 사실적 종말이 더욱 설득력 있게 다가오는 때이므로 오히려 성장을 멈추라는 메시지를 탐색하고자 한다. 40여 년을 지낸 오늘 우리의 집(oikos), 생태(ecology) 환경, 경제(economics)의 상황이 결코 더 나아지지 않았으므로 우리는 경제학자보다 더 근본으로 내려가서 지금의 상황과 대안을 더 '큰 그림'에서 살펴보고자 한다.

---

8 김은실, "세계화, 국민국가, 생명정치: 촛불, '국민', '여성들'", 한국여성학회&비판사회학회 공동심포지엄, 중앙대학교 법학과 대강당, 2008. 9. 26. 발표문.

9 츠츠미 미카, 같은 책, 45.

10 장하준, 이종태·황해선 옮김, 『다시 발전을 요구한다』(서울: 부키, 2008); 정재호, "장하준의 대안, 장하준의 한계", 〈교수신문 서평〉, 2008. 9. 8. 참조.

III. 신자유주의 경제 원리와 '성장을 멈춰라'

지난 2008년 인류의 대부분이 전혀 예상하지 못한 가운데서 혹독하게 미국 금융시장의 위기를 경험했다. 이반 일리치는 이것을 이미 40여 년 전 자신의 책에서 아주 생생하게 그려주어서 전율을 느끼게 한다. 그는 인류의 3분의 2가 산업시대를 거치는 것을 피할 수 없다고 인정함에도 불구하고 인류가 파국에 빠지지 않으려면 성장에 한계를 제한하는 탈산업사회의 생산양식을 택해야 한다고 역설하였다. 일리치에 따르면 모든 산업화와 산업제도의 등장과 성장에 있어서 "두 가지 분수령"이 있다는 사실을 깨닫는 것이 중요하다.[11] 그 첫 번째 분수령이란 새로운 지식과 산업이 뚜렷이 정해진 문제에 대해서 해결과 새로운 능률을 가져오는 시기를 말한다. 예를 들어 의학의 진보에서 현대의학은 고대로부터 천벌이라 여겨졌던 많은 질병을 새롭게 볼 수 있게 하였다. 그러나 제2차 세계대전 이후 지금까지 쓰이던 약물에 저항력을 가진 세균들과 임신 중 X선 검사로 생겨난 유전자 손상 등 새로운 병이 나타나고 제도화되면서 의료에 의존하는 사람들이 점점 많아지게 되었다. 이것과 더불어 의료직의 독점은 더욱더 확장되고 서비스의 값은 엄청나게 상승해서 모든 사람이 의료서비스를 받는 것은 불가능해졌다. 이 두 번째 분수령 이후 오히려 사람들은 갈수록 의료제도에 노예화되어, 예를 들어 모든 신생아는 소아과 의사에 의해서 건강 상태가 양호하다는 증명을 받을 때까지 "환자"로 간주되도록 한다는 것 등이다. 이렇게 해서 사람들은 의료에 더 많이 의존하는 새로운 세

---

11 이반 일리치, 이한 옮김, 『성장을 멈춰라 – 자율적 공생을 위한 도구』(*Tools for Conviviality*)(서울: 미토, 2004), 27.

대를 낳고 다시 무한대의 비용을 치르며 그들을 기를 것이다.[12] 여기서 의료영역에서 드러난 두 분수령 이야기는 현대 산업화 사회 속에서 단지 거기에만 적용되는 것이 아니라 교육과 우편, 수송, 주택 공급, 사회복지 등 거의 모든 삶의 영역에 적용된다는 것이 일리치의 지적이고, 오늘 21세기에는 거의 모든 사람이 이 사실을 일상에서 경험하게 되었다. 일리치는 개인이 세계와 관계 맺는 방식을 "도구"(tools)라고 명명한다. 그러나 그것을 단순히 좁은 물질적인 의미에서만이 아니라 교육, 건강, 지식, 결정과 같은 무형의 상품을 생산하는 기관까지 포함해서 인공물, 규칙, 법 등 인간이 삶을 위해서 고안한 모든 장치를 거기에 포함시킨다.[13] 그런데 성장에 대한 광신에 사로잡힌 사회에서 도구는 인간의 능력을 확장해주는 것이 아니라 오히려 인간을 소외시키고 매일매일의 삶을 매우 복잡하게 만들어서 자신의 활동으로부터 소외시킨다.[14] 이것은 "공생적 도구"와 "조작적 도구"의 차이를 말하는 것이다.

여기에 대한 대안으로 일리치가 "공생"(conviviality)이라고 말하는 근본적인 치유책은 "사람들 사이의 그리고 사람과 환경 사이의 자율적이고 창조적인 상호작용"을 뜻한다. 그에 따르면 어떤 사회건 공생이 어떤 수준 이하로 내려가면 산업생산성이 아무리 높더라도 구성원들에게 발생되는 필요를 효과적으로 충족할 수 없다.[15] 여기서 삶의 상황은 앞에서 의료영역의 예에서도 보았듯이 질병 치료는 점점 더 관

---

12 같은 책, 22.
13 같은 책, 45.
14 같은 책, 139.
15 같은 책, 32.

료적 의료제도에 의해서 독점되고, 그래서 "부자는 의사들이 만들어낸 병을 고치려고 더 많은 치료를 받고, 가난한 자는 단지 의사들이 만들어낸 병을 속수무책으로 앓을 뿐이다."16 이렇게 인간을 점점 더 종속하고 그가 원래 생래적으로 가지고 있는 자발성을 모두 죽이면서 공룡처럼 거대해져가는 조작적 도구에 대해 한계를 두어야 한다는 것이 그의 주장이다. 앞으로의 인류 사회는 그의 계속적인 존립과 각 존재자의 "생존"과 "정의"와 "일의 자율성"을 위해서는 공생적 생산양식을 받아들이고 개인과 집단 모두 무제한적인 번식과 풍요, 권력을 포기하는 희생을 치러야 한다는 것이다.17

플라톤이 그의 『국가론』에서 정의를 "일인일사"(一人一事)라고 규정했듯이 정의로운 사회는 한 사람의 자유가 오직 다른 사람의 동등한 자유에 의해서만 제한받는 사회이다. 그러나 산업사회의 "생산성"(pro-ductivity)의 사회는 중앙집중화된 통제에 더 적합한 사회가 되어서 예를 들어 산업화된 공장과 거기서 쓰이는 고도로 전문화된 도구는 거기서의 평노동자는 고사하고 공학자들에게도 그들이 운용하는 에너지를 어떻게 쓸 것인가를 결정할 수 있는 권리를 주지 않을 정도로 집중화되어 있다. 일리치는 산업사회의 다국적 기업을 "전문직업의 제국을 확산시키는 수단"이라고 지적한다. 그가 이 책을 썼을 때보다도 오늘 21세기의 현실에 더욱 적용되는 지적으로 그의 통찰에 따르면 "전문직업의 제국주의"는 정치적·경제적 지배가 끝난 곳에서도 승리를 거둔다.18 그 예로서 이제 세계의 모든 학교가 똑같은 교육학과 교육과정 설계에 관한 책을 읽는 사람들에 의해서 운영된다거나, 모든 국

---

16 같은 책, 21.
17 같은 책, 34.
18 같은 책, 76.

가에서 훨씬 자본집약적이고 이윤과 비용이 더 높은 생산과정이 선택되고 있으므로 세계 어디를 가나 기술에 의해서 발생하는 실업이 만연하고 있는 것 등이다.

이러한 조작적 기구의 종속 대신에 사람과 사람, 사람과 자연, 사람과 기구, 제도 사이의 공생적 가능성은 산업생산의 제국주의가 다음의 세 가지 수준에서 파괴성을 가져오는 시기에 적극적으로 맞서 싸우는 것에 달려 있다. 그것이란, 첫째 유해성이 한 나라의 국경을 넘어 다른 나라로 퍼져 나갈 때, 둘째 다국적 기업이 모든 곳에서 영향을 미칠 때, 셋째 생산에 대한 전문직업인의 독점이 독버섯처럼 번져나갈 때이다.[19] 어쩌면 21세기 오늘 우리에게는 이미 너무 늦어버린 것이 아닌가 하는 생각이 들기도 하지만 이 세 가지 수준의 제국주의, "전문직업주의의 형태를 띠는 제국주의"에 맞서지 않으면 인류의 미래에 기회가 없다는 것이 그의 확신이다. 가난한 나라들뿐 아니라 전 인류의 생존이 달린 문제이므로 그는 계속해서 "자율적 공생"으로 나가기 위한 시급하고 핵심적인 방법을 찾아 나선다.

여기서 그는 아주 중요한 지적을 한다. 그는 산업시대에 인류의 생존을 위협하는 위기는 그 산업문명이 기반으로 하고 있는 지배적인 근본구조가 위협하는 것이라는 사실에 주목한다. 그러므로 여기서 다시 생산성과 효율성을 높여서, 예를 들어 어떤 정치가가 생산물을 늘리고 재화와 용역의 분배를 개선하겠다고 공약한다거나, 어떤 인도주의적 자유주의자가 무기를 생산하는 대신에 곡물을 생산하고 효율성을 높여서 그들을 돕겠다고 하는 것은 "다른 사람들의 생존을 자신들의 효율성 증가에 의존하도록 만드는 것"일 뿐이다. 그것은 "그들의 죄의식

---

19 같은 책, 77.

은 감소하지만 권력은 증가한다"는 사실을 깨닫지 못하는 것이다.[20]

그런 사람들은 여전히 진보의 환상에 사로잡혀 있는 사람들이고, 그렇게 여전히 소수가 가치를 독점하는 "가치의 제도화" 방식을 통해서는 오히려 지금 그런 곡물을 공급하고 있는 자들이 나중에 기아를 가속화할 것이라는 사실을 보지 못한다. "강박적인 효율성의 효과"는 오히려 사람들에게 득보다는 해를 더 많이 끼치고, 그런 산업의 확장을 포기하는 길만이 소위 후진국에 식량과 인구의 균형을 가져다줄 것이라는 점을 그들의 오만은 보지 못한다. 그래서 일리치는 "자신의 에너지를 창조적으로 쓸 모든 사람들의 권리를 죽이고 무시하는 도구와 제도에 대한 공공의 통제"를 요청한다.[21] 그에 따르면 현대 산업사회의 제도는 더욱더 많은 제도적 생산물을 사람들에게 제공하기 위해서 기본적인 인간의 자유를 빼앗고 있는 형태이다. 또한 사람들은 미래를 그려내는 작업을 직업적 엘리트들에게 양도하고 있다. 이것에 반해서 그가 제안하는 공생사회는 "각 구성원들이 공동체의 도구에 대한 가장 폭넓고 자유로운 접근권을 보장하고, 이 자유가 오직 다른 구성원의 동등한 자유를 이유로만 제한되는 사회질서의 결과로 출현하는 사회"이다.[22] 이렇게 자신이 제시하고자 하는 제도적인 틀 전복은 경제학자는 예견할 수도 없다고 하는데, 왜냐하면 경제학의 이론 틀은 여전히 가치의 제도화라는 이데올로기를 통해 형성되어왔기 때문이다.[23]

---

20 같은 책, 78.
21 같은 책, 32.
22 같은 책, 33.
23 같은 책, 79.

IV. 생태계 위기와 '탈학교 사회'(deschooling society)

1. 가치의 제도화

여기서 일리치가 제안하는 대안은 매우 급진적이고 근본적이다. 지금까지의 산업화와 생산성의 방식을 더 효율적으로 개선하자든가, 그가 말한 대로 지금까지 인간이 살아가기 위해 계발해온 다차원의 삶의 도구들을 더 전문적으로 개선해서 효율을 높이고자 하는 것 등의 수준이 아니다. 오히려 앞으로 가던 길을 획 돌아서 뒤로 가자는 것이고, 성장과 진보를 멈추라는 것이며, 지금까지의 가치를 내려놓으라는 것이다. 그래서 그는 "혁명"이나 "전복"이라는 단어를 쓴다. 지금까지의 진화의 길은 존재의 다차원과 다원성을 무시하고 표준화하며, 중앙집권화하고 독점하며, 인간과 지구와 자연의 사멸성(motality)을 인정하지 않았다. 그러나 이 자연스러운 조건을 무시한 진화는 더 이상 계속될 수 없다는 것이 그의 근본의식이다. 그래서 그는 이러한 자연적 조건을 가장 포괄적으로 표현한 용어라고 볼 수 있는 "공생"을 위해서 "다중균형"을 말하고, 생태계 위기도 포함하여 인류의 생존을 위협하는 제 요소들을 야기한 산업사회의 가치의 제도화에 대해서 가장 근본적인 전복을 가능케 하는 길로서 '교육'과 '학교'의 전복을 든다. 교육과 학교란 가장 많은 사람과 관계하는 일이고, 가장 포괄적으로 보통 사람들의 자율성과 자유를 가능하게 하는 곳이기 때문이다.

일리치는 '가치의 제도화'가 진행되면서 1) 물질적인 환경오염의 생태위기 2) 부자와 빈자로서의 사회의 계층화와 분극화 3) 사람들의 심리적 불능화라는 우리 시대의 근본적인 세 가지 난점이 서로 연결되어서 초래됨을 밝히 드러낸다. 이 세 가지 현상은 그의 말대로 "지구의 파괴와 현대적인 의미에서의 불행을 가져오는 세 개의 기둥"이다.24

산업사회의 과잉성장과 생산은 인간이 진화해온 환경의 물리적 기본 구조에 대한 권리를 위협한다. 그러나 그는 지구 생태의 위기를 보다 다면적으로 인간 문화의 가치의 제도화라는 측면에서 보기 때문에 생태주의자들이 "환경위기에 너무 정신을 빼앗긴 나머지" 도구에 위협당하는 다른 측면은 보지 못한다고 비판한다.[25] 그리하여 그는 인구 과잉, 풍요, 잘못된 기술의 세 가지 측면을 말하는데, 생태주의적 노력이 다시 관료주의에 빠지지 않도록 하는 것을 무척 강조한다. 기술적 진보라든가 하는 산업주의 정신으로 무장된 해결책이 환경을 보존하는 유일한 길로 인정되면 그러한 생태보존운동은 그 자체가 "관료적 리바이어던이 존립할 수 있는 좋은 근거"만 제시하는 꼴이 된다.[26] 즉 그것은 오늘날 가치의 제도화가 만연해 있는 상황을 더 악화할 따름이라는 것이다. 생태균형을 다시 구축하는 일은 사회가 얼마나 가치의 물질화에 대응할 수 있는 능력을 갖추고 있느냐에 달렸다. 그는 환경위기의 유일한 해결책으로 "함께 '일하고'(work) 서로를 '보살피는'(care) 사회에서 더 행복해질 것이라는 통찰을 사람들이 공유하는 길뿐"이라고 역설한다.[27] 이러한 일은 오직 개인만이 목표를 가질 수 있고, 개인만이 그 목표를 향해 일할 수 있다고 보는데,[28] 여기에 그가 오늘의 지구 생태위기에 대항하는 근본적인 시도로 '교육'과 '학교'라는 제도와 도구를 급진적으로 전복하는 일을 보는 관점이 연결된다.

---

24 이반 일리치, 심성보 옮김, 『학교 없는 사회』(서울: 미토, 2004), 13.
25 이반 일리치, 『성장을 멈춰라』, 86.
26 같은 책, 88.
27 같은 책, 87.
28 같은 책, 85.

2. 소비사회의 버팀목으로서 학교

일리치에 따르면 생산성 향상과 소비욕의 재생산에 정향되어 있는 산업사회에서 학교는 그 소비욕을 재생산한다. 학교는 유순하고 조작 가능한 소비자를 교화하기 위한 관료화된 도구의 전형이다. 가정생활에 관해서도 그렇고 직업면에서도 학교는 소비자에게 그 표준을 정하게 하는 입문 의례이기 때문에 "의무제의 공교육이 필연적으로 소비 사회를 재생산하는 것을 먼저 이해하지 않으면 소비자 사회를 극복할 수 없다."[29] 학교는 끝없는 소비라는 신화를 창조해내는데, 이러한 신화는 무엇인가 하나의 과정이 있으면 그것은 꼭 무엇인가 가치 있는 것을 만들어낸다는 믿음에 근거한다.[30] 더 나은 건강, 더 빠른 속도, 더 많은 수확은 더 규율된 수혜자의 존재에 의존하는데, 학교는 교육이라는 이름으로 더 많은 사람을 더 효율적으로 조건화하는 일을 한다.[31] 그에 따르면 학교는 "점진적으로 소비를 늘려 간다는 신성한 경기에 신참자를 이끌어 넣는 입문 의례"이다.[32] 또한 학교는 "그칠 줄 모르는 소비가 행해지고 있는 낙원을 지상에 실현시킨다는 신화를 축복하는 일"을 하는 하나의 "새로운 세계종교"가 되었다.[33] 그리하여 "학교가 소비량을 점점 더 증가시켜 가는 경제의 주요한 자원인 소비자를 육성하기 위해 사용되고 있는 의례를 인식하지 못하면 경제의 주문을 깨뜨리고 새로운 경제를 구축해낼 수는 없는 것이다"라고 언명한다.[34]

이렇게 오늘날 소비사회의 버팀목이 되어주는 학교가 우리의 전 삶

---

29 이반 일리치, 『학교 없는 사회』, 72.
30 같은 책, 72.
31 이반 일리치, 『성장을 멈춰라』, 107.
32 같은 책, 81.
33 이반 일리치, 『학교 없는 사회』, 79-83.
34 같은 책, 92.

을 지배하게 된 것에서 벗어나고자 하는 것이 그의 "탈학교화"(de-schooling) 메시지이다. 오늘날 우리 삶은 단순히 교육뿐 아니라 사회 전체가 '학교화'(schooling)되고 있다. 이것은 근대에서의 제도와 도구인 학교가 배움을 독점하고 배움이 학교교육으로 대체되고 재정의되는 것을 말한다. 이렇게 배움이 학교로 재정의되고 제도화되면 사람들은 학교 밖에서 배운 사람들을 공식적으로 "교육받지 않은 인간"으로 낙인찍고, 독학이나 다른 곳에서 배우는 것은 신용할 수 없다느니 한다.[35] 이러한 현상을 "가치의 산업적 제도화"(industrial institutionali-zation of value)라고 밝히는 그에 따르면 그것은 하나의 "근본적 독점"(radical Monopoly)이다. 여기서 '근본적 독점'이란 통상적 독점의 뜻을 훨씬 넘어서, 예를 들어 음료수 시장에서 하나의 브랜드가 다른 브랜드에 비해서 지배하는 상태가 아니라 오직 한 가지 유형의 음료수만이 지배하는 상태를 말한다.[36] 그래서 다시 예를 들어 자동차가 도보나 자전거, 기차의 수단을 배제하여 수송을 독점하고, 학교가 배움을 독점하고, 장의사나 의사가 장례나 사망의 판단을 독점하고, 의사와 병원과 약국이 의료와 보건을 독점하는 식을 말한다. 이렇게 소수의 전문 직업에 의한 가치의 제도적 독점은 보통사람들이 독립적인 행동을 할 수 있는 능력을 기능 감퇴시키고, 단순한 대안마저도 상상력이 미치는 범위 밖에 있는 것으로 보이게 하여 그 체계하에서 사람들이 그 고유한 자발성과 자율성을 철저히 잃고 무력해지며 가난해진다는 것이다.

　이러한 독점이 "빈곤의 근대화"를 가져오는 원흉이다. 예전에는 자

---

35 같은 책, 15.
36 이반 일리치, 『성장을 멈춰라』, 94.

기 집에서 태어나고, 또 죽음을 맞이했지만 오늘날 출산이나 죽음은 의사나 장의사 손에 놓이게 되었다. 이러한 기본적인 요구가 사회에 의해 생산된 물질의 수요에 따라서 대치되면 빈곤은 전문가의 기준에 의해서 정의되고, 오늘날 이렇게 전 사회가 학교화한 상황에서는 예를 들어 빈곤자란 대학교육을 받지 못한 사람이고, 조기유학을 가지 못하는 사람이며, 영어교육을 받지 못하는 사람이다. 일리치는 여기서 "근대화된 빈곤"이라는 특이한 모습을 잘 지적해주는데, 즉 그것이란 "상황에 영향을 미칠 수 있는 힘의 결여"에 "개인으로서의 잠재적 능력의 상실이 결합된 것"이다.37

오늘날 부자건 가난한 자건 모두 학교나 병원에 더욱 의존되어가고 거기에 따라서 교육비와 의료비가 천정부지로 높아진다. 여기서 특히 가난한 자는 이중으로 착취를 당하는데, 그들이 학교가 무조건 좋은 것이라고 열광적으로 믿고 있기 때문에 소수 사람의 교육에 공공자금이 점점 더 할당되는 것을 가능하게 하면서이고, 다른 하나는 다수의 사람에게 사회적 통제를 점점 더 많이 받아들이게 할 수 있는 것을 통해서이다.38 일리치에 따르면 근대의 학교는 교육을 위해 이용할 수 있는 자금과 사람, 선의를 독점하고 있고, 더 나아가서 학교 이외의 다른 사회제도가 교육에 관계하는 것을 단념하도록 만든다. 그것은 노동, 여가활동, 정치활동, 도시생활, 가정생활 모두가 교육수단이 되는 것을 단념하도록 하고 그것에 필요한 관습이나 지식을 가르쳐주는 것을 학교에 맡기고 만다.39 그러나 이렇게 교육에서 근본적 독점이 일어나면 의료나 복지, 수송 등에서와 마찬가지로 그 교육도 점점 더욱

---

37 이반 일리치, 『학교 없는 사회』, 16.
38 같은 책, 22.
39 같은 책, 23.

비싸지고 사람들로 하여금 점점 더 지적으로 무력하게 만들고 사회의 양극화를 가져오며, 예전에 중세 시대에 교회가 그랬듯이 사람들이 학교를 통해서만 구제를 받는다는 하나의 교의에 귀의하게 만든다.[40] 일리치는 자신이 주창하는 산업화시대의 극복을 위한 탈학교를 중세 가톨릭교회로부터의 종교개혁이나 프랑스혁명과 같은 구왕정으로부터의 시민혁명에 비유한다. 그에 따르면 현대의 학교는 중세의 교회와 마찬가지의 독점이고 미신이다. 그는 교육이 근대화된 무산계급의 세계종교가 되고 있고, 과학기술시대의 가난한 사람들에게 그들의 영혼을 구제해줄 것을 약속하고 있지만 이 약속이 결코 실현되는 일은 없을 것이라고 말한다.[41] 오히려 국가는 학교를 이용하여 전 국민을 각기 등급화된 면허장과 연결된 교육과정의 의무로 끌어들였지만 그것은 지난날 성인식의 의례나 성직자 계급을 승진시켜 나가는 것과 다름이 없다.[42]

그에 따르면 오늘날 학교는 교육과정을 팔고 있다. 그런 의미에서 학교는 근대에서 단지 새로운 종교가 된 것만이 아니라 "세계에서 가장 급속하게 성장하고 있는 시장"이기도 하다.[43] 학교는 한편으로는 학교 내부의 시장에 내놓는 상품이라고 생각되는 지식의 생산자이고 동시에 지식의 소비자로서 존재하려고 하는 젊은이들을 소외시킨다. 그래서 학교가 비록 아무것도 가르치지 않더라도 학교를 확대하는 것은 좋은 일이라고 믿게 하고, 오늘날은 또한 미국식 학교와 지식이 기준이 되어서 미국적인 방식은 좋은 것이라고 가르친다.[44] 일리치에 따

---

40 같은 책, 59.
41 같은 책, 27.
42 같은 책, 27.
43 같은 책, 84.
44 같은 책, 78.

르면 학교는 모든 고용주 중에서 최대의 고용주이고 또 그러한 사실이 가장 드러나지 않는 고용주이다. 그런 면에서 우리 모두는 생산의 측면에서나 소비의 측면에서 학교교육에 말려들고 있다. 그러나 그에 따르면 "우리들 각자가 의무제의 학교로부터 해방되어야만 스스로를 증가해가는 소비로부터 벗어나게 할 수 있다.[45]

3. 문화의 탈학교화

일리치에 따르면 "끊임없이 수요가 증대되는 세계는 단순히 불행이라는 말로서는 다 표현할 수가 없다. 그것은 바로 지옥이라고 말할 수 있다."[46] 바로 오늘 우리 사회에서 끝 모르고 높아만 가는 교육비와 경쟁이 모든 개인과 가정을 절망과 가난으로 몰고 가는 현실에서 잘 입증된다. 그는 현대사회가 "과잉계획"되고 있다고 지적한다. 그러면서 정신 나간 사람이 아니라면 말하고 걷고 애를 돌보는 일을 할 줄 아는 능력이 주로 교육의 결과라고 하지 않을 것이듯이 우리의 배움은 일상적인 삶에서 배울 수 있는 것과 의도적인 가르침의 결과로 배워야 하는 것 사이의 균형이 있어야 한다고 말한다.[47] 배움의 균형은 무한정하게 확장될 수 없고 자기 한계를 가지는데 그것은 인간의 수명에 한계가 있기 때문이다. 이 균형이 무한대로 확장되려고 하는 것이 오늘날 학교와 교육이라는 도구가 조작적으로 확장되는 것을 말하는데 그렇게 될 경우 "사람들은 가르침을 받은 것을 알게 되지만 스스로 해봄으로써 배우는 것은 거의 없게 된다. 그래서 사람들은 자신이 '교육'을 필요로 하다고 느끼게 된다." 여기서 배움은 하나의 상품이 되고

---

45 같은 책, 87.
46 같은 책, 181.
47 이반 일리치, 『성장을 멈춰라』, 99.

시장에서 판매되고 구매되는 상품처럼 희소해진다. 이것은 배움이 "교육"의 이름으로 오용된 것이고, 아동들은 점점 더 자기 자신의 일을 하는 데에 자신감을 갖지 못하게 된다. 그래서 요리나 예절, 섹스도 교육을 받아야만 하는 교과목이 되어버렸다.[48] 일리치에 따르면 공생의 사회에서는 이렇게 끊임없이 인플레이션되는 교육이 정의를 위해서 배제되어야 한다. 그렇지 않을 경우 사람들은 복지의 노예가 되는데, 사람들이 가장 배우기를 원하는 것들은 "가르쳐지거나 교육할 수 없는 것들"이라는 사실을 자각하고 조작적인 도구가 되어버린 교육이 제어되어야 한다.[49] 여기서 일리치의 탈학교화는 단순히 제도로서의 학교를 모두 폐지하자거나 학습을 위한 제도를 모두 없애자는 것이 아니라는 것을 알 수 있다. 오히려 진정으로 배움이 가능해지고 지식이나 전문가의 제국주의가 아닌 보통사람들의 상식과 기초적인 가능성이 통용되는 사회를 만들자는 것이다. 그래서 그는 교육만을 탈학교화하자는 것이 아니라 사회 아니면 우리 문화 전체를 탈학교화하자고 말한다. 그것은 앞에서도 보았듯이 우리 삶 전체가 배움의 과정과 장소가 될 수 있도록 하는 일이고 배움을 누구에 의해서 독점되는 일이 아니라 사회 전체가 공유하는 일로 보자는 것이다.

일리치는 이상의 독점화가 우리의 상상력까지도 독점하는 상황에서 "공생성을 참을 수 없는 가난과 혼동하는 사람들"이 독점을 깨는 비용을 스스로 지불할 리 만무하다고 인식한다. "근본적 독점은 일할 능력을 마비시킬 정도로 풍요에 대한 요구를 강제한다." 또한 교육의 과잉계획은 "사람들을 끊임없이 가르치고, 사회화시키며, 표준화하

---

48 같은 책, 100.
49 같은 책, 111.

고, 시험을 치르게 하며, 재형성하는 틀 속에서 다루는 세계를 만든다."
오늘날 평생교육의 시대와 성인교육의 시대가 도래한 것을 성장과 발전으로만 이해해온 우리 교육학자들에게 근본적으로 교육과 배움을 다시 생각해보게 만드는 섬뜩한 지적이다. 또한 오늘날 경제지상주의의 세계화 시대에서 자신의 몸이 망가져서 더 이상 회복 불가능할 정도에 이르기까지 물질을 일구기 위해 일하는 우리 세대의 중독을 지적한다. 이렇게 무한성장과 무한진보를 지향하는 현대의 소비문화는 필연적으로 생산물의 무한한 "노후화"를 수반한다. 이미 기존에 존재하거나 생산된 모든 것이 끊임없이 새 것, "더 좋은 것"에 의해서 평가절하되거나 대체되어야 한다. 그래서 일리치는 이러한 사회에서는 "더 나은"이라는 개념이 "좋은"이라는 개념을 근본적인 규범으로 대체해버린다고 지적한다.[50] "더 나은 것을 향한 경주에 갇힌 사회"에서 "무슨 비용을 들여서라도 더 나은 것을 생산하고 소유하고야 말겠다는 식의 태도"는 오늘날 한국 사회의 교육경쟁에서 이제는 어린아이들의 생일파티를 위해서도 수백만 원을 쓰고 아이들의 유아교육을 위해서 가장 비싼 사교육비를 지출하도록 하는 것에서도 나타나듯이 어떤 비용을 퍼부어도 결코 충족될 수 없는 욕구를 만들어낸다는 것을 잘 보여준다. 'sky' 대학에 들어가지 못해서 깊이 겪는 격앙, 그러나 거기에 들어가서는 다시 '더 좋은' 과에 들어가지 못해서 갖는 불행, 거기에 가서는 '또 다른' 경쟁에서의 소외와 좌절, 이렇게 해서 현재 가지고 있는 것과 갖게 될 모든 것이 똑같이 사람들을 불행으로 몰고 가고, 그래서 그것은 일리치가 잘 지적한 대로 단순한 "불행"이 아니라 "지옥"이다. 한 아이의 삶에서 끊임없이 '더 좋은' 학원과 주거와 입시전략

---

50 같은 책, 123.

을 위해서 안정과 변화 사이의 견딜 만한 균형이 파괴될 때 그 변화를 수용할 수 있는 기반 자체가 무너진다. 오늘날 우리 사회에 만연되어 있는 소아정신병, 각종 중독과 폭력성, 세계 제1위의 자살률 등이 이러한 메커니즘을 잘 드러내준다. 여기서 성장은 중독된 것이 되어버렸고, 모든 종류의 중독은 점점 감소하는 만족을 위해서 점점 '더 많은' 비용을 지불해야 하는 것처럼[51] 그렇게 오늘 우리의 교육비는 점점 더 비싸지고, 이제 그것이 우리의 전통적 삶의 기반까지 위협하는 수준을 넘어섰으며, 결국에는 세계를 소멸시켜간다. "제도는 사람들에게 만족을 가져다 준 것보다 훨씬 빨리 필요를 만들어냈고, 또한 필요를 충족시키려는 과정에 있어서 지구를 소모시키고 만다. 이것은 농업과 공업에 해당되는 것이나 의학과 교육에서도 마찬가지이다."[52]

V. 한국 '생물(生物)여성' 영성의 교육

그렇다면 이 모든 비판을 받아들여서 사람들을 그렇게 무력화하고, 타인의 지식과 제도화된 전문화와 끊임없는 성장 추구에 매달리게 하는 교육이 아닌 참된 배움과 자율과 공생이 가능하도록 하는 교육은 어떤 모습일까? 일리치가 탈학교 사회에서 대안적인 교육의 모습으로 '학습망' 안에서의 자연스럽고 자유스러운 배움을 제안한 것과 유사하게 뉴욕 주의 작은 수도 알바니의 빈민가에서 30여 년간 '프리스쿨' (free school, 자유학교)을 이끌어왔던 한 교육자는 교육의 진정한 의미

---

51 같은 책, 134.
52 이반 일리치, 『학교 없는 사회』, 182.

와 가치에 대해서 다음과 같이 반성한다: "만약 우리가 교육이라 부르는 것이 우리가 이 지구 위에 있는 한정된 시간 동안 우리 자신을 가장 풍부하게 표현하는 데 이르게 해주는 수단이 되지 못한다면 그 교육이 무슨 진정한 가치가 있겠는가?"[53]

원래 이 프리스쿨은 1969년 메리 루(Mary Leuw)라는 여성이 공립 초등학교에 잘 적응하지 못하는 아들을 위해서 어렵게 당국의 허가를 얻고서 시작한 첫 번째 합법적 홈스쿨링이었다고 한다. 창시자 어머니 메리 루는 크게 두 가지의 교육신념을 가지고 있었는데, 먼저 어떤 아이도 포기하지 않는다는 것이었고, 둘째 학교를 시작할 때부터 학교 자체가 진정한 의미에서 공동체가 될 수 있도록 한다는 의도였다. 여기서 나타나는 두 가지 원칙은 지금까지 살펴본 대로 현대 산업문명의 상황과 거기서의 하수인 격인 교육의 역할에 대한 비판으로서 본 연구자가 나름대로 제시하고 싶은 '한국 생물(生物)여성 영성'의 교육을 위해서도 좋은 지지대가 된다. 이것을 크게 세 가지 측면과 요소로 나누어서 나름의 대안으로 제시하고자 한다.

1. 인간의 본성적 가능성과 근거에 주목하는 교육

첫째, 아이들이 본래 가지고 있는 가능성과 근거에 주목하자는 것이다. 본인 스스로를 포함하여 오랫동안 학교교육을 받은 사람들은 스스로가 무엇인가를 창조하고 생산해낼 수 있다고 생각하기보다는 항상 먼저 밖을 기웃거리고 밖에서 이루어진 것에 대해서 더 많은 신뢰를 보낸다. 일찍이 마하트마 간디가 오랜 기간 영국의 식민지를 경험

---

53 크리스 메르코글리아노, 공양희 옮김, 『두려움과 배움은 함께 춤출 수 없다』(서울: 민들레, 2002), 163.

한 자신의 민족에게 모든 좋은 것은 서구에서 오는 것이라고 생각지 말고 자신들 나름의 교육을 정초하라고 촉구하면서 외쳤던 "두려워하지 말라"는 독립적이고 자율적인 공생의 교육을 필요로 하는 우리에게도 그대로 적용된다.[54] 교사 스스로가 두려움을 극복하고 아이들 자신 속에서 성장과 배움의 기초를 찾는 것이 첫 번째 관건이다. 오늘 이렇게 막대한 비용을 들여가면서 모든 사람이 죽을 것 같이 노력하는 교육현장을 보면서 어떻게 하면 이 지옥과도 같은 악순환의 고리에서 벗어날 수 있을까를 묻게 된다. 남은 길은 아이와 부모와 교사와 학교가 이미 가진 것에 주목하는 길밖에 없다. 좋은 것이 밖에서만 올 수 있다고 생각하는 두려움의 교육은 그 교육을 점점 더 비싼 것으로 만들고 거기서의 당사자들을 무력하게 한다. 그러한 교육은 아무리 많이 받아도 자율적이고 자발적이며 스스로의 힘으로부터 나와서 타인과 세계와 건강한 관계를 맺을 수 있는 인격을 배출해내지 못한다.

나는 여기서 그러나 이 작업이 결코 단순히 이성적 차원과 논리적 차원만의 일이 아니라는 것을 지적하고자 한다. 그것은 더 깊은 아니면 더 높은 의미에서 '영성'과 '종교'의 차원과 연결되어 있고, 또한 그래야 한다. 즉 교육자 스스로도 자신 속에서 더 높은 궁극의 차원을 경험하며 두려움을 극복하면서 학생 안에서 배움과 성장의 초월적 단초를 보는 일과 관계된다. 그것은 인간의 내면에서 초월의 씨앗을 보는 일이다. 앞에서 알바니 프리스쿨 교사의 교육의 역할에 대한 반성에서도 드러나듯이 우리 삶이란 이 지구 위에 있는 한정된 시간 동안 우리 자신을 가장 풍부하게 표현하는 일이라는 것과 그것을 위해서 각

---

54 이은선, "마하트마 간디 사상의 동양적, 여성적, 교육적 성격", 『한국교육철학의 새지평 – 聖·性·誠의 통합학문적 탐구』(인천: 내일을여는책, 2000), 52.

자는 모두 하늘의 근거를 가지고 태어났다는 것을 인식하는 일이다. 한나 아렌트는 이것을 모든 아이가 세상에 태어나면서 가져오는 "새로움"(newness)에 대한 인식으로 표현하였다.55

본 연구자는 한국의 유교전통이 이러한 인간 실존의 초월적 차원을 아주 잘 표현해줄 수 있다고 생각한다. 그것은 서구 기독교적 신인동형론적인 초월 이해를 넘어서서 지극히 인간적이고 내면적인 방식으로 초월과 궁극의 차원을 내재적으로 지시해주는데(天命, 性, 德, 誠, 中庸, 理 등), 그러한 방식은 오늘의 세속화 시대 또는 탈세속화 시대(a postsecular age)에서 "가장 적게 종교적이면서도 가장 풍성하게" 다시 세계의 초월적 차원을 지시해주는 방식이다.56 『중용』의 유명한 첫 세 구절인 "天命之謂性, 率性之謂道, 修道之謂教"에도 뚜렷이 나타나는 '性'이란 글자는 원래 '마음'(忄)과 '생'(生)의 두 글자가 결합된 것이다. 그럼으로써 그것은 "살려는 마음" 또는 "살려는 의지"가 되어서 세상 모든 존재가 하늘로부터 가장 자연스럽게 부여받은 것은 '살려는 마음'이라는 것을 알게 해준다. 그러므로 이 마음을 거스르는 것은 하늘의 명령을 거스르는 것이고, 교육이란 바로 이 마음을 잘 경청하고 지지해주는 일이라는 의미이겠으며, 이 자연스러운 살려는 마음이 하늘이 부여해준 마음이라는 것을 깨닫는 것이 교육의 초월적 차원을 회복하는 일이고, 이 깨달음이 우리 교육의 가장 기초적인 출발점이 되어야 한다는 것이다.

---

55 이은선 "한나 아렌트의 '탄생성'(natality)의 교육학과 양명의 '치량지'(致良知)", 『陽明學』 제18호(한국양명학회, 2007. 7), 5-62.

56 Julia Ching, *Confucianism and Christianity-A comparative Study* (Tokyo, NY and San Francisco: Kodansha International, 1977), 9, 변선환 역, 『유교와 기독교』(왜관: 분도출판사, 1994).

오늘 우리 시대에 얼마나 잔혹하게 이 자연스러운 살고 싶은 마음이 '교육'이라는 이름으로 억눌리고 짓밟히고 있는가? '잠'이라고 하는 가장 기초적인 필요와 욕구가 한계상황까지 억눌리고, 사랑받고 인정받고 싶은 마음이 무시되고 무한의 경쟁으로 내몰려서 모두가 열등감과 자기말살 충동으로 내달리고 있다. 또한 인간 인식의 기초가 바로 우리 자신 안에 있다는 것을 무수한 철학자와 과학자가 반복해서 밝혀내어도 여전히 이 출발점이 무시되고 오히려 밖에서의 우격다짐식 지식 퍼붓기가 계속되고 있다.

일반적으로 교육은 종교나 영성의 물음과는 관계없는 것으로 여겨진다. 그러나 위에서 보았듯이 오늘날의 무한경쟁주의와 수단과 목적의 영원한 악순환 고리 앞에서 인간의 문명을 근원에서부터 위협하는 교육공리주의의 질주를 막기 위해서는 다시 각 존재의 본성적 차원을 인식하는 종교적 시각의 회복이 요청되고, 이 일이야말로 시급한 일이라는 것을 지적하고자 한다.[57] 우리가 서구의 교육사만 살펴보더라도 "단순한 사용물조차도 그것의 척도는 神이다"라고 선언한 플라톤을 위시해서 어머니나 교사와 교육자를 "神의 중보자"로 파악한 페스탈로치, 교회 안에 갇혀 있는 전통적인 기독교를 "민중의 종교"로 환원하며 자신 사상과 활동의 기반으로 삼았던 존 듀이 등 인간의 문명과 교육을 근본에서부터 변혁한 사상가들의 뿌리는 바로 종교와 영성이었다. 종교와 영성은 존재의 궁극적인 기원은 '형'(形)과 눈에 보이는 것을 넘어서는 데 있으며, 지식과 인식의 참된 근거는 우리의 단순한 경험을 넘어서서 선험성과 관계되는 것을 아는 감수성이다. 그래서 이러

---

57 이은선, 「국제화시대 한국교육의 '무한경쟁주의' 극복을 위한 인문학적 성찰」, 『교육철학』 제41집(2008. 2), 212-213.

한 인식에 근거한 교육은 피교육자가 이미 가지고 있는 것과 가능성에 주목함으로써 목적과 수단의 영원한 악순환에 빠지지 않고 순간과 오늘과 눈앞의 대상 존재와 의미에서 '영원'(eternity)을 발견한다.

"仁은 인간의 마음(人心)이고, 義는 인간의 길(人路)"이라고 한 맹자의 말에 대해서 정자(程子)는 마음이란 바로 "곡식의 씨앗"(穀種)과 같고, 거기서 仁은 그 곡식을 싹틔우는 원리, 그 씨앗을 작동하는 성질과 원리(生之性/生之理)라고 설명했다.[58] 이것은 우리 모두는 이미 우리 안에 한 종자를 가지고 태어났고, 우리 삶이란 하나의 곡식이 그 싹을 틔워서 열매로 자라듯이 그렇게 우리 마음을 키우는 것이고, 그 마음의 내적 원리가 바로 '仁'(어짐)이라는 것을 밝혀준 것이다.『중용』에서 다시 한 구절을 인용해보면 21장에는 "성실함으로써 밝아지는 것을 性이라 하고, 밝아짐으로써 성실해지는 것을 敎(교육)라 한다" (自誠明謂之性, 自明誠謂之敎)라는 구절이 있는데, 이것은 교육이 그렇게 이미 우리의 초월적 가능성으로 주어진 씨앗을 잘 기르고 다듬는 일이라는 사실을 밝히 지적해주고 있다. 우리 존재의 주체성이나 정체성, 성품(性)은 우리가 그것을 성실하게 갈고 닦음으로써 밝아지고 뚜렷해지며, 그것이 밝아지고 뚜렷해지면 뚜렷해질수록 우리는 다시 더욱 성실하고 진실해질 수 있다는 것이다. 그렇게 만드는 일이 바로 교육이라는 것이다.

앞에서 소개한 알바니 프리스쿨의 메르코글리아노는 프리스쿨의 교육을 위해서 우리 삶을 이루는 기본요소를 "공격성, 性, 인종과 계급, 영성"의 네 가지로 본다고 소개한다. 그러면서 "인간의 삶이 밖에

58『맹자』告子 上 11. "孟子曰 仁人心也, 義人路也. 仁者 心之德, 程子所謂心如穀種, 仁則其生之性 是也."

서 계획되고 정해지는 것이 아니라 내면의 힘에 이끌리거나 방향을 갖는 것이라고 믿는다면", 교육이라고 부르는 일에 어떤 특정한 공식이 있다고 생각하는 것은 우스운 일이 아니겠느냐고 반문한다.[59] 그는 또한 시인이며 체코 혁명의 정신적 지도자였던 초대 대통령 바츨라프 하벨(Václav Habel)의 말을 들어서 오늘 우리가 "모든 시대의 모든 인간 창조보다 훨씬 위대한 궁극적 의미의 근원이 있다는 사실에 대한 인식"을 되찾지 못한다면 인간 종족의 멸종 위기를 피할 수 없을 것이라는 지적에 동의를 표한다.[60]

"두려움과 배움은 최악의 댄스파트너"라고 주창하는 그에 따르면 같이 지내는 부모들과 교사들이 그 아이의 배움은 무엇보다도 그 아이 자신에 속한 일이라는 믿음을 가지고 스스로의 두려움을 극복하면서 아이 자신이 지닌 내적 스케줄에 따라 스스로 발전할 기회를 줄 때 치유가 가능하다.[61] 그는 인류 정신이 지닌 막대한 잠재력이 제대로 활용될 수 있을지 모르겠다는 염려를 표현한 책 『진화의 종말』(*Evolution's End*, 1992)의 저자 조셉 칠턴 피어스(Joseph Chilton Pearce)를 인용하며 "본성이 지닌 시간표는 각자에게 적절한 시기에 각자의 내면에서 발달할 수 있도록 이 지성을 하나하나 펼쳐낸다"고 한 관찰에 주목한다. 그러므로 알바니 프리스쿨에서 아이들을 가르칠 때면 언제나 하는 일은 "아이들이 스스로의 완전성을 깨닫는 길을 발견할 수 있도록 자신만의 고유한 탐색으로 아이들을 인도하는 일"이었다고 밝힌다.[62]

이렇게 오늘날의 여러 과학적 언어와 진술로도 서술되는 인간 본성

---

59 크리스 메르코글리아노, 같은 책, 21.
60 같은 책, 183.
61 같은 책, 140.
62 같은 책, 224-228.

의 가능성과 영성적 차원에 대한 주목은 교사 스스로의 영적 삶에 대한 관심도 촉발시켜 이 프리스쿨의 공동체가 어느 정도 자리를 잡아가자 자신들의 "영적 문제"로 눈길을 돌렸다고 한다. 저마다 다양한 종교적 배경을 가지고 모였기 때문에 각자의 기도법이나 수행법, 축일 들을 함께 나누었고, 거기에는 유대교, 가톨릭, 프로테스탄트, 불교, 아메리카 원주민의 신앙과 고대 모계사회의 다양한 의식도 포함되었다고 소개한다.[63] 이 학교에서 영성과 관련되는 일은 하루하루 학교생활이 흘러가는 도중에 자연스럽게 연결되었다. 예를 들어 누군가가 자기 가족 중—그들의 애완동물도 포함하여—죽었거나 병이 들었다는 소식을 가져오면 그들은 원을 이룬 중심에 하나의 촛불을 밝히고 침묵 속에서 치유와 위로의 염원과 기도, 이미지를 보내는 일을 같이 했다. 한번은 교사의 어린 손자가 나무에서 떨어져서 심각한 상처를 입자 선생들과 학생들은 아침 시간에 모여서 그 소년이 다시 뼈와 상처가 회복되고 건강한 모습으로 돌아오기를 마음속으로 그리는 일을 계속했는데, 담당 의사들도 이 아이의 회복 속도에 당황할 지경이었다는 경험을 들려준다. "자기 자신보다 훨씬 더 큰 무엇인가와 연결되어 있다는 느낌을 갖는 일과 관련해 영적 정체성을 개발하는 일"의 중요성을 강조하고, 어린아이일지라도 이렇게 의미를 찾으려는 개인적 탐색을 돕고 지원해주기를 바라고 있다고 지적한다. 또한 존재의 초월적 차원을 표현하고 경험하는 데 올바른 방법이 단 하나밖에 없는 것이 아니라는 생각을 북돋아주고 싶다고 적고 있다.[64]

---

63 같은 책, 57.
64 같은 책, 188-189.

2. 교육방법으로서 공동체적 삶과 여성주의적 가치

두 번째 제안으로 '생활세계'와 '공동체적 삶'과 '여성주의적 가치'의 발견과 실천을 배움의 좋은 길로 삼자는 것을 말하고자 한다. 앞의 일리치는 성장을 멈추고 다시 자율적 공생의 삶을 가능하게 할 수 있는 회복의 길로서 "과학의 비신화화", "언어의 재발견", "법적 절차의 회복"을 들었다. 시민 개개인의 지식이 전문적 과학의 지식보다 덜 가치 있다는 착각을 버리고, 또한 우리 일상 언어가 소유 지향적이고 실체 지향적인 것을 넘어서 삶과 진행형과 동사로서의 실존을 부각하는 언어로 회복되어야만 미래의 성공을 위해서 현재를 희생하고 무한대로 성장하려는 욕구를 멈출 수 있다는 것이다. 그가 전통적 제도로서의 학교교육에 대비되는 개념으로 말하는 교육이 "자유교육"(liberal education)이다. 여기서 교사는 지식과 정보를 독점한 유일한 정보원으로 이해되기보다는 다양한 분야에서 다양한 지식과 능력을 가지고 학습을 가능하게 해주는 주체와 단체들을 서로 연결해주는 '장인'(master)의 역할을 한다. "한 사람 한 사람에게 현재 자기가 관심을 가지고 있는 일에 대해서 같은 관심과 그것에 관한 학습 의욕을 가지고 있는 다른 사람들과 공동으로 생각할 기회를 평등하게 주는 서비스망과 같은 것"이 그가 탈학교 사회의 대안으로 제시하는 "학습망" 배움 사회이다.65 오늘날 온라인 학습망이나 동호인 문화활동 등을 통해서 부분적으로 이루어지고 있는 배움과 학습 공동체의 실현과 유사한 모습이다.

이러한 이야기를 듣고 있으면 본 연구자에게는 왕양명의 유명한 '발본색원론'(拔本塞源論)이 생각난다. 그는 자신 시대의 악에 대한 근본적인 저항이라고 생각하며 저술한 이 글에서 어떻게 인류 문명의 처

---

65 이반 일리치,『학교 없는 사회』, 40.

음에 단순하고 간결했던 배움과 공부가 엄청난 고통을 주는 공부가 되었고, 이익과 영달을 위한 수단이 되었으며, 엄청난 정보는 악을 행하고 경쟁적인 논쟁을 벌이기 위한 싸움의 수단이 되었는지를 감동스럽게 그려주고 있다. 그가 당시 주희식 주지주의적 공부의 타락에 맞서서 진정으로 세상을 구할 방법론으로 제시한 '발본색원론'은 일종의 창세설화이고 거기서의 인류의 타락기이다. 그 이야기에 따르면 맨 처음 세상의 모든 사람은 서로를 형제자매로 보며 자신의 천성에 맡겨진 일을 하면서 가장 가까운 사람들에게서 시작하여 덕을 행하고 살았다. 그러나 여기서 도둑으로 변하고, 이기주의에 빠지며 기만과 출세, 권력에 급급하고 싸움을 벌이는 타락으로 빠지게 되었는데, 그 모든 이유는 바로 단순하고 간결한 참된 인간이 되는 공부가(聖人之學, To become a sage) 복잡한 가르침으로 변했고, 덕과 행위의 완성만을 위해 가르치던 공부가 그 본래성에서 타락했기 때문이다.66 이렇게 공부가 변해버리자 사람들은 자신이 하는 일에 만족을 하지 못하고 혼자서 모든 일을 하고 온갖 세력을 가지겠다고 다투었고, 많이 아는 것을 자신의 거짓을 감추는 데 써먹게 되고 마침내 성공과 이익만을 추구하는 나쁜 버릇이 본성처럼 골수에 차게 되었다고 한다. 그에 따르면 옛 성왕들이 전해주었고, 공자와 맹자가 다시 회복하기를 힘쓴 공부는 오직 덕행을 이루기 위한 것뿐이었다. 또한 그 덕행이라는 것은 주변의 가장 가까운 사람들에 대한 사랑(仁)의 실천에서 길러지는 것으로 '孝親'이 그 기본이 된다. 맹자도 '親親'(어버이를 친애함)과 '警長'(웃어른을 공경함)을 인간됨 공부의 기본으로 삼았듯이 효친과 붕우유신을 알고 인

---

66 왕양명,『傳習錄』中 12조, 이은선,「양명 공부법의 교육철학적 의의」,『東洋哲學硏究』
　　제24집(2001. 3), 213 이하.

간관계를 바로 잡는 것이 공부의 기본이고, 이것은 인간 누구나의 본성에 놓여 있는 가르침이므로 그렇게 밖에서 배우기 위해 정신없이 쫓아다닐 필요가 없다는 것이다. 그래서 양명은 공부를 오히려 "축적"이 아닌 "이기심을 줄이는 것"(只求日減 不求日增)으로 설명했고, 이러한 공부는 "너무나 즐겁고, 자유로운 것이며, 단순하고 쉽다"고 감탄한다(何等輕快脫酒 何等簡易!).[67]

본 연구자는 여기서 생활세계와 가까운 삶의 반경에서 출발하고 그것과 끊임없이 연결되는 배움의 방식을 '여성주의적'(feminist) 방식이라고 또 다른 이름으로 부르고자 한다. 과거 인류문명의 기원과 성장이 생활세계에서의 배움과 전수로 가능해진 것임을 알 수 있듯이 그 생활세계를 일차적으로 책임지고 엮어나가며 자아와 개인보다는 함께함과 공동체를 염려하는 일에 더 힘을 쏟아온 여성들의 삶에서 얻어진 덕목이야말로 오늘 우리 배움이 다시 접목해야 하는 기초적인 가치로 보는 것이다. 여기서 다시 본 연구자는 오늘날 일반적인 여성주의자(페미니스트)들이 경원시하는 한국 유교전통의 여성들이 그들의 삶에서 체득한 덕목을 오늘 우리 교육과 정치와 삶이 다시 받아들여야 하는 귀중한 가치로 강조하자 한다. 소설가 신경숙의 『엄마를 부탁해』라는 작품을 통해서도 깊은 공감을 얻고 있는 한국 전통 여성들의 배려심과 보살핌, 자기희생의 경지는 인간 마음의 곡종이 어느 정도로까지 섬세하게 꽃필 수 있는지를 잘 보여주었고, 그러한 어머니 되어주기의 영성을 살림꾼으로서 유교전통의 여성들은 더욱 극진하게 실천하였고 일구어내었다는 것이 본인의 해석이다. 왜냐하면 유교 영성과 종교성의 핵심이란 바로 일상의 살림의 삶에서 그 일상적 삶을 거룩의

---

67 『傳習錄』上, 같은 글, 214.

영역으로까지 성화(聖化)하고 예화(禮化)하려는 것이기 때문이다.[68] 오늘날 삶의 각 방면에서 보살핌과 배려의 영성이 요청되고 '살림'의 영성을 다시 말한다면 봉제사와 접빈객을 삶의 가장 중요한 일로 여겼던 유교 여성들의 덕목이야말로 아주 뛰어난 예가 된다는 것이다.[69]

물론 오늘날은 이 여성적 어머니 되어주기의 영성은 더 이상 생물학적 성의 구분에 따라서 여성에게만 부과할 일이 아니다. 오히려 이제 '체험'으로서의 모성과 '마음'의 어머니가 이야기된다면 모성은 앞으로는 남녀 모두의 덕목으로 이해될 수 있어야 한다. 그리하여 여성시인 김혜순은 "시인은 무조건 어머니로서 시를 쓰는 것"이라고 하면서 시를 쓴다는 것은 그가 남성이든 여성이든 내 안의 어머니를 살려내어서 자신은 죽고 타자와 만물에 다시 생명을 주고 살려내는 대모신의 역할을 하는 것이라고 서술하였다.[70] 그녀는 요즈음 남성작가 황석영도 그러하듯이 한국의 전통설화 '바리데기' 이야기에 주목하면서 '바리'는 '버린다'의 뜻 이외에 '발'(없던 것이 새로이 일어난다)의 뜻으로 보아서 "생산적인 의미", "생명공주, 소생공주, 생산공주"가 된다고 지적하였다.[71]

이렇게 생명을 살리고 만물을 살리는 여성적 영성을 유교 종교성이 어느 경전보다도 풍부하게 담겨져 있는『중용』의 표현으로 하면 다음과 같이 서술할 수 있겠다.『중용』26장에는 20장 후반부터 계속해서 "하늘의 도"(天之道)로서 "신과 같다"(至誠如神)고 설명되는 '誠'에 대

---

68 이은선,『잃어버린 초월을 찾아서 - 한국 유교의 성찰과 여성주의』(서울: 도서출판 모시는사람들, 2009), 74 이하.
69 이은선,「한국 유교의 종교적 성찰 - 조선후기 여성성리학자 강정일당을 중심으로」,『陽明學』제20호(한국양명학회, 2008. 7), 43-82.
70 김혜순,『여성이 글을 쓴다는 것은』(서울: 문학동네, 2002), 18.
71 김혜순, 같은 책, 30.

한 이야기를 하면서 "천지의 도는 한 마디 말로 다할 수 있는데, 그 됨이 둘이 아니다. 즉 (만)물을 생성하는 것을 헤아릴 수 없다"(天地之道可一言而盡也, 其爲物不貳, 則其生物不測)라는 구절이 나온다. 여기서 '생물'(生物)이라는 표현이 보이고, 이것은 세상의 만물을 창조하고, 살려내고, 보육하고, 화목케 하는 "하늘과 땅의 원리"(天地之道)를 서술하는 것이다. 또한 『중용』 20장의 집주에서 주희는 "仁은 천지가 物을 낳는 마음이고, 인간이 그것을 얻어서 태어난다"(仁者 天地生物之心而人得以生者)라고 서술했다. 이것을 퇴계가 자신의 「聖學十道」 '仁說道'에서 다시 받아들여서 인의예지의 네 가지 덕을 모두 포괄하는 '四端'과 '四德'의 원리로 표현했다.

필자는 여성들이 세상을 살려내고 보살피고 배려하는 어머니 마음이야말로 바로 이 천지가 만물을 살려내고 보살피는 도와 원리(天地生物之道/理)를 가장 잘 실천하고 있는 모습이라고 생각하며, 그것은 삶과 이론, 일상과 배움, 지식과 실천, 자아와 세계를 따로 나누어서 보는 것이 아니라 그 둘을 종합하고 통합하여서 바로 일상과 공동체와 일의 모든 과정이 공부과정이 되도록 하는 실천이라고 보는 것이다. 일찍이 페스탈로치가 자신의 모든 교육통찰을 한 마디로 "삶이 곧 교육이다"(Das Leben bildet)라고 한 것과 유사하게 아시아의 고전들은 이미 "큰 공부"(大學)라는 이름 아래에서도 "가르치는 모든 것은 지도자(人君)가 몸소 행하고 마음에서 얻은 것에서 근본하고, 사람들이 날마다 사용하고 따라야 하는 도리 밖에서 구하기를 기대지 않았다"고 설명하고 있다.[72] 천하의 큰 근본이 되는 것이 '中'이라는 것을 알고서 그것이 '일상'(庸)이 되도록 하라는 가르침을 전하는 『중용』이 한 마디

---

72 『大學』章句序.

로 그 공부 방법을 다시 '庸', 즉 가장 가까운 삶으로부터 시작하라는 것과 '誠', 즉 정성됨과 지극한 꾸준함으로 하라는 것을 가르쳐주는 것은 당연하다. "도는 사람에게서 멀지 아니하니 사람이 도를 추구하면서 사람에게서 멀리하면 도는 추구될 수 없다"(『중용』13장), 위대한 지혜를 지녔던 순 임금은 "묻기를 좋아하셨고 가까운 말을 살피기를 좋아하셨다"(『중용』6장), "부모님도 편안하실 것이다"(『중용』15장)라는 말로써 도가 실현되는 가정과 사회와 국가의 일상의 모습을 그리면서 삶의 중심에서 벗어나 있는 힘없는 노인들과 부모들에게까지 평안함이 끼쳐져야지만 진정한 도가 실현된 것임을 가르쳐준다.[73]

앞의 알바니 프리스쿨의 책을 추천하는 조셉 피어스는 알바니의 교사들은 "나날의 삶이 지닌 정서적 차원과 인간관계 차원"의 두 국면을 "삶의 초석이며 동시에 모든 앎의 초석"으로 인식했다고 강조한다. 그런 그들도 한국과 같이 교육인플레가 심한 곳에서의 우리처럼 교육을 많이 받았지만 정작 삶의 자리에 들어서서는 무지하기 짝이 없다는 것을 아프게 고백한다. 즉 살아가는 데 진실로 문제가 되는 것들인 "다른 사람과의 관계, 내적 자아와의 관계, 두려움을 다루는 문제, 삶의 정수를 농축시키는 일, 자아상을 만들어내고 삶의 일화들을 창조하고 메타포를 발견하는 일, 신에 관한 문제, 인종과 계급, 성과 그리고 저 희귀하기 짝이 없는 생활필수품인 공동체 등등"을 다루는 데 무지한 상태라는 것을 직시한 것이다.[74] 프리스쿨은 이런 딜레마적 상황을 보면서 진정으로 삶에 도움이 되는 교육, "구성원 사이의 관계를 모든 실제적인 도움이 일어나는 중심"으로 보면서 시작된 배움공동체라는 것을

---

73 이은선, 「『대학』과 『중용』 사상의 현대 교육철학적 해석과 그 의의」, 324.
74 같은 글, 11.

강조한다. 전통적인 학교라기보다는 일종의 큰 가족과 같은 형태를 가지는 알바니 스쿨은 학교가 구세계의 동네에 자리 잡고 있어서 "문 앞에 나와 앉아 있는 이웃사람들을 방문하는 데 충분한 시간을 들였고", 대안교육지 〈스코레이〉 외에 〈가족생활지〉(Journal of Family Life)를 출판했다. 이들은 자신들을 "치료의 학교"로 생각하고 "특수한 문제가 있는 아이들"이 다니는 특수학교의 일종으로 여겨지는 것을 개의치 않았다고 하는데, 왜냐하면 모든 아이는 나름의 문제를 지니고 있으며, 이들이 치료받고 최상의 쉼터가 되는 학교가 되기를 원했기 때문이다.75 그들은 캠프의 원칙으로 "자율"(self-regulation)과 "일 속의 민주주의"(work democracy)를 내세우고 있다고 밝힌다. 또한 앞에서 우리가 길게 소개한 20세기 말 깨어진 핵가족과 공공적 보육시절에서 대부분의 어린 시절을 보내는 미국 아이들의 보편적인 실존의 위기란 바로 "공동체의 상실"이 가장 큰 원인이라고 밝힌다.76 그들은 "핵가족과 핵시대가 역사적으로 겹치게 된 것은 우연이 아니다"라고 한 자연분만운동가이며 산부인과 의사인 미셸 오당(Michel Oden)의 이야기를 심각하게 듣고 동네와 학교와 각 학생의 가족들이 겹겹이 서로 연결되는 공동체가 되도록 힘을 썼다. 오늘날은 핵가족도 편부나 편모의 더 분화된 형태로 급격히 바뀌어서 과거와 전통과 공동체로부터의 유대 상실로 인해서 점점 더 깊은 소외감 속에서 어린이 천식, 십대 자살, 마약과 폭력범죄 등에 노출되어가는 젊은 세대들을 깊이 염려한다.

이들은 공동체란 "다른 사람의 상황을 자신의 상황으로 만드는 행위"라고 받아들이고, 우리 각자의 타고난 재능을 캐내고 자기 것으로

---

75 크리스 메르코글리아노, 같은 책, 105.
76 같은 책, 223.

삼기 위해서는 "개인과 공동체 사이에서 끊임없이 주고받고 밀고 당기는 상호작용"이 절실하다는 것을 잘 인지하고 있다.77 공동체는 전기나 사랑처럼 그 성질상 짧은 한 문장으로 정의내릴 수 없는 것 중의 하나라는 것을 생각하며 그것이 무엇이라고 정의되든 어떤 일 속에서나 프리스쿨이 하는 모든 일의 중심에 있다고 고백한다. 그래서 그들은 '품위 있게 싸우는 법'을 배우고, 아이들을 다시 가족의 삶으로 돌려주는 홈스쿨링을 지지한다. 앞에서 일리치의 탈학교 분석에서 살펴보았듯이, 이들도 아이들이 어떤 단단한 소속감이 없다면 어디에도 뿌리를 내리지 못하고 표류할 것이며, 소속감을 상실하면 가족의 유대나 친구 간의 유대, 그리고 공동의 목적을 향한 시도 속에서 경험되는 즐거움과 충만감을 알지 못하고 "끊임없는 상품소비로 대신하려는 소외된 반쪽짜리 인간의 물결"에 휩쓸리게 될 것임을 알기 때문이다.78 이들은 "사회제도로서의 교육"은 본질적으로 이 세계가 안고 있는 어떤 문제도 풀 수 없다고 믿는 입장에 선다.79

일리치는 자신의 『탈학교 사회』와 『공생을 위한 도구』이후에 『그림자 노동』(*Shadow Work*)을 펴내어서 가정과 가족, 임금노동과 여성의 문제를 다룸으로써 다시 한번 근본적으로 산업문명의 성장을 제어하기를 원했다. '그림자 노동'이란 산업사회에 들어와서 남성들의 임금노동을 통한 경제활동이 주가 되는 사회(생산 활동)와 그 남성들의 임금노동이 가능해질 수 있도록 뒤에서 보이지 않게 온갖 서비스 노동을 제공하며 가정에서 그림자 노동자로 일하는 여성들의 삶을 극명하게 대비시키면서 나온 의식이다. '임금'(wage)이라는 개념을 서구 중세사

---

77 같은 책, 249.
78 같은 책, 247.
79 같은 책, 252.

회로부터 추적하는 그에 따르면 중세시대 '임금노동'(wage labor)이란 "비참함의 대명사"였고, 임금노동자는 가장 극단의 무능력자를 대표하는 말이었다. 즉 그것은 생산과 소비가 동시에 이루어지는 가정을 갖지 못하고, 구둣방이나 이발소 등 장인들의 직업 활동도 하지 못하며, 심지어는 구걸할 수 있는 힘과 권리도 없어서 사회가 거지의 만연을 피하기 위해서 일정한 액수의 생계비를 지불해주는 것으로 사는 사람들을 지칭하는 말이었다고 한다.[80] 이렇게 철저히 자립 능력이 없으면서 스스로 생산 활동과는 관계가 없는 잉여인물을 나타내는 용어였는데, 오늘날에는 모든 사람이 임금노동자가 되었다. 일리치에 따르면 그러나 이렇게 임금노동자가 존재하기 위해서는 그 임금노동자의 노동이 밖에서 가능해질 수 있도록 집에서 그림자 노동자로서 봉사하고 소비하는 주부들과 여성들이 있기 때문이므로 오늘 우리 사회를 무능과 비자립에서 구해내기 위해서는 여성들이 그 노동을 거부해야 한다고 촉구한다.[81]

현대의 페미니즘 운동은 지금까지 여성들에 의해서 그림자 노동으로서 임금이 지불되지 않고 행해진 일에 대한 불의를 주창하고 그 노동의 임금화를 추진한다. 그러나 일리치에 따르면 이러한 방식은 오히려 더 상황을 나쁘게 할 뿐이다. 그것은 여성들과 복지와 보살핌의 일까지도 철저히 비생산적인 임금노동으로 환원해서 현대인을 더욱더 제도의 노예가 되게 하고 총체적으로 무능하게 만드는 일이다. 그리하여 이런 방식보다는 오히려 현대 산업사회에서처럼 생산과 소비, 생산의 사회와 소비의 가정, 남성과 여성의 일이 철저히 나뉘어져 있는 것

---

80 이반 일리치, 박홍규 옮김, 『그림자 노동』(*Shadow Work*)(서울: 미토, 2005), 156 이하.
81 같은 책, 164 이하.

을 지양하고 다시 통합하면서 더 이상 한 주체나 장소에 의해서 생산이 독점되지 않도록 하고, 가정이 다시 자립과 자존의 주체로 회복되어야 한다.[82] 남편이 임금노동의 대가로 벌어들인 돈으로 아이들 교육을 다시 밖의 임금노동자에게 맡기는 악순환을 끊고 스스로가 배움의 생산자로 거듭나고 남성들도 그렇게 자신의 모든 생을 임금노동자 신분에 저당 잡히지 말라는 지적이다. 앞에서 자율적 공생의 삶에서 이야기했듯이 이것은 다만 교육에만 해당하는 이야기가 아니고 의료와 복지, 수송, 종교 모든 분야에 해당하는 이야기이다. 이것은 오늘의 실업과 성문제, 가족 등에 대한 매우 래디컬하고 독자적인 대안을 제시하는 것인데, 그 근본에는 가정과 가족을 다시 생산과 소비가 동시에 이루어지는 나름의 자립 장소로 키우자는 사고가 자리 잡고 있다.

이렇게 탈산업사회에서 가정과 가족이 삶의 기초단위로 다시 중시된다면 전통적으로 家를 중시하는 유교의 가족윤리는 오늘날 가족의 형태와 구성에 있어서는 다양한 모습을 인정하는 입장에서 여전히 중요한 의미를 지니고 있는 것을 알 수 있다. 인간적 문명의 삶을 가장 기초적으로 가능하게 하는 공동체로서의 가정을 국가화하고 경제사회화할 것이 아니라 반대로 국가와 사회를 가정화하고 여성적 가치화하는 것이 우리의 삶을 더 자율적 공생의 자립과 자존으로 이끈다는 이상이다. "전통의 비법화"를 통해서 사회 전체에 가족적이고 모성적인 돌봄의 활동과 가치를 확산해야 함을 말하는 것이다.[83]

---

82 같은 책, 170.
83 이은선, 「성과 가족, 그리고 한국 교육철학의 미래」, 『교육철학』 제33집(2005. 2), 131.

3. 공적 감각으로서 교육

세 번째로 '세계사랑'(Amor Mundi)으로서 교육과 '공적 감각'을 키우는 교육에 대한 의식을 확장하는 것을 말한다. 우리가 잘 아는 대로 근대 산업문명의 인간관은 '개인'으로서 '닫힌 인간'(human close)의 인간관이었고, 철저히 인간중심적인 인간 위주(anthropocentrism)의 세계관이었다. 여기에서의 교육과 배움은 그리하여 주로 개인의 심리적인 차원으로 환원되었고, 인간과 개인이 원래 그 한 구성원이었던 '우주'(das Universum)에 대한 감각이나 우주적 집인 '생태'(oikos)나 '세계'에 대한 감수성을 키워주는 것과는 거리가 멀었다. 오늘 우리가 일상의 언어로도 듣게 된 사실은 지구의 '사실적 종말'이 다가오고 있다는 것이고, 특히 '임계점에 이른 기후변동'으로 교육을 포함한 모든 인간적 활동이 근본적으로 재구성되어야 한다는 것이다.

미국의 여성신학자 샐리 맥페이그는 그녀의 책 『기후변화와 신학의 재구성』(*A New Climate for Theology*)에서 기후변화의 위기에 대한 사실적 증거와 그 신학적 의미를 설득력 있게 제시하였다. 그녀는 2007년 2월 기후변화에 관한 정부간협의체(IPCC)의 제4차 평가보고서가 21세기 동안 지구의 온도가 최하 4.5도가 상승할 것으로 예상한 이후 ─지난 번 빙하시대는 지구 온도가 지금보다 단지 5도가 내려간 상태였다고 한다─신학도 근본적으로 변해야 함을 역설하였다. 이제 이 기후변화의 위기가 초래할 '생지옥'(dystopia)의 가능성이 점점 더 현실화되는 상황에서 신학자로서 두 가지 핵심 사항, 즉 우리는 누구이고 神은 누구이신가를 근본에서 다시 사고하고 해체하며 재구성하는 일에 초점을 맞추어야 한다고 강조한다.[84] 이제 기후는 예측할 수 없는

---

84 샐리 맥페이그, 김준우 옮김, 『기후 변화와 신학의 재구성』(고양: 한국기독교연구소,

것이 되었으며, 온도가 급상승하고 있고, 빙하들이 통제할 수 없을 정도로 녹아내리며 우리의 미래에 여러 끔직한 일들이 벌어질 가능성이 매우 높아졌다면 "우리가 이제까지 알아왔던 생활"에 더 이상 의지할 수 없음을 직시해야 한다고 보는 것이다.

상황이 이러하다는 것은 교육과 배움도 이제 전통적 인간중심적 사고에서 벗어나야 함을 말한다. 앞의 일리치는 무한정한 성장의 진행이 다중적인 파국에 이르고, 파국을 겪지 않고도 성장에 대한 다중적 한계를 받아들일 가망성은 별로 없어 보인다고 말하면서도 "역사로부터 언어를 회복하는 일만이 재앙을 막을 수 있는 힘으로 남아 있다"고 역설한다.[85] 이것은 어떠한 군사적 힘이나 관료주의적 강압보다도 전통과 역사에서 배워서 다시 인간성을 회복하는 구체적인 개인들의 결단과 변화로 성장에 한계가 정해지고 공생성이 선택될 수 있다는 믿음을 표현한 것이다.[86] 오늘날 진정으로 가난과 생태가 하나의 중요한 문제가 되었고 '자연과의 평화 없이는 인간 간의 평화가 없다'는 명제가 더욱 설득력을 얻게 되었다면 우리가 기후변화와 싸울 때 부자 세계의 석유회사들이나 항공사, 정부들과 싸워야 할 뿐 아니라 "우리 자신과도 싸워야 한다"는 것이고, "우리가 적"이라는 사실을 목도하고 있어야 한다는 것이다.[87]

이러한 교육에 대한 믿음과 희망에 힘을 보태면서 본 연구자는 여기에서 '생물(生物)여성 영성'의 교육을 말하고자 한다. 여기서 본 연

2008).

85 이반 일리치, 『성장을 멈춰라』, 174.

86 같은 책, 175.

87 George Monbiot, *Heat: How to Stop the Planet from Burning* (Toronto: Doulbleday, 2006), 40.

구자는 의도적으로 '생물적'(生物的, 物을 창조하고 살리는)이라는 표현을 썼다. 우리가 주로 중고등학교 때 학과목의 구분을 통해서 들어왔던 이 개념은 앞에서 보았듯이 중용적 개념으로, 단지 무생물에 대한 '살아 있는 것'을 지칭하는 개념만이 아니다. 오히려 여기서의 '生'은 형용사가 아닌 하나의 동사가 되어서 '物을 살리는'의 의미가 되고, 또한 여기서 '物'은 단순한 물질이나 사물만이 아니라 인간과 사물, 생명과 무생물을 모두 포괄하는 '만물'(萬物)과 '만사'(萬事)가 되어서 요즈음 일반적으로 사용하는 '생명'(生命)이라는 개념보다도 훨씬 더 포괄적인 개념이 된다고 하겠다. 유교전통에서의 '명'(命)이 기독교만큼은 아니라 하더라도 여전히 인간중심적인 사고의 표현이고, 생명과 무생명, 생물과 무생물, 정신과 물질 등을 이원론적으로 나누는 의식이기 때문에 '생명'(生命) 대신에 중용적 '생물'(生物)의 개념을 쓰고자 하는 것이며, '(天地)生物之心' 또는 '(天地)生物之道/理'의 의미로 한국적 '에코 페미니즘'의 영성을 한국 '生物女性'의 영성으로 표현한 것이다.

오늘날 우리 교육의 차원에서는 잃어버린, 우주에 관심을 갖고, 전(全) 생명에 관심을 가지며, 한없이 미약한 물질까지도 공경하는 '경물'(敬物)의 의식이 전통적 유교교육에는 가득했다. 『중용』은 가장 평범한 일상의 일 가운데서 도를 보며 그 도를 지속적으로 키워나가서 만물을 화육하게 하는 지성(至誠)의 인물을 성인(聖人)으로 그려주면서 마지막 부분에서 이 성인에 대한 이야기를 여러 가지로 표현한다.

"오직 천하의 지극한 정성스러움만이 자기의 性을 다할 수 있게 된다. 자기의 性을 다할 수 있으면 남의 性을 다할 수 있고, 남의 性을 다할 수 있으면 物의 性을 다할 수 있으며, 物의 性을 다할 수 있으면 이로써 天地의 化育을 도울 수 있다. 이로써 天地의 化育을 도울 수 있으

면, 天地와 더불어 하나가 될 수 있다(惟天下至誠 爲能盡其性 能盡其
性則能盡人之性 能盡人之性則能盡物之性 能盡物之性則可以贊天地
之化育 可以贊天地之化育則可以與天地參矣)."(『중용』22장)

"오직 천하의 지극히 정성된 사람이어야 천하의 위대한 인륜을 제대
로 다스릴 수 있고, 천하의 위대한 근본을 세울 수 있으며, 하늘과 땅
의 화육을 알 수 있는 것이다. 대저 무엇에 의지하겠는가?(唯天下至誠
爲能經綸天下之大經 立天下之大本 知天地之化育 夫焉有所倚?)"(『중
용』32장)

여기서 표현된 천지만물을 화육하는 성인의 모습은 오늘 우리 교육
의 이상으로는 상상할 수 없는 정도로 웅장하다. 그는 "자신을 이룰
뿐 아니라"(成己) "(만)물을 이루는"(成物) 사람이다. 이렇게 만물에 대
한 큰 뜻을 품은 사람만이 자신에게서 벗어나 온 세계와 온 우주에 대
한 관심을 가지고 그 안녕과 화목을 위해서 일할 수 있다고 밝히고 있
다. 그리하여 지금과 같이 모두가 자아와 인간적 범위의 세계에 갇혀
서 이 세계를 위기로 몰아가고 있을 때 이러한 이상을 품은 성인의 도
래가 더욱 기다려지고, 그런 의미에서 이 웅장한 교육의 이상은 오늘
도 여전히 유효하다.

본 연구자는 우리의 교육과 배움이 바로 이러한 차원을 회복해야
한다고 생각한다. 그것은 '生物'과 '敬物'과 '天地化育'의 차원이고 그
것이야말로 세계를 구하는 일이다. "공공성으로의 교육"을 강조한 서
구의 정치철학자 한나 아렌트도 교육이란 한편으로 "우리가 이 세계
를 파멸로부터 구하기 위해서 책임을 질 정도로 사랑할 것인가를 결정
하는 순간에 시작"되는 것이라고 했다면 바로 '세계사랑'(Amor Mundi)

으로서의 교육의 차원을 회복하는 일을 말한다.88 그녀는 우리가 세계와 관계하는 미적 판단력에 있어서 그것이 '사심 없이'(disinterested mind) 자신의 사적 이익이나 당장의 이용가치에 관계없이 세계를 있는 그대로의 미로써 파악할 수 있는 정신으로 확장되었을 때 이 세상을 보존할 수 있는 힘이 된다고 했다. 이런 의미에서 보면 미적 감수성과 예술교육이야말로 오늘의 세계를 보존하는 데 긴요함을 알 수 있다. 그녀에 따르면 이렇게 가장 자유스러운 미적 판단력을 가진 휴머니스트야말로 참다운 교양인과 문화인으로서 세상을 있는 그대로 보존할 수 있다. 우리 교육의 목표를 "(아이들로 하여금) 우리의 공동세계를 새롭게 하는 일을 준비시키는 일"(to prepare our children for the task of renewing a common world)이라고 했다면 바로 이 문화인과 휴머니스트를 키우는 일을 말하고, 이 일이야말로 가장 정치적인 일이고 생태윤리적인 일이 됨을 지적한 것이다. 이렇게 해서 '종교'와 '정치'와 '교육'과 '문화'는 모두 같이 가는 것을 알 수 있고, 자아와 공동체, 인간과 자연, 우리와 세계는 자율적 공생 속에서 같이 살아갈 수 있다.

'큰 배움'(大學問)을 추구하는 '큰 사람'(大人)이란 "하늘과 땅과 우주의 만물을 한 몸으로, 이 세상 모두를 한 가족으로, 이 땅 전체를 한 나라로 파악하는 사람"이다. 그는 만물일체의 실현을 통해서 자신의 자아를 참되게 실현하도록 노력하는 사람으로, "만약 자신의 아버지와의 관계에서 충분히 인을 실천하였다고 하여도 남과의 관계에서 아직 그것이 충분치 않다고 보면 자신의 인이 아직 충분히 확충되지 않은 것으로 여기고, … 또한 자신의 가족은 배부르고 따뜻하지만 옆에

---

88 이은선, 「한나 아렌트 사상에서 본 교육에서의 전통과 현대」, 『교육철학』 제30호(2003. 8), 144.

서 삶의 필수품과 즐거움을 박탈당한 채 궁핍한 사람들을 본다면 결코 그들에게서 인과 의를 요구하고 예의를 지키며 인간관계에서 성실할 것을 요구할 수 없다는 것을 안다. … 그래서 그는 다시 법과 정부를 세우고, 예와 음악과 교육을 정비하면서 그들에게 필요한 것을 공급해 주고, 자신과 남을 온전하게 하려고 노력하며 그 일들을 통해서 자신을 완성해나가는 사람이다."[89] 이런 사람을 키워내는 꿈을 가지고 우리 교육이 다시 진력해보면 어떨까?

VI. 마무리하는 말

한국 '生物여성영성'의 교육이 지향하는 사회는 유교전통의 오랜 이상인 '대동(大同)사회'와 크게 다르지 않다. 『예기(禮記)』「예운편」에 나오는 대동사회의 이상을 일찍이 율곡은 다음과 같이 서술했다:

"대도(大道)가 행해질 때에는 천하를 공통의 것(公有)으로 생각하여 어진 이와 능한 이를 선발하여 나라를 전수했다. 신의를 강명하고 화목하는 길을 닦았다. 그러므로 사람들은 자기 어버이만 어버이로 여기지 않고 자기 자신만 자식으로 여기지 않았으며, 노인은 여생을 잘 마칠 수 있었고, 젊은이는 쓰일 수 있으며, 어린이는 자랄 수 있고, 홀아비와 과부와 자식 없는 늙은이와 병든 자, 불구자가 모두 보살핌을 받았다. 그러므로 모략이 일어나지 않으며, 도적이 생기지 않으니 문을 열어놓고 닫지 않았다. 이것을 대동(大同)이라 한다.[90]

---

89 왕양명, 『大學問』, 졸고, 「양명 공부법의 교육철학적 의의」, 217.

사람들이 자신과 자기 가족의 울타리를 벗어나서 만물에 대한 관심을 가질 수 있고, 노인들이 평안하게 생을 마칠 수 있으며, 젊은이들이 쓰일 곳을 찾는 것이 어렵지 않고, 어린이는 편안하게 자라며, 약자들이 보호받는 사회, 동서와 고금의 차이를 떠나서 모든 인간 삶과 활동이 지향하는 목표점이다. 이러한 모습의 공동체를 이루기 위해서 우리의 배움과 교육이 다시 기초적으로 존재의 초월적 뿌리에 근거하고, 공동체적인 가치와 여성주의적인 살림의 영성에 기반을 두며, 자신과 인간에 대한 집중을 넘어서 더 넓게 '세계'에 대한 관심으로 지향되어야 함을 말하였다.

　　최근 신문에서 읽은 감동스러운 이야기로, 소설가 김훈의 어머니는 설화적인 가난의 멍에를 메고 가족들을 건사하면서도 제헌절이면 "법을 만든 날이다. 새 옷을 입어라"라고 하면서 아이들을 키웠다고 한다.[91] 이런 공공성에 대한 한국 여성의 의식과 더불어 박기호 신부의 〈'꼬뮨 스쿨' 이야기〉에서 그 공동체의 4명의 중고생이 학교를 자퇴하고 오전에 공부하고 오후에는 노동하는 생활로 돌아온 이야기에서 한국 교육의 변화 가능성을 본다. 박 신부의 공동체에서는 '공부해서 남 주자', '나를 위해선 놀 수 있지만 이웃에게 도움을 주려면 공부하자'라는 공동체 세계관과 소명의식을 강조한다고 한다. '어린지' 고액과외, 국제중, 외고, 특목고의 교육은 미래의 행복을 위해서 오늘을 희생하지만 그들 공동체의 학생들은 오늘 이미 행복하다고 한다. 그것은 공동체 삶에서 서로 경쟁하지 않고도 함께 성공하고 행복할 수 있는 비결이 있기 때문이라고 하는데, 박 신부는 자신 이야기의 마지막에 멀

---

90 『율곡전서』 26, 「성학집요」 성현도통 5; 이동준, 「인류의 성숙과 열린사회 – 동방사상의 현대적 성찰」, 한국철학연구소 학술문화발표 44, 2008. 10. 4. 성균관대학교 참조.
91 〈한겨레신문〉, 2008. 11. 28.

리서 "잠 좀 자자! 밥 좀 먹자!"라는 아이들이 절규가 들려온다고 적고 있다.[92] 미래의 행복과 더 큰 성공을 위해서 생명의 가장 기본적인 소망인 잠자고 밥 먹는 것도 금지하는 오늘 우리 신자유주의 교육이 얼마나 해악적인가를 극명하게 드러내준다.

---

92 〈한겨레신문〉 2008. 8. 29.

졸부와 불신의 사회에서
종교와 정치 그리고 교육

I. 시작하는 말

한국 사회는 지난 2007년 CEO 출신 대통령의 정부가 들어선 후 얼마 지나지 않아서 촛불의 분화를 경험했다. 하지만 그 후 다시 이어진 용산참사, 미디어법과 금융지주회사법의 처리, 4대강 사업, 쌍용자동차 파업, 행정도시안 수정 등 모두가 그 강도와 속도에 놀랐다. 그런 와중에서 국민들은 2009년에 채 3개월도 안 되는 간격으로 두 명의 전직 대통령을 떠나보냈다. 역사상 초유의 일일 것이다. 그러나 그 가운데서도 참으로 독특한 경험을 했다. 노무현 전 대통령의 장례에서도 그랬고 가톨릭 신자로 알려진 김대중 전 대통령의 국장에서도 서로 다른 네 종류의 종교예식이 동시에 오르는 것을 본 것이다. 가톨릭, 개신교 기독교, 불교, 원불교가 그것인데, 노무현 대통령의 노제에서는 유교상례가 행해졌으므로 모두 다섯 가지의 종교가 등장했다.

이렇게 한 나라 원수를 배웅하는 일에서 세계 인류의 대표적 종교군이 모두 함께 등장한 경우는 드물 것이다. 거의 유일무이할 것이며, 앞으로도 보기 힘들 것이다. 이 일을 경험하면서 두 가지 생각이 뚜렷이 떠올랐다. 우선은 무척 놀라웠고 자랑스러웠다. 한국의 문화와 정신이 그와 같은 정도로 인류의 대표적 종교전통들을 두루 포괄하여 하나의 종교적 제의로 표현해낼 수 있는 것에 대해서 무한한 긍지를 느꼈다. 세계 어느 곳에서도 찾아보기 어려운 나름의 종교적 통합에 대한 경험일 것이다. 그러나 한편 다시 드는 생각은, 특히 김대중 전 대통령의 영결식에서 느낀 것이었는데, 오늘의 세속사회에서 그것이 여느 종교지도자의 영결식이 아니고 한 '국가'와 '정치'의 수장이었던 분을 떠나보내는 마당인데 그렇게 긴 시간을 할애해서 한둘도 아닌 네 종류의 예식을 모두 행했어야 하는가라는 것이었다. 그곳에 참여한 사람들 중에는, 또한 그를 떠나보내는 국민들 중에는, 자신을 '종교인'이 아니라고 생각하는 사람들도 많이 있었겠고, 그와 더불어 자신은 그 네 종교에 속하지 않는다고 생각하는 사람들도 있었을 터인데, 그렇다면 그 예식은 오직 '종교인'과 다시 더 좁혀서 '네 종교'에 속하는 사람들만을 위한 것이었나? 그렇지 않은 것은, 또한 그럴 수 없음은 분명하니 이 물음에 대해 성실히 답하는 것이 오늘 한국 사회와 종교인들이 담당해야 할 과제 중 하나가 될 것이다.

사실 오늘 한국 사회에서 종교는 공공의 영역에서 더 이상 터부가 아니게 되었다. 오히려 아주 강력한 '힘'과 '권력'으로 사회적 삶에 등장하고 있는데, 예를 들어 '뉴라이트'(new right) 운동그룹이 그 대표적인 예이다. 이 그룹에서 관여하지 않는 사회 문제는 거의 없는 것 같다. 먼저 한국의 통일외교정치에 막대한 영향을 주고 있다. '교과서 포럼' 등의 그룹은 한국 중등교과서의 역사서술을 고치려고 한다. 또한 이들은 '자유주의교육운동연합' 등으로 교육정책에 큰 힘을 발휘하고 있으며, 미디어법 개정과 관련한 역할 등 정치, 경제, 문화, 교육의 전 영역을 넘나들며 오늘 우리의 공동 삶에 영향을 끼치고 있다. 그런데 참으로 이상한 것은 이렇게 종교적 무늬의 구호가 한국인들의 전 삶 속에 널리 퍼져 있고, 나라의 각료를 선출하는 데도 그가 어느 종교공동체 출신인가가 거론되는 현실이지만, 한국 사회와 문화에서는 오히려 점점 더 불신과 미신이 거세지고 반인류적인 일들이 속출하는 것이다. 이와 함께 국민 한 사람 한 사람이 직접적으로 연관되어 있는 교육에서의 무한경쟁주의는 그 끝을 모르고 진행되고 있다.

상황이 이렇다 보니 다시 묻게 된다. 우리 삶에서 '종교'와 '정치'의 바람직한 관계는 어떤 것일까? 오늘과 같은 세속사회에서 한국 문화의 종교적 열성은 정치적 삶에 긍정적 영향을 미치는가 아니면 그 반대인가? 또한 정치와 경제의 관계는 어떠해야 하는가? 오늘 우리의 삶이 철저히 무한경쟁의 경제환원주의에 영향을 받고 있다면 그 경제와 문화와의 관계, 교육과의 관계와 거기서의 정치와 종교의 역할과 의미 등을 묻게 된다는 것이다. 요즘 한국 대학가에서 음식점과 옷가게와 더불어 가장 눈에 띄는 것이 사주와 팔자, 운수를 살펴준다는 점술판매대이다. 이 현상을 어떻게 이해해야 할까? 이 땅에 세계의 주요 종교군들이 두루 실행되고 있으니 사주팔자의 운수감정도 세속사회의 젊은이들에게 널리 퍼져 있는 종교 활동으로 보아야 하는가, 아니면 이렇게 종교가 번창해 있지만 정작 삶에서는 '불신'과 '불안'이 만연하고 있어서 스스로의 건강한 판단을 잃고 모두가 그토록 우왕좌왕하고 있는 모습이 아닌가라는 것이다.

이 글은 오늘의 한국 사회를 특히 한나 아렌트가 그녀의 『전체주의의 기원』에서 그린, 이른바 근대 부르주아 사회의 등장과 더불어 유럽 사회에서 두드러지게 나타난 '졸부'(parvenue)나 '이방인'(paria)으로서의 동화(assimilation) 유대인들의 모습과 대비해보면서 오늘 한국 사회의 이율배반은 어디에서 오는 것이며, 어떻게 이 불신과 불안을 넘어서 가능한 한 삶의 '진정성'(authenticity)을 다시 회복하고 '사람이 사람 노릇하는 세상'을 희망할 수 있을지를 살펴보고자 한다. 우리 사회에서 이렇게 총체적 불신을 가져오는데 종교와 정치, 경제와 교육(문화)의 관계가 서로 어떻게 연관되며, 어떤 관계 속에서 오늘 우리 사회의 비인간화를 불러오는지를 찾아보려는 것이다. 마지막 장에서 특히 "교육적 속물주의"(educational philistinism)의 관점에서 오늘 우리의 교육을 논하는 것으로 나아갈 것이지만 그런 교육의 모습이 결코 그 자체만으로 야기된 것이 아니라 먼저 종교와 정치, 경제의 타락과 연결되어 있다는 것을 밝히기 위해서 특히 스피노자와 유영모, 칼 폴라니와 노무현 등을 살펴볼 것이다. 그렇게 해서 이 글이 목적하는 것은 우리의 교육이 어떻게 종교와 정치, 경제와 사회문화의 넓은 관계망 속에서 그 모습을 잡아가는지를 보여주는 것이다. 종교와의 관계가 출발점이라고 보는데, 왜냐하면 종교는 존재와 가치의 '궁극성'(宗)을 묻는 물음이고, 그래서 거기서 어떤 답을 가지고 있는가에 따라서 우리 현실의 삶(정치, 경제, 교육, 문화 등)이 매우 달라진다고 보기 때문이다.

II. '보편종교'(religio catholica)에서의 종교와 정치

한국에서도 번역되어 회자되고 있는 칼 폴라니(Karl Polanyi, 1889-1964)의 『거대한 전환 - 우리 시대의 정치·경제적 기원』에 따르면 서구정신은 지금까지 세 가지 차원의 삶의 실제에 대한 깨달음을 얻어왔고, 그것으로 자신들의 의식을 구성해왔다. 그것은 '죽음'과 '자유'와 '사회'에 대한 자각인데, 앞의 두 차원은 구약과 신약의 예수의 복음을 통해서 얻은 것이라면 '사회'의 발견은 겨우 19세기나 돼서야 로버트 오언(Robert Owen, 1771-1858) 등의 사회주의 의식을 통해서였다고 한다.[1] 폴라니는 오언을 따라서 이제 서구문명의 삶은 개인의 자유에 초점을 맞추던 기독교 시대를 넘어서 사회와 공동체의 협동을 크게 도모하는 '기독교 이후'(postchristian) 시대로 들어섰다고 보고, 이 '복합사회'(complex city)의 정치를 위한 경제적 정의의 실현을 매우 강조했다.

하지만 폴라니가 여기서 서구문명이 근대산업사회를 거치면서 전통적 '자유' 의식의 불충분성을 깨달으며 얻게 되었다고 하는 '사회' 의식은 사실 아시아, 특히 유교문명권이 오래전부터 가르쳐온 핵심 메시지였다. 하지만 21세기 현재 그 유교문명권의 핵심에 놓여 있던 한국에서도 사회와 공동체에 대한 관심보다는 오히려 개인주의가 더 극성을 부리고 있고, 개인의 안녕과 관련된 종교 활동만이 힘을 받고 있다.

이미 질 들뢰즈(Gille Deleuze, 1925-1995)나 안토니오 네그리(Antonio Negri, 1933-) 등의 포스트모던 정치사상가들이 매우 의미 있게 발견하고 있지만 오늘 한국 사회에서 뉴라이트 등의 종교그룹과 현 정부의 정치에 17세기 네덜란드 사상가 스피노자(Benedict de Spinoza, 1632-1677)가 줄 것이 많다고 생각한다. 스피노자는 17세기 바로크 시대에 인간 삶이 아직 중세적 계시종교의 독점에서 온전히 벗어나지 못했고 근대가 시작되지도 못한 상황에서 종교와 정치가 어떻게 관계

---

1 칼 폴라니, 홍기빈 옮김, 『거대한 전환 – 우리 시대의 정치, 경제적 기원』(서울: 도서출판 길, 2009), 602 이하.

맺어야 하는지를 그의 저술『신학 - 정치론』에서 지시해주었다. 그 출발점은 다음과 같은 질문들이었다: '사람들은 왜 그토록 비합리적인가?' '왜 자신의 예속을 오히려 최고의 명예로 여기는가?' '왜 인간은 예속이 자신들의 자유가 되기라도 하듯 그것을 〈위해〉 싸우는가?' '왜 종교는 사랑과 기쁨을 내세우면서 전쟁, 편협, 악의, 증오, 슬픔, 양심의 가책들을 불러일으키는가?' 등이다.[2] 스피노자는 당시 다른 지역에 비해서 비교적 넉넉한 종교적·정치적 자유를 누릴 수 있었던 조국 네덜란드에서도 칼뱅파에 의해서 공화주의가 무너지는 것을 보고서 종교의 독단과 폭력, 위선과 아집을 폭로하고 인간의 건전한 이성과 자유를 찾기 원했다. 불안정과 두려움이 사람들로 하여금 '미신'에 빠지게 하고 당시의 종교가 중세적 아집으로 인민들을 계속해서 예속 아래 잡아두려는 것을 보면서 그 음모들을 들추어내고자 했다.

그에 따르면 종교는 인간 인식의 또 하나의 '결과'로서 그때까지 대부분의 계시종교가들이 주장하는 대로 인간의 이성이나 언어와 무관한 배타적 초월이 아니다.[3] 당시의 종교가들은 교회나 교회의 직무나 성서의 언어를 할 수 있는 한 비의화하고 신비화해서 보편적으로 다중의 삶을 치리하기 위해서 필요불가결한 공공의 권위(정치)도 무시하고 독점적 초월 권력으로서 무소불위의 힘을 누리려고 했다. 그러나 스피노자에 따르면 그러한 종교권력은 틀림없이 '미신'으로 전락하고, 싸움을 불러일으키며, 공동체를 분열시키고 사상과 행위의 자유를 한없이 억압하게 된다. 그래서 그는 성서의 언어학적·역사적 해석방식을 주창하였고, "개인의 믿음은 오직 그의 행위에 따라서만 평가해야 한

---

2 질 들뢰즈, 박기순 옮김, 『스피노자의 철학』(서울: 민음사, 1999), 20.
3 베네딕트 데 스피노자, 김호경 옮김, 『신학 - 정치론』(서울: 책세상, 2006), 56.

다"고 주장하였다. 성서해석 방법은 '자연해석의 방법'(*interpretatio naturae*)과 다르지 않다는 것이 그의 주장인데, 그에 따르면 진실한 신앙심에 대한 가르침은 신을 사랑하고 이웃을 자신처럼 사랑하라는 계명처럼 가장 일반적이고, 단순하며 쉬운 말로 표현되는 것이다.

그는 성서를 자연해석의 방식으로 이해한다는 것은 성서의 진리가 성서 자체를 바탕으로 해서 나오고 성서 안에서만 의미를 끄집어낼 수 있음을 말하는 것이라고 밝힌다. 예를 들어 유대교 대제사장의 권위는 그래도 신명기 17장 11-12절과 33장 10절 등으로 근거되지만, 가톨릭 교황은 그런 종류의 증거도 제시하지 못하기 때문에 "그 권위는 매우 의심스럽다"고 잘라 말한다.4 즉 당시까지도 거대한 권위로 자리잡고 있는 가톨릭교회와 교황의 권위는 단지 과거 유대 구약시대의 한 특수한 예를 흉내 낸 것일 뿐 신약시대에 와서, 또한 그 이후의 보편적 시민사회 시대에는 결코 권위로 주장될 수 없음을 지적한다. 모세 시대에는 모세의 율법이 곧 국가법이었던 제정일치시기였으므로 그것을 지탱하기 위해서 대제사장의 권위를 공공적 권위로 세워야 했지만, 그런 특수한 상황과는 전혀 다른 신약시대 이후에 와서는 그렇게 해서는 안 되며, 대제사장을 필요로 한다는 생각을 결코 해서는 안 된다고 강조한다. 스피노자의 이런 언술은 오늘 21세기 한국 개신교 교회 등 종교그룹의 복고주의적 경향에 경종을 울린다.

스피노자는 '종교'와 '정치'는 확연히 다른 것임을 주창했다. 정치란 인간이 본성상 홀로 살 수 없고 '다중'(multitude)으로 살아가야 하기 때문에 그 다중이 조화를 이루고 살아갈 수 있도록 하기 위해서는 누구나 공동으로 복종해야 하는 공공적인 권위를 필요로 한다는 것이

---

4 같은 책, 62.

다.5 하지만 종교는 이성과 더불어 상상의 인식으로 도덕적 의미를 찾는 내면의 일이므로 법이나 공공의 권위에 종속되지 않고, 모두가 각자 스스로 최고의 권위가 되어야 한다고 강조했다. 그러기 위해서는 의견의 완전한 자유라는 최고의 원리가 보장되어야 한다고 밝힌다. 다중의 공동체적 삶에서는 만약 각자가 자신의 견해에 따라 공공의 법을 임의로 해석할 자유를 갖는다면 그 어떤 공동체도 유지될 수 없다. 따라서 시민의 삶은 공공적 권위를 요청하고, 스피노자에 따르면 심지어는 사고와 의견의 자유를 보장한다는 조건이라면 그 최고 정부권력이 시민법뿐 아니라 종교적인 법에 대해서도 수호자와 해석자라는 것을 인정해야 한다고 밝힌다.6

이렇게 스피노자는 매우 현실적이고 실천적이다. 그는 이미 당시에 인간 삶의 현실적 조건인 '다중'의 다원성을 백분 인정했고, 그 다원성이 현실적으로 조화롭게 기능할 수 있도록 하기 위해서 당시에도 여전히 최고 권위임을 주장하는 종교의 초월적 권위나 비현실적인 철학적 이성의 인도가 아닌 공공법으로서의 시민법을 주창했다. 그가 당시 정치와 도덕을 분리하면서 현대 정치의 문을 연 마키아벨리를 지지하며 군주정과 귀족정을 거쳐서 민주정을 최고의 정치체제로 제안하는 구체적인 내용이 그의 『정치론』에 담겨 있다. 그것은 미신으로 전락하는 종교적 권위의 횡포와 폭력에 맞서는 것이었다. 그에 따르면 다중의 삶이 유지되기 위해서 누군가의 선한 믿음에 의지하거나 다중이 이성적 명령에 따를 것이라고 믿는 철학적 낙관은 너무 나이브하다.

그러나 스피노자는 이렇게 인간 조건의 다중적 삶을 실천적으로 인

---

5 베네딕트 데 스피노자, 김호경 옮김, 『정치론』(서울: 갈무리, 2009), 22.
6 베네딕트 데 스피노자, 『신학 - 정치론』, 25.

도하기 위해서 '국가'나 '법'을 최고의 권위로 인정했지만, 그것이 결코 리바이던이 되어서는 안 되고, 궁극에서는 더 근원적인 '자연법'(모든 자연물이 각각 자신의 존재를 보존하려는 의지) 내지는 '전쟁법'(존재의 보존을 위협받을 경우 각자 스스로 지키기 위해 전쟁을 일으킬 수 있는 권리)에 종속되기 때문에,7 한 사회에서 특히 법을 해석할 수 있는 국가적 권위와 공적 직무에 대한 제한되지 않는 판단이 허용되어야 한다고 강조했다. 이것은 국가와 종교, 사상(철학)이 각각 자신의 고유한 역할과 분담을 가지고 있음을 밝힌 것이며, 이 관계의 비이성적인 혼합이나 허황된 통합을 매우 경계한 것이다. 스피노자는 종교에 대해서 어떠한 예배당이라 하더라도 공공의 비용으로 세워져서는 안 된다고 강조했다. 그런 반면 그것이 국가의 근본을 뒤집어엎는 것이 아니라면 믿음에 대해서는 법이 왈가왈부하지 말아야 한다고 강론한다. 그는 결국 인간 공동 삶을 최선으로 이끌 종교로서『신학 - 정치론』에서 설파한 '보편종교'(religio catholic)를 다시 제안하는데, 신과 이웃에 대한 사랑을 성서의 가장 보편적인 가르침으로 삼는 이 종교를 국가종교로 삼음으로써 공직자 스스로가 종교적 분파를 나누고, 자신의 선호를 내세우고, 미신에 경도되어 사람들의 말의 자유를 빼앗는 폐해를 피할 수 있다고 본 것이다. 또한 인민의 입장에서는 그들 각자가 자신의 의견을 말할 자유를 가지고 있지만 "큰 규모의 비밀집회는 금지되어야 한다"고 못 박는다.8

이렇게 스피노자는 '보편종교'를 이야기하면서 국가와 정치의 법적 객관성을 온전히 인정한다. 동시에 종교적·정치적 자유를 최대한으

---

7 베네딕트 데 스피노자,『정치론』, 87.
8 같은 책, 214.

로 요청한 것은 철저히 그의 시대를 뛰어 넘는 "전복적"(顚覆的) 세계관과 형이상학(『윤리학』)에 근거해서이다. 이 세상(자연)과 신이 결코 나뉠 수 없고, 만물의 존재가 다양한 신적 양태의 표현이기 때문에 그 만물이 신적 '자연의 빛'을 담지하고 있다는 통찰이다.9 그는 우리의 "이성 자체뿐 아니라 예언자들과 사도들의 말도 다음과 같은 것을 명백하고 당당하게 선포"했다고 밝힌다. 그것이란 다름 아니라,10

"영원한 말씀과 신의 영원한 계약과 진실한 종교는 사람의 마음, 즉 신에게서 부여된 사람의 정신 안에 씌어졌다는 것, 그리고 그것이 신의 진실한 원문이라는 것이다. 신은 그의 신성함에 대한 관념으로 자신에 대한 생각을 봉인함으로써 이 사실을 드러냈다."

이러한 언술로 그는 당시 무신론자이고 유물론자이며 비도덕적이라고 심지어 같은 인과율을 말하는 데카르트주의자들에게까지 배척받았다. 하지만 21세기 오늘날은 진정으로 다시 "이 세계의 지평에 영원의 의미를 복원시켜준" 사상가로 평가받는다. 즉 '역사의 종말'을 이야기하거나 냉소적 존재론으로 실천으로부터의 이탈을 변명하는 나약한 포스트모더니스트들과는 달리 다중의 실천과 변화를 위해서 참으로 기여한 실천가라는 것이다11. 우리가 스피노자의 말로 많이 들어온 "내일 세상의 종말이 와도 나는 오늘 한 그루의 사과나무를 심겠다"라는 실천성의 고백은 바로 위의 언술대로 오늘과 여기와 자연에서 영원을 보았고 하늘을 감지했기 때문이다. 들뢰즈는 스피노자는 좁은 의

---

9 로저 스크러튼, 조현진 옮김, 『스피노자』(서울: 궁리, 2002).
10 베네딕트 데 스피노자, 『신학 - 정치론』, 67.
11 안토니오 네그리, 이기웅 옮김, 『전복적 스피노자』(서울: 그린비, 2005), 223 이하.

미의 희망을 말하지 않지만 모든 존재의 삶이 신적 기도 안에 있다는 큰 통찰의 기쁨과 믿음을 가졌으며, 그래서 겸손과 검소, 순수와 간소함 속에서 자신이 영원하다는 것은 느끼고 경험하며 그것을 단지 보여주려고 하였을 뿐이라고 서술한다. 그렇게 그는 400여 년을 선취(先取)하여 종교에 관한 최고의 권위는 각 개인에게 속해 있는 것이고, 믿음은 오직 행위에 따라서만 평가해야 한다고 하면서 국가의 근본과 궁극적인 권위는 다중에게 있음을 분명히 했다. 그렇게 함으로써 그는 종교와 정치, 두 분야에서 모두 혁명가가 되었다.

이러한 스피노자의 사고는 유교『중용』25장의 '誠은 스스로 이루고, 道는 스스로 찾아간다(誠者自成也, 而道者自道也)의 가르침과 잘 연결될 수 있다. 또한 理와 氣라고 하는 나름의 존재 생명(conatus, 性)에 대한 인식을 가지고 스피노자가 당시 정쟁에서 겪었다고 하는 '야만의 극치'(Ultimi barbarorum)보다 덜하지 않았을 조선조 사화 속에서 살다간 퇴계와 율곡 등, 그리고 특히 오늘날은 다석 유영모(多夕 柳永模, 1890-1981)와 잘 연관될 수 있음을 본다.

다석 유영모도 스피노자와 마찬가지로 쉽게 '믿음'을 이야기하지 않았다. 15세 때부터 교회를 다니기 시작했지만 그 후 쭉 믿음을 추구하여 38년 만인 52세가 되는 1942년에야 자신이 참으로 믿음에 들어갔다고 고백하며 그날을 자신의 중생일로 꼽았다. 그의 「부르신 지 38년 만에 믿음에 들어감」에 보면 "몸을 잊자! 낯을 벗자! 맘을 비우자 그리고 보내신 이의 뜻을 품자! 주를 따라 아버지의 말씀을 이루자!"고 고백한다. 이것은 하느님을 불교식으로 空이라고도 했고, 유교식으로 性이라고도 한 유영모가 오랜 시간에 걸친 믿음의 추구에서 참된 깨달음에 도달하게 되었음을 고백한 것이다.[12] 이러한 유영모의 신앙을 스피노자와 비교해보면, 스피노자가 당시 결코 계시를 부인하지 않았고, 성서의 권위가 예언자의 권위에 의존함을 밝혔으며, 다중을 위한 순종을 통한 구원을 말하였지만, 그럼에도 당시 교회가 쉽게 신앙과 믿음을 앞세워 자신들을 무오한 영적 권위로 내세우는 것을 비판하면서 미신과 반이성 대신에 보편종교의 참된 신앙을 밝힌 것과 유사하다고 하겠다. 우리가 알다시피 유영모는 모든 인간 속의 '얼나'와 '씨을'을 믿고서 누구나 그리스도가 되는 도상의 존재임을 드러냈다. 그래서 그의 기독론은 '부자유친'의 기독론이 되었으며, 예수가 큰 아들이라면 자신은 작은 아들이라는 의식을 가지고 살았다. 그에 따르면 우리 모두는 제 속에 그리스도를 가지고 있고, 그런 의미에서 모두가 '천자'(天子)인 것을 깨달아야 한다.[13]

"그러므로 밖에서 그리스도/부처/성인을 기다리는 것은 어리석은 짓이다. 제 속에 그리스도가 있고, 부처가 있고 성인이 있다. 그리스도나 부처나 성인이란 내 속에 영원한 생명인 것이다. … 제 속에 온 천명

---

12 지난 2008년 여름의 세계철학자대회에서 그의 제자 함석헌과 함께 현대 한국을 고유하게 대표하는 사상으로 더욱 주목을 받은 유영모는 온 생애에 걸쳐 진리를 추구하여 한국의 고유사상뿐 아니라 불교와 노장, 유교사상 등 동서고금의 종교철학사상을 두루 통합하여 독특한 경지에 오른 사상가로 평가받는다. 우리가 많이 알고 있는 '씨알'이라는 개념도 그의 사상에서 배태된 것이고, 일제강점기에 오산학교의 교장을 지내기도 했는데 그는 우리 한글을 뜻글자로 풀어서 그 안에 담긴 독특한 의미를 풀어내는 것으로도 유명하다. 하루의 세끼를 저녁 한 끼로 합하여 먹고, 항상 걸어 다녔으며, 반드시 무릎을 꿇고 앉았고, 자신의 일생을 하루씩 세면서 다석일지를 쓰는 등 그와 관련된 수행의 척도를 알려주는 많은 이야기가 있다. 요즈음에는 '다석학회', '씨알학회' 등도 구성되어서 그의 삶과 사상이 더욱 연구되고 있다. 남강 이승훈, 정인보, 최남선, 이광수, 문일평, 김교신 등과 교유하였고, 함석헌, 이현필, 류달영, 류승국, 박영호, 김흥호 같은 분들이 그를 따르며 가르침을 받았다. 박영호, 『진리의 사람 多夕 柳永模』(서울: 도서출판 두레, 2001) 등 참조.

13 류영모 역, 박영호 해석, 『마음길 밝히는 지혜』(서울: 성천문화재단, 1994), 105.

(天命)의 그리스도/부처/성인을 모르면 밖으로 오는 그리스도/부처/성인도 알아주지 못한다. 그러면 거짓에 속기만 한다."

유영모의 이러한 전복적인 기독론 이해는 그래서 그를 전통적인 교회나 성직제도 밖에 있게 했고, 자기 자신을 매일의 일상에서 제사물로 드린다는 의식하에 하루에 한 끼만 먹게 했으며, 항상 무릎 꿇고 앉고 걸어 다녔고, 52세 이후로 해혼의 삶을 살게 했다. 그의 잘 알려진 '오늘'(today)의 '오(oh)! 늘(always)'로의 해석은 바로 그야말로 '오늘'을 살면서 '영원'을 산 사람이라는 것을 잘 드러내준다. 스피노자가 이 세상과 자연이 그대로 하느님이라는 것을 통찰하고 『윤리학』과 『정치론』을 썼듯이 유영모도 오늘이 바로 영원이라는 깨달음 아래서 자신의 온 삶을 오직 실천에 바쳤다: "내게 실천력을 주는 이가 있다면 그가 곧 나의 구세주이시다."

스피노자도 유영모도 일면 비정치적인 삶을 산 것으로 보인다. 하지만 그들의 성서나 교회나 그리스도 이해는 어떤 정치가나 윤리가의 그것보다 더 근본적으로 사회와 정치를 개혁하고 민중들을 실천으로 이끄는 기폭제가 되고 있다. 그들에게는 세계의 모든 영역과 시간이 하느님의 영역과 시간이었으므로 비록 현실에서는 각자의 역할이 있고 영역이 있음을 강조했지만 그 둘이 서로 나뉘는 것이 아님을 분명히 했다. 스피노자는 자신의 생계를 위해서 안경알을 갈았고, 유영모는 농사를 지었으며 벌꿀을 쳤다. 유영모는 절대 다른 사람에게 사소한 심부름을 시키지 않았고, 자신의 재산을 팔아서 이현필의 동광원을 위해서 땅을 사주었다고 한다. 오늘 한국 사회에서 종교와 정치의 관계가 왜곡되어 있고, 모두가 모든 것을 가지려고 욕심을 부리고 있을 때, 그래서 그렇게 모든 것을 가진 소수의 사람들 이외의 다중은 점점 더 인간적인 삶에서 소외되고 있는 상황이므로 스피노자와 유영모와 같은 이가 더욱 의미 있게 다가온다.

III. '정치'와 '경제' 사이의 거리두기와 관계 조정하기

오늘 한국 사회에서 종교와 정치와의 관계만큼이나 건전치 못한 관계가 '정치'와 '경제' 사이의 관계이다. 종교적인 권위로 정치의 영역에서도 힘을 발휘하려는 그룹과 종교적인 권위를 가지고 정치적인 힘을 더욱 곤고히 하려는 일련의 한국 사회 기득권 그룹은 이제 당연히 경제의 영역에서도 힘을 갖고자 한다. 오늘날 많이 회자되는 신자유주의 시장경제 주창자들이 빠지기 쉬운 위험성인데 그들은 자신들이 이미 가지고 있는 종교적·정치적 힘을 동원해서 경제적 이익을 극대화하려고 하면서도, 즉 자신들은 이미 '보호'받고 있으면서도 경제활동을 위한 모두의 무제약적인 '자유'를 외치고, 시장의 '자기조정'을 강조하며, 그런 자유주의적 시스템만이 가장 효율적으로 부를 창출할 수 있다고 주창한다.

앞에서 언급한 칼 폴라니는 이렇게 경제적 부의 불평등과 불의가 지속될 수 없음을 "거대한 전환"(The great transformation)이라는 개념으로 밝혀주었다. 그는 유럽에서 중세봉건제 이후로 시장주의 경제가 발생하여 18세기와 19세기를 거치고, 20세기 파시즘과 공산주의를 겪으면서 양차 세계대전에 이르기까지 긴 시간을 정치경제사적으로 길게 탐색하였다. 그의 이 연구에 따르면 인류 경제의 비약적 발전은 사회의 근본적 해체를 대가로 얻은 것이다. 시장주의 경제란 그에 따르면 정치와 경제, 사회와 경제를 아주 인위적으로 나누어서 사회를 시장에 딸린 부산물로 보는 것이고, 전체 사회관계 안에 경제가 묻어 들어가는 것이 아니라 오히려 그 사회를 시장논리에 종속시키는 것이다14. 그러나 인간 삶의 본래적 모습이란 그것들이 서로 "묻어 들어 있는"(embedded) 것이며, 인간은 한결같이 '사회적 존재'라는 것이다. 그래서 개인에게 정작 결정적으로 중요한 일은 사회적 유대를 유지하는 일이다. 하지만 시장자본주의 역사는 인간을 철저히 '노동력'으로, 우리가 사는 자연을 '토지'로, 그리고 생산을 '상품화폐'의 생산으로 대치하면서 모든 것을 필요와 유용의 산물로 바꾸어버렸다고 지적한다. 폴라니는 19세기 '자기조정시장'(self-regulating market)이라는 이상이 어떻게 하나의 '이데올로기'이고 결코 실현될 수 없는 '유토피아적 허구'로서 인간 사회를 해체시켜 왔는지를 밝힌다. 그에 따르면 자기조정시장이란 19세기라는 독특한 문명과 연관되어 발흥한 것이다. 그것은 자유로운 노동시장, 자유무역, 금본위제라는 자기조정 통화메커니즘을 연결하면 생산성은 더욱 늘어나고 이것으로써 가난한 자도 포함해서 모두가 혜택을 본다는 이념인데, 그것이 결코 진실이 아니라는 것이다.

　폴라니는 사람들 마음속에 단순한 생계유지라는 동기는 사라지고 '이익추구'라는 동기가 그 자리를 차지하고, 모든 생산을 시장에서 판매할 목적으로 하는 활동으로 생각하면서 어떻게 지금까지 상상할 수도 없는 비참함이 일어났는지를 살핀다. 역사상의 여러 예—17세기 영국에서의 종획운동, 산업혁명 시기의 도시노동자의 비참함, 아프리카 노예선의 실상 등—를 들어서 잘 설파한다. 그에 따르면 "이 자기조정시장이라는 아이디어는 한 마디로 완전히 유토피아다. 그런 제도는

---

14 칼 폴라니, 같은 책, 241.

아주 잠시라도 존재할 수 없으며, 만에 하나 실현된 경우 인간과 자연이라는 내용물은 아예 씨를 말려버리게 되어 있다. 인간은 그야말로 신체적으로 파괴당할 것이며 삶의 환경은 황무지가 될 것이다".15 폴라니의 관찰에 따르면 "노동을 인간의 다른 활동으로부터 떼어내서 시장법칙에 종속시키면 인간들 사이의 모든 유기적 존재형태는 소멸되고 그 자리에는 대신 전혀 다른 형태의 조직, 즉 원자적 개인주의의 사회조직이 들어서게 된다." 폴라니는 그러한 시장경제라는 경제환원주의에 노출된 인간의 삶을 "사탄의 맷돌"에 노출된 것으로 그리는데, 그렇게 된다면 "무지막지한 상품허구의 경제체제가 몰고 올 결과를 어떤 사회도 단 한순간도 견뎌내지 못할 것이다"라고 예언한다.16

폴라니의 강술에 따르면, 21세기 오늘의 한국 사회에서도 신자유주의 시장경제의 이상이 더욱 찬미되면서 행해지는 일들—몇 가지 예를 들어보면 4대강 개발, 그린벨트 해체, 금융지주회사법, 종부세 감산 등—에 적용되는 시장만능주의는 사회 스스로도 그것을 지속적으로 감내해낼 수 없다. 그래서 사회는 스스로를 보호하기 위해 조치를 취하지 않을 수 없는데, 과거의 빈민구제법, 노동계급운동, 두 차례의 세계대전과 공산주의와 파시즘의 등장도 그에 따르면 사회가 스스로를 보호하기 위한 '전환'(Transformation)의 나타남들이다. 하지만 우리가 경험했듯이 파시즘이나 전쟁을 통한 전환은 엄청난 파괴와 비참을 수반한다. 그리하여 그는 인간 사회의 이성적인 전환을 촉구하고,

---

15 같은 책, 94.
16 여기서 "사탄의 맷돌"이란 영국 시인 윌리엄 브레이크의 시어인데, 19세기 초 산업혁명의 회오리 속에서 런던에서 어린이를 포함한 노동자들의 비참했던 현황뿐 아니라 나라 전체가 휩싸이게 된 시장경제의 공포를 표현하기 위해 브레이크가 쓴 개념이다. 같은 책, 164.

그 열쇠를 '사회'라는 실재의 발견에서 본다. 그에 따르면 인류가 "경제적 자유주의가 일종의 세속종교로 변질"된 상황을 넘어서 더욱더 공동체의 문제로 눈을 돌려야 한다는 것이다.

폴라니는 19세기 산업혁명 이후 인간의 사회를 '복합사회'(complex society)로 부른다. 그에 따르면 시장경제의 개인주의적 차원을 극복하고 '사회'로서의 인간 삶을 본격적으로 발견한 사람은 19세기의 로버트 오언이다. 오언은 인간에게 주어진 가능성에는 한계가 있지만, 그 한계를 결정하는 것은 시장법칙이 아니라 사회 스스로의 법칙이라는 것을 인식하는 과업을 맡았다고 지적한다. 20세기의 지독한 파시즘과 공산주의와 더불어 제2차 세계대전을 겪는 와중에 이 책을 출간한 폴라니는 산업혁명 후의 인류 기계문명 속에서도 "거대한 전환"이 아직 끝나지 않고 진행 중이라고 판단했다. 그러면서 그러한 "새로운 세계"로 나아가는 길목에서 "이러한 방향으로 나아가기 위해서는 불가피한 요소인 계획과 통제가 지금 자유의 부정이라는 이름으로 공격당하고 있다"고 오늘 한국 사회에서도 유사하게 많이 들리는 지적을 이미 해주었다17. 이 지적과 더불어 그는 이제 인간이 예전에 믿었던 모습의 '자유'가 종말을 고했음을 알아야 한다고 강조하는데, 대신에 "이제 인간은 자신의 모든 동료가 누릴 수 있도록 풍족한 자유를 창조해야 한다는 새로운 과제를 안게 되었다"고 역설한다. 이것이야말로 복합사회에서의 진정한 자유의 의미라는 것이다.

이상의 모든 이야기는 오늘날 세계 신자유주의 시장지상주의가 지구를 또 한 차례 휩쓸고 난 이후 그 의미가 더욱 드러난다. 폴라니의

---

17 같은 책, 598.

핵심 가르침은 신자유주의자들이 주장하는 것처럼 경제가 결코 '정치'나 '사회'의 체제 밖이나 위에 있어서는 안 되고 오히려 사회(정치)의 규제 아래 있어야 한다는 것이다. 그렇게 되도록 하기 위해서는 경제에서의 이익당사자들이 정치를 주무르거나, 정치담당자와 경제담당자의 경계가 쉽게 허물어져서는 안 된다는 것이다. 여기에 반해서 한국에서는 CEO 출신 대통령과 여당대표를 두고 있고, 또한 복합사회의 입과 귀인 언론마저도 경제 원리에 깊이 침식당하고 있는 모습을 보이고 있어서 많은 우려를 자아낸다.

2009년 5월 서거하신 노무현 전 대통령은 이 사실을 분명히 지적했다. 그는 경제 CEO나 정치지도자의 차이를 축구경기에서 선수와 관리자로 비유했다. 경제 CEO는 축구시합에서 그 자신이 어떻게든 골을 넣으려는 선수이지만, 정치지도자는 그 시합 자체가 잘 운영되고 공정하게 이루어지도록 관리하는 관리자의 역할을 해야 한다는 것이다. 노무현은 정치가에게는 경제 CEO에게서와는 달리 패배자를 챙겨가는 일이 무척 중요하다고 강변했다. 그는 "CEO에게 패배자라는 건 무의미한 것이지만 정치가에게는 패배자야말로 중요합니다. 정치가는 패배자들을 챙겨서 함께 데리고 앞으로 나아가야 하는 사람입니다"라고 두 역할의 차이와 정치의 본분이 어디에 있는지를 분명히 지적해 주었다.[18] 폴라니가 그렇게 강조한 것과 같이 정치는 '사회'와 관계하는(embedded) 일이며, 경제도 바로 그 '사회'를 세우기 위해 있는 일임을 밝힌 것이다.

물론 앞의 폴라니도 영국의 산업혁명 시기에 가난한 이들이 스스로 벌어들이는 수입과 무관하게 마치 '신이 내린 시장'(boondoggling)과

---

18 강민석 외, 『노무현 상식, 혹은 희망』(서울: 행복한책읽기, 2009), 69.

같이 국가에서 기본 소득을 영원히 보장해주는 '스핀햄랜드법'(Speen-hamland Law)이라는 구제법의 폐해를 지적했다. 그것은 어떻게 장기적으로 인간적이고 사회적인 자긍심과 존엄을 잃고 마치 우리 안에 갇힌 짐승처럼 구호대상 극빈노동자의 수준으로 침몰했는가를 그려주었다. 그에 따르면 그것은 노동시장이 없는 자본주의적 질서를 만들어보고자 했던 시도가 끔찍한 재난으로 귀결되는 실패를 보여준 것이다. 그래서 한편으로 시장주의 경제로 전환하는데 한 근간이 된 토지의 개조와 개량이 지속적으로 벌어지지 않았다면, 인간의 삶은 지금도 원시적 수준에 머물고 있었을 것이라고 지적했다[19]. 이러한 지적은 폴라니가 시장사회를 무조건 반대하고 매도한 것이 아니라는 사실을 보여준다. 그가 자연과 사회가 때에 따라서 거대한 '전환'(Transformation)을 불러오는 것을 보여주고, 경제체제를 사회의 우위에 두어서는 안 된다고 강조한 것은 시장 자체를 부정하기 위한 것이 아니었다. 오히려 인류 사회의 지속가능한 성장을 더 보편적으로 도모하기 위한 것이었다. 노무현도 그랬듯이 폴라니는 지속가능한 성장의 전개가 본성의 요구에 더 적합한 것이라고 보았다. 따라서 산업문명이 인류를 절멸시키지 않으려면 그것은 인간 본성적 요구에 종속되어야 한다고 강조했다. 그에 따르면 '파시즘'의 승리란 이러한 방향으로 나가기 위해서 필요한 계획과 규제, 통제를 자유주의 시장주의자들이 자유를 부정하는 것이라는 왜곡된 선전으로 철저히 막아버린 데서 오는 부정적 결론이다[20]. 노무현 전 대통령 이후 파시즘의 의혹을 자아내는 오늘의 한국 사회의 전개를 보면서 많은 것을 생각하게 하는 통찰이다.

---

19 칼 폴라니, 같은 책, 474.
20 같은 책, 599.

노무현이 추구하던 사회도 이런 사회가 아니었을까 생각한다. 그는 한편으로 인간의 '자유'라는 것을 근대 이후 삶의 가장 근본적인 가치로 보았지만 다른 한편 '사회의 실재'라는 현실도 간과하지 않아서 어떻게 한국 사회가 '지속가능한 성장'의 동력을 이어갈 수 있을까를 고민하였다. 그는 그것을 "사람이 사람 노릇하고 사는 사회"로 규정하였고, 그래서 "시장은 사람을 위한 시장"이어야 하고, "경쟁은 사람을 위한 경쟁"이어야 한다고 강조하였다.21 다른 이야기로 하면 그것은 "성숙한 민주주의, 진보적 민주주의, 통합의 민주주의"를 말한 것이다. 그러나 그는 우리 사회의 보수와 진보 양쪽 진영에서 세차게 비판받았다. 진보로부터도 한미 FTA, 비정규직법, 이라크 파병 등으로 너무 시장주의적이고 실용주의적이라고 비판받았고, 시장자유주의자들에게는 항상 좌파 색깔론으로 비난을 받았다. 하지만 그의 사후 한국 사회가 어떻게 '노무현 이후 시대'에 새로운 길을 모색해나가야 할까를 고민하는 한 연구자에 따르면, 우리 사회의 가장 큰 문제점은 그 진보와 보수 그룹 모두의 지적 바깥에 있다. 즉 우리 사회의 가장 큰 문제점은 노무현을 비판하던 진보그룹도 포함해서 이미 기득권을 가진 노블레스의 그룹, 즉 그 연구자에 따르면 정규직, 공공부문의 근로자들, 전문직들, 재벌 및 대기업, 사학재단, 부동산 부자 등 이들이 자신들의 하는 일과 기여에 비해 너무 많은 경제적 잉여를 가져가는 것이라고 한다.22 다시 말하면 우리 사회에서 고용안정과 민영화 반대, 신자유주의 반대 등이 진보의 대표상품이 되었지만, 오히려 문제점은 진보주의자들도 포함해서 기득권그룹이 자유롭고 공정한 경쟁에 적

---

21 노무현, 「저는 그냥 제가 할 도리를 다한 것입니다」, 제16대 대통령 비서실 짓고 엮음, 『노무현과 함께 만든 대한민국』(서울: 지식공작소, 2009), xi.
22 김대호, 『노무현 이후 새 시대 플랫폼은 무엇인가』(서울: 한걸음더, 2009), 56.

용되지 않고 너무 많은 특권과 사회적 부의 생산을 독점하고 있다는 것이다. 정치지도자와 경제 CEO의 역할을 분명히 구분하여 파악했던 노무현은 그러나 거기서 더 나아가서 정치란 궁극적으로 "가치를 추구하는 행위"임을 밝혀주었다. 그래서 이익을 추구하는 장이 정치를 지배하게 될 때 "가치의 위기"가 발생한다고 주창했다.[23] 노무현의 이러한 '이상주의'가 그 자신도 죽음으로까지 몰고 갔다고 비난받을 수도 있지만, 우리 시대를 위한 노무현의 정치적 유산이 바로 여기에 있지 않을까 생각한다. 위의 김대호는 "법과 제도를 먼저 바로 잡아 놓고" 분권화와 자율화를 실행했어야 했다고 말하지만 노무현은 그러한 방식이 자칫 파시즘의 독재를 불러올 수 있다는 것을 알아차렸다. 그래서 그런 방식보다는 정치의 영역에서도 '상식'과 '원칙', '보편'과 '합리', '대화와 타협'이 실현되기를 그렇게 원했다. 그리하여 지도자의 조건을 한마디로 "사람이 되어야 합니다"라고 말하고, 곧 이어서 "'사람이 되자'에 앞서서 바보가 됩시다"라고 제안했다. 즉 그는 정치가 한편으로 시장의 경쟁을 잘 정리하고 공정하게 운행되도록 조정하는 일이지만 그 일을 넘어서서 '가치'와 '세계관'과 '믿음'의 행위가 요청되는 일임을 보았고, 그의 지칠 줄 모르는 '상식'과 '원리', '보편'과 '공정', '합리'와 '사람이 사람 노릇하는 사회'에 대한 강조는 그래서 일종의 '보편종교'(religio catholic)의 모습으로 보였다.[24]

400여 년 전 스피노자가 종교전쟁과 기성종교의 타락, 정치적 분쟁의 소용돌이 속에서 인간을 이끌 새로운 종교로서 '보편종교'를 제안했다면 노무현의 정치철학이 그와 매우 상관된다고 할 수 있겠다. 칼

---

23 노무현, 같은 책, vii.
24 이은선, "사람의 아들 노무현, 부활하다", 『기독교 사상』 7월호(서울: 대한기독교서회, 2009), 43.

폴라니가 19세기 당시 무신론자로 낙인찍힌 로버트 오언의 '새로운 사회'(New Society) 운동을 다름 아닌 시장경제를 넘어서는 사회적 구성의 방법을 찾아내려는 운동으로 여기고 그것을 기독교시대를 넘어서는 '기독교 이후 시대'(postchristian)의 선구로 본 것 등이 모두 유사한 맥락에서 이해될 수 있다. 스피노자도 폴라니와 노무현도 한결같이 사람이 살아가는 삶이 '사회적 삶'("다중사회", "복합사회", "지역통합")이라는 사실을 깊이 인지했고 거기에 근거해서 종교도, 정치와 경제도 자리매김하기를 원했다. 그 사회적 실재가 피해갈 수 없는 인간적 현실이라면, 거기에는 정치적 과정을 통해서 통제가 행사될 수 있도록 보장하는 제도적 절차가 필요하다고 여겼기 때문이다. 더군다나 이들은 그 통제가 소수의 엘리트나 전문가나 특권계급에 의해서 이루어지는 것이 아니라 인간 누구나가 보편적 이성과 판단의 힘으로 스스로를 제한하면서 가능해질 수 있기를 희망했다. 그것이 가장 강력하고 인간적인 방식이며, '지속가능한 방식'이라고 생각했는데, 앞의 유영모의 언어로 하면, 우리 모두는 하늘과 자연의 '사람'이고(天命之謂性) '씨올'이기 때문이다.

스피노자는 종교(기독교)는 신에 대한 순종만이 아니라 이웃에 대한 보편적인 사랑과 보편적인 도덕적 가치로 이야기되어야 한다고 역설했다. 그러므로 올바른 방법으로 순종하고 평화를 원한다면 자신의 구체적 역사적 정황에서 '정치' 아래에 있어야 한다고 여겼다. 또한 오언이 전통 기독교 복음이 인간의 '개인화'를 열었지만 이제 인류는 산업사회와 더불어 그것을 넘어야 한다고 본 것 등이 모두 같은 맥락에서 한 이야기들이다. 그래서 폴라니도 인간이 예전에 믿었던 모습의 자유는 종말을 고했고, 자유주의 경제는 '자유'라는 우리의 이상을 그릇된 방향으로 오도했으므로 오늘 우리의 질문이 "자유라는 것의 의미 자체에 대한 질문에 닿아" 있다고 밝혔다.25 여기서 본 연구자는 한나 아렌트가 그녀의 "자유란 무엇인가?"(What is Freedom?)라는 탐색에서 자유란 결코 우리 내면의 "의지"(will)의 문제가 아니라 다원성을 특징으로 갖는 정치적 "행위"(acting)와 "실행함"(doing)의 문제라고 줄기차게 주창한 것을 예로 들고자 한다. 그녀에 따르면 자유란 원래 타자의 존재가 요청되는 공론영역이 아니고서는 드러나지 않는 것으로서 우리 각자의 개별적인 의지나 동기보다도 훨씬 더 '보편적'(universal)이고 밖으로부터 우리의 행동을 유발하는 "원리들"(principle, 理나 德)의 요청에 따라 행위할 수 있는 능력이다.26 하지만 서구 정신사가 진행될수록 그 자유를 철저히 인간 내면의 문제로 환원시켜버려서 '완전한 자유는 사회와 결코 병립할 수 없다'는 극단적 개인주의를 불러왔고, 정치적인 '주권'(sovereignty)과 '자유'의 완전한 일치를 주장하는 허구를 불러일으켰다고 그녀는 비판한다. 아렌트는 이렇게 자유의 본래적인 의미를 밝힘으로써 우리 삶이 본래적으로 개체나 개인이 아니라 사회와 더불어 삶이라는 것을 밝힌 것이다.

IV. '졸부'와 '불신'의 사회에서 교육과 문화

자신들이 변치 않는 최고의 진리를 가지고 있다고 생각하고, 그래서 그 진리로 다중의 삶을 다스리기 원하는 종교와 정치 합병의 보수 그룹들은 온갖 방식으로 경제적 이익도 독점하고, 이제 그 이룬 것을

---

25 칼 폴라니, 같은 책, 600.
26 Hannah Arendt, "What is Freedom?", *Between Post and Future* (NY: Penguine Books, 1968), 149.

영구히 하고자 문화적 독점을 기획한다. 출범 때부터 고소영 정부, 강부자 정부라는 지적을 받아온 이명박 정부하에서 이 전방위적 독점에 대한 우려가 높다. 이제 보수종교로 무장한 경제인이 국회의원도 되고 사학재단도 사들인다. 아니면 보수교회의 목회자가 다시 정치인이 되고자 하며, 문화사업도 벌이고, 언론과 교육도 다루고자 한다. 또는 '성공한' 종교인과 정치인, 경제인들은 자신의 자녀들이 최고의 교육을 받고 문화의 엘리트로 자라나기를 바란다. 자신들의 이름을 더 영속적으로 보존해줄 문화재단이나 교육재단을 소유하고 싶기 때문이다. 이상의 이야기들은 오늘 한국 사회에서 흔히 듣는 이야기들로 우리 사회의 종교·정치·경제 기득권 세력의 독점이 한계를 모르고 무한정으로 뻗어나가면서 생기는 것들이다.

일찍이 한나 아렌트는 근대 산업사회가 들어서면서 부의 축적과 더불어 등장한 부르주아 계급이 어떻게 19세기 제국주의 시대를 거치면서 '졸부'로서, '신흥부자'로서 하늘의 별이라도 딸 수 있으면 하는 바람으로 성공과 팽창을 향해 나아갔는지를 잘 보여주었다.[27] 그녀는 특히 유대인 사회가 어떤 과정을 거쳐서 당시 본격적으로 시작된 유럽 사회의 유대인 동화정책(assimilation)에 따라서 내면으로는 자신들을 선민이라고 여기고, 그러나 사회적 삶에서는 '부'와 '교양'과 '교육'을 수단으로 "예외적인 성공한 유대인"이 되어서 주류사회에 들어가려 했는지를 그려주었다. 그 모습이 오늘 우리 한국 사회에서도 해방 이후 '압축적 근대화'(compressed modernity)를 거치면서 많은 종교인과 정치인, 학자, 경제인, 문화인 들이 빠져 있는 의식과 다르지 않으며, 우리 사회에 나타나는 병리현상들이 이 졸부에의 추구와 거기서의 좌

---

27 한나 아렌트, 이진우·박미애 옮김, 『전체주의의 기원 1』(파주: 한길사, 2006), 268.

절이 가져다주는 폭력과 비참과 다르지 않다고 인식한다.[28] 아렌트에 따르면 당시 부르주아 사회의 성공신화에 사로잡힌 사람들의 의식은 전형적인 "졸부"(parvenu)의 그것이었다. 그 의식은 "팽창이 전부"이고, 팽창이 목적 자체가 되어서 "자신의 경제적 목적을 위해 국가와 공권력을 이용하고", 부의 무제한적 축적에 대한 희망으로 "목표도 없이 권력을 끝없이 축적하는" 제국주의 시대의 의식이다. 이 졸부그룹의 특성을 아렌트는 『라헬 파른하겐 – 한 유대인 여성의 삶』이라는 저서와 나중에 홀로코스트와 세계대전을 겪고 쓴 『전체주의의 기원』에서 잘 추적해주었다.

『라헬 파른하겐』은 한나 아렌트 20대의 저서이다. 그녀는 여기서 18세기 말에서 19세기 전반부, 유럽 계몽주의와 낭만주의 시대의 격변기를 살다 간 한 유대인 여성이 어떻게 자신의 유대인성으로부터 나와서 한 보편적 유럽인이 되고자 했으며, 어떻게 자신의 과거와 현재로부터 도망쳐서 이상의 미래로 가기 위해 몸부림쳤는지를 보여준다. 그러면서 과거와 미래 사이에서 갈등하고 소외되는 현재인, 개인으로서의 해방과 집단으로서의 사회와 정치가 어떻게 관계되는지, 각자가 철저히 노력하여 재산(wealth)이나 문화(교육)로 신분상승을 하지만 어떻게 자신의 인간성을 잃고 가식과 거짓과 무인간성의 졸부 인간으

---

28 사회학자 장경섭은 오늘날 한국 사회가 당면한 많은 문제점들을 "압축적 근대성"의 개념으로 해석하고 있다. 그것은 해방 이후 한국의 근대화는 서구가 200~300년에 걸쳐 이룩한 근대화를 가족적 삶을 기초로 해서 단 몇 십년 만에 응축적으로 이루어내면서 시공간적으로 매우 이질적인 요소들이 공존하면서 매우 복합적인 성격의 문화를 형성한 것을 말한다. 본 연구자는 이 과정에서 한국 사회가 보여준 '성공'과 '출세'의 추구와 '졸부' 의식이 매우 밀접한 상관관계가 있다고 여기며, 또한 이것이 서구 제국주의 시대의 동화 유대인의 그것과 많이 유사한 것을 본다. 장경섭, 『가족 · 생애 · 정치경제 – 압축적 근대성의 미시적 기초』(파주: 창비, 2009).

로 변해가는지를 보여주었다. 아렌트에 따르면 라헬처럼 태어나면서부터가 아니라 그들의 피나는 노력으로 높은 위치에 도달한 사람들은 독특한 문화적·인격적 아우라를 가지고 있다[29]. 그것은 오랜 기간 게토 속에서 소외되고 억압받아온 사람들이 그 상황을 헤쳐 나오면서 갖게 된 개인적·사회적 경험과 관련이 깊다. 우선 이들은 자기 자신을 잘 드러내지 않는다. 그러면서도 자신에 대한 과대한 평가나 주장을 가지고 있는 그들은 "청중과 인정을 향한 갈구"와 "남의 추인"에 매우 민감하지만 정치적 권리나 시민적 권리에 대해서는 무관심하고 어떻게든 개인적으로만 성공하려 한다. 라헬(1771-1833)은 18세기 말 당시 베를린에서 훔볼트 형제, 슐레겔, 겐츠, 슐라이에르마허, 프러시아의 페르디난드 왕자와 그 정부, 파울린 비젤, 문헌학자 볼프, 브렌타노 등 젊고 전도양양한 낭만주의 지성인들의 살롱을 이끌었다. 그런 그녀도 포함해서 당시 유대인들은 자신들의 유대인성을 개인의 문제로 여겼다. 그것을 자기 개인의 약점과 "창피함"(shame)으로 여겼기 때문에 어떻게 해서든지 개인적으로 거기서 벗어나고자 했다고 아렌트는 지적한다. 그래서 그들은 "유대인이고자 하면서도 동시에 유대인이 아니고자" 노력했으며, 각자 "비록 유대인이지만 유대인이 아니라는 것을 증명해야만" 했다. "거리에서는 일반인이고 집에서는 유대인"이라는 가혹한 현실을 살면서 유럽 주류사회로의 진출을 위한 확실한 "허가증"을 얻으려 모두가 개인적으로 "예외적인 유대인"이 되고자 했으므로 유대인 문제가 "교육과 교양의 문제"로 간주되도록 했고, 그것이 "교육적 속물주의"(educational philistinism)로 나타났다고 아렌트

---

29 Hannah Arendt, *Rahel Varnhagen – The Life of a Jewish Woman* (NY: A Harvest/HBJ Book, 1974), 199 이하. 한나 아렌트, 김희정 옮김, 『라헬 파른하겐 – 어느 유대인 여성의 삶』(서울: 텍스트, 2013).

는 관찰한다[30].

유럽 계몽주의가 싹트면서 일어난 거센 동화(assimilation)의 물결 앞에서 유대인들은 주로 "부와 문화(교육)"의 습득을 통해서 "개인적으로" 지긋지긋한 게토에서 벗어나고자 했다. 아렌트에 따르면 19세기 유럽 사회에서 유대인들이 취할 수밖에 없었던 세 가지 상황은, 첫 번째 언젠가는 떠돌이 하층민으로서 사회 밖에 존재하든지(pariah), 아니면 벼락부자가 되든지(parvenu), 또는 세 번째로 자신의 출생을 숨기기보다는 "자기 출생의 비밀로 민족의 비밀을 팔아 넘겨야" 하는 파괴적인 상황에 처하는 길이었다.[31] 이러한 딜레마 상황에서 라헬의 살롱은 "공적인 사회 바깥에 다른 사회적 삶을 정착시키려는 독특한 시도"였지만 실패하였고, 그 이래로 "떠돌이 하층민이나 벼락부자의 길은 극단적 고독의 길이었으며, 순응주의의 길은 끝없는 후회의 길"이 되었다. 당시 유대인들은 벼락부자가 되지 못했다는 하층민의 회환과 민족을 배반하고 평등권을 개인의 특권과 교환했다는 벼락부자의 양심의 가책을 동시에 느꼈다고 한다. 이러한 감정은 근대 자본주의 시대 이후 한국의 민중과 대중들, 일제강점기에서의 친일 앞잡이들이나 오늘날의 미국 이민사회에서의 성공한 코리안아메리칸들, 아니면 현재 한국 사회에서 어떻게든 재산이나 자식들의 교육을 통해서 성공하고 상승하려는 보통의 한국인들과 또한 모든 면에서 서구(미국)를 바라보면서 그들과 똑같이 되려는 한국의 경제적·문화적 엘리트들의 그것과도 매우 흡사함을 알 수 있다.[32]

---

30 한나 아렌트, 『전체주의의 기원 1』, 170.
31 같은 책, 180.
32 한국 사회에서 〈박쥐〉라는 영화가 만들어졌다는 것은 매우 시사적이다. 우리 사회의 졸부들도 박쥐처럼 자신을 햇볕에 잘 드러내려 하지 않고 대신 밤에는 낮의 빛에 드러내

아렌트에 따르면 이렇게 하나의 "심리적인 자질"이 되었고, 당시 유대인 개개인에게 "복잡한 인격성의 문제"가 된 이 특성이란 그러나 결코 민족성과는 상관이 없다. 오히려 그것은 모든 민족과 계급에게 그들의 인간적 명예가 훼손당했을 경우에 나타나는 "벼락부자의 특징"이며 "버림받은 하층민"의 특징이다. 한편으로는 "인간다움, 친절, 편견으로부터의 자유, 불의에 대한 예민한 감수성"을 말할 수 있지만, 다른 한편으로는 "벼락부자가 목표를 달성하려면 반드시 획득해야 하는 자질, 즉 비인간적이고 탐욕스러우며 오만하고 비굴한 노예근성에다 어떤 일이 있어도 앞으로 밀고 나가겠다는 단호한 결심"이 이들의 특징이라고 한다[33]. 오늘 우리 사회에서도 많이 만날 수 있는 특성들이다. "낯설고 흥미로운 존재가 되라"는 주류사회의 요구는 원래 배우나 연주가, 즉 "사회가 반쯤 부정하면서 반쯤은 칭송했던 사람들의 특성"이다. "자신이 유대인임을 자랑하면서 동시에 부끄러워했던 동화된 유대인들"은 분명 이 범주에 속하는 사람들이었고, 오늘 세계화 시대에 세계의 주류국가로 발돋움하려는 한국 사회에서 탤런트나 연예인이 가장 선호되는 직업이라는 것과 교육에 모든 것을 쏟아 부으면서 "보통사람들"과는 다르게 되기 위해서 "비극적인 노력"을 하는 사람들이 주변에 많다는 것은 모두 같은 맥락에서 이해될 수 있다. 아렌트에 따르면 여기서 이들 개인의 사적인 삶은 신중한 숙고에 의해서 인도되기보다는 "예측할 수 없는 정열의 법칙"에 의해서 휘둘리고, 거기다가 공적으로 아직 해결되지 못한 문제들이 가하는 무거운 짐으로 잔뜩 채워져서 이들의 사생활은 "비인간적일 정도로까지 훼손된다". 최근 한

기 어려운 반생명적 일들을 하며 살아간다. 영화 〈박쥐〉는 오늘날 한국 사회에서의 종교와 가족주의, 性과 모성, 욕망의 문제 등을 매우 복합적으로 보여주는 것 같다.
33 한나 아렌트, 『전체주의의 기원 1』, 179-180.

국 사회에서 잇따라 일어났던 탤런트들의 자살도 이러한 맥락에서 이해할 수 있다.

그런데 아렌트는 바로 여기에서 유대인 사회의 실패를 본다. 그녀의 통찰에 따르면, 유대인이 정치적·사회적 추방자이기를 감추는 곳에서는 어디서나 그들은 '사회적 하층민'(pariah)이 되었다. 그래서 "유대 민족사에서 가장 불행한 사실 가운데 하나는, 유대인의 친구가 아니라 적들만이 유대인 문제가 '정치적 문제'라는 점을 이해하고 있었다는 것"이라고 지적한다.34 아렌트의 관찰에 따르면 바로 여기에 "정치적 반유대주의"가 아니라 "사회적 차별"로서의 '유대인성', "'유대인이라는 것'(The Jew)의 유령"이 발견되는 근거가 있으며, 유대인 사회가 그들의 사회적 안정을 얻기 위해 "마술 지팡이"라고 생각한 "교육에 대한 그들의 강한 갈증"이 자리하고 있다. 즉 그들의 '교육속물주의'를 말하는 것이다. 아렌트의 판단에 따르면 이러한 정치적인 무자각과 개인주의로 당시의 유럽 사회에서 유대인 사회가 하나의 정치권으로 자라지 못했으며 그 때문에 그 후에 벌어지는 드레퓌스 사건을 포함해서 나치 독일의 상황에서 그렇게 엄청난 희생을 치르게 되었다고 한다.

아렌트는 『전체주의의 기원』 2부 「제국주의」를 영국 제국주의의 화신 세실 로즈(Cecil J. Rhodes, 1853-1902)의 말, "할 수만 있다면 저 별들을 훔쳤으면 좋으련만"(I would annex the planets if I could)을

---

34 같은 책, 165: 아렌트의 이러한 지적은 한국의 현대사뿐 아니라 오늘의 세계화 시대에 '무국적자' 내지는 '정치적 망명자'의 삶에서도 그대로 적용된다. 지난 박정희 정권하에서 유럽에서 정치적 망명의 삶을 살았던 홍세화 씨나 공광덕 씨의 아내 조병옥 씨의 책을 보면 자신의 나라에서 추방된 국외자가 그 정치적 자각과 의식을 놓아버리면 그곳에서 어떻게 한 사람의 사회적 하층민으로 전락할 수 있는지를 잘 보여준다. 오늘 한국 사회에도 미얀마 등지에서 여러 가지 정치적 이유로 망명해온 사람들이 있는데 그들에게도 똑같이 적용되는 것을 본다. 조병옥, 『라인 강변에 꽃상여 가네』(서울: 한울, 2006).

인용하면서 연다. 이렇게 지구 땅의 정복을 넘어서 우주의 별이라도 따고자 하는 제국주의의 팽창과 자본주의야말로 바로 그보다 300여 년 전 토마스 홉스가 『리바이던』(Leviathan, 1651)의 세계로 그리던 "만인의 만인에 대한 영원한 전쟁"의 이념을 실천한 것이라고 한다. 그런 의미에서 홉스는 "진정한 부르주의 계급의 철학자"였다고 해석한다. 아렌트에 따르면 이러한 부르주아를 탄생시킨 자본의 축적은 재산과 부의 개념을 변화시켰다. 즉 재산과 부는 더 이상 축적과 획득의 결과가 아니라 시작이었고, 부는 영원히 끝나지 않는 더욱더 부자가 되는 과정이 되었다. 아렌트는 이 전체주의적 제국주의가 1880년대 아프리카 쟁탈전으로 들어섰을 때 사업가와 정권뿐만이 아니라 "놀랍게도 광범위한 교육계층이 이를 환영했다"고 지적한다. 그때나 지금이나 교육은 쉽게 공리주의의 한 수단이 되어서 팽창과 부 축적의 도구로 전락하는 것을 말해주는 것이다. 당시에도 교육적 속물주의는 사람들을 경쟁에서 "예외로 존재한다는 것을 자랑스러워할 수 있는 개인으로 뛰어나도록" 부추겼고, 모든 사람으로 하여금 "힘센 마법사"가 되어서 자신을 예외 인간으로 만들라고 몰아쳤다. 오늘 한국 사회의 극심한 경쟁주의와 속물주의적 교육현장에서 적나라하게 겪듯이 이러한 사회에서 개인의 동료들과의 관계는 "사생활의 비교를 통한 경쟁의 형태"를 띠고, 누가 더 '기회'를 잘 잡느냐가 성공의 지름길이기 때문에 온통 삶은 그 기회의 확보를 위한 경쟁터가 된다. 오늘 한국의 대학교육이 철저히 취직 시험을 위한 개인의 스펙 쌓기로 전락해버린 것과 같은 모습은 그 대표적 사례라고 할 수 있다.

부의 무한정한 축적에 사로잡혀 있는 부르주아 졸부는 그 무한정한 축적을 도모하는 과정에서 남겨두는 것이 없다. 자기 주변의 모든 것을 자신의 성장과 팽창을 위한 도구와 수단, 필요물로 전락시키므로 그에 의해서 세계는 황폐해질 대로 황폐해지고, 마침내는 자신들의 방식이 "애초에 전 지구를 계산에 넣고 있었다"(from the beginning had been calculated for the whole earth)는 점을 인식하게 된다[35]. 그래서 이들 졸부의 또 다른 특성은 '지속적인 것'의 가치에 둔감하며, '정말로 그리워하는 것'이 없다는 것이다. 이들은 자신의 성공을 위해 모든 현재와 거기서 만나는 대상들을 자신들의 더 큰 성공을 위한 과정물로 보기 때문에 그 대상들과 깊게 관계하지 못하고, 그래서 무엇을 보존해야 하는지, 무엇이 우리의 필요와 요구에 상관없이 그 자체로서 고유의 권리를 가지는지를 분간하지 못한다. 즉 이들의 철저한 '세계 없음'과 "세계 소외"를 말하는 것이다.[36] 여기서는 '지속적이고'(im-mortal), '영속적인'(eternal) 것에 대한 관심이 사라지기 때문에 세계와 관계하는 문화도 단지 소유나 소비의 일이 되어서 '명품'이 아니면 '오락'의 수준으로 전락한다.[37] 아이들과 청소년들은 더 이상 자신들의 '어린 시절'이나 청소년 시절을 즐길 수 없고 대신 일찍부터 경쟁적인 배움의 현장에로 내몰린다. 또한 '노년'의 안정도 기대하기 어려우며, 나아가서 산도 강도 갯벌도 녹지도 사라진다. 우정이나 동료의식은 헛된 꿈이고, 상식과 보편은 기대할 수도 없는 옛 이야기가 된다. 이명박 정부는 한국에서 3불 정책을 비판하는 신자유주의 교육정책가들에게 종종 듣는 이야기대로 여기서의 인간의 평등은 "능력의 평등"으로 해석되므로 개인과 사회와 국가공동체는 "이익에 가장 이바지하는" 것 외에는 다른 행동법칙을 따르지 않으며, 그래서 서서히 약자, 약한 국가를 멸망시켜 "모든 사람에게 승리, 아니면 죽음을 제공하는" 최후의

---

35 한나 아렌트, 『전체주의의 기원 1』, 304.
36 한나 아렌트, 이진우 · 태정호 역, 『인간의 조건』(서울: 한길사, 2001), 54.
37 한나 아렌트, 서유경 옮김, 『과거와 미래 사이』(서울: 푸른숲, 2005), 266 이하.

전쟁에 이르게 된다. 인간을 철저히 돈과 권력 축적의 부품으로 강등시키고, 이 기계는 자신의 작동을 계속하기 위해서는 무한한 과정으로 재료들을 삼켜야 하는데, 만약 "혹성을 합병하는" 길로 나아가지 않는다면 권력생산의 무한한 과정을 다시 시작하기 위해서 결국 스스로를 파괴하는 길로 향할 수밖에 없다는 것이 아렌트의 전체주의에 대한 메시지이다.

하지만 아렌트는 이러한 부르주아 계급의 무한정한 자본축적 방식이 끝없이 작동될 수 없음을 밝히는 가장 강력한 지시를 바로 인간 누구나의 사실적인 종말인 '죽음'에서 보았다. 팽창의 가도에서 부르주아 제국주의 문화가 두려워하며 보기 시작한 것은 '사멸성'이라는 "인간의 조건"(the human condition)과 "지구의 한계"이며, 이 멈출 수 없고 안정을 이룰 수 없는 과정이 오직 파괴를 통해서만 가라앉을 수 있음을 감지한 것이 세기말의 허무주의와 권력의 철학(니체)이라고 그녀는 지적한다. "소비하지 않고 소유물을 확대하려고만 하는 재산 임자는 불편한 한계, 즉 인간은 죽어야만 하는 불행한 사실을 발견하게 된다." "지구의 한계가 정치체제의 근거인 팽창에 도전하는 것처럼 개인적 삶의 유한성은 사회의 토대인 재산에 심각한 도전장"을 던진다. 그러므로 결코 우리 삶에서 재산과 획득을 우리의 "정치원칙"으로 삼을 수 없다는 것이 그녀의 촉구이다38.

오늘 한국 사회도 끝없는 불신과 불안, 경쟁에 사로잡혀서 생명의 마지막까지도 재산의 축적과 경쟁에 쏟아 부으면서 올인하고 있다. 이런 상황에서 '보험금을 타서 강남에 살고 싶어서'라며 자신의 엄마와 누나를 방화 살인토록 한 17세 청소년을 한국 사회가 낳았고, 고려대

---

38 한나 아렌트, 『전체주의의 기원 1』, 299.

를 떠나며 김예슬 양이 남긴 선언은 오늘 한국 교육, 대학교육이 어디에 자리하고 있는가를 극명하게 보여주었다. 한 언론인은 이러한 사건들 자체보다 더 끔찍하고 충격적인 일은 이 충격적인 사건들에 대해서 한국 사회가 놀라는 기색을 보이지 않는 것이라고 하였다. "심각하다는 말로도 부족한, 끔찍한 사회병리 앞에서 교육계도 종교계도 언론계도 꿈적하지 않는다. 토론도 없고 모색도 없고 그에 따른 실천도 없다. 엽기적인 일에 놀라지 않는 것보다 더 엽기적인 일이 없는" 상황이 오늘 한국 사회의 상황이라는 것이다.[39]

V. 마무리하며: '오늘'을 살면서 '영원'을 살기와 우리 교육

아렌트도 전망했듯이 그러나 삶은 여기서 끝나지 않는다. 그녀는 '사멸성'이라고 하는 인간의 조건과 더불어 또 다른 부인할 수 없는 "탄생성"(natality)의 조건을 들어서 이 모든 파괴와 불신과 비참을 넘어서는 삶의 또 다른 지평을 지시해주었다. "한 아기가 우리에게 태어났도다"(A child has been born unto us)라는 선포는 마치 신약성서 예수의 탄생이 그러했듯이 모든 아이의 탄생이 각각의 고유한 방식으로 그 시대와 공간에서 그때까지 세상이 전혀 예견할 수 없었던 방식으로 삶에 "새로움"을 가져오는 것을 말한다. 그래서 이제 우리의 관건은 우리 '세계사랑'(Amour Mundi)의 방식으로 어떻게 이 아이가 가지고 온 새로움을 잘 보듬고 키워내서 세상의 또 다른 구원자와 치유자가 되도록 하는 일이라는 것을 지시한다. 즉 우리의, 우리 인간 사회의 교육적 배

---

39 홍세화 칼럼, 「우리는 모두 '루저'」, 〈한겨레〉, 2009. 11. 26.

려와 책임을 말하는 것이다.

"새로 시작하는 힘"과 "용서하는 힘", "약속하는 힘"을 인간의 가장 고유한 행위능력으로 보면서 이 새로 시작하고, 용서하고, 약속하는 일로써 우리 삶을 다시 시작할 수 있으며, 그래서 이제 매 순간 우리의 사는 방식은 '오늘'을 살면서 여기 이곳에서 '영원'을 사는 방식(action) 이어야 함을 밝힌다.40 앞에서 우리가 17세기 서구에서 종교와 교육의 관계를 밝혀준 스피노자와 비교한 유영모는 오늘 속에서 영원을 살 수 있는 힘을 인간 속의 '얼'과 '씨알'로 보았다. 그는 어느 날 자신의 일기에 스위스의 교육학자 페스탈로치의 「은자의 황혼」을 읽고 그의 탄생과 죽음날을 기념하면서(1956. 5. 12), 그 사상의 핵심을 나름대로 정리하며 되새겼다.41 그리고 하느님을 인간의 바탈에서 찾는 자신의 생각과 서구 민중교육의 선구자 페스탈로치가 인간의 자연 속에서 "신적 불꽃"을 파악한 믿음이 같은 것이라고 여겼다. 페스탈로치의 사상을 한 마디로 정리하면 인간은 "자신이 해야 하는 것(soll)을 자신이 원하는 것(will)으로 만들 수 있는 능력이 있다"는 것이다. 또한 이 인간 속의 내적인 힘을 인간 공동 삶을 위한 "근본힘"(Grundkraft)으로

---

40 아렌트는 그녀의 저서 『인간의 조건』에서 인간의 활동을 '노동'(labor)과 '작업'(work) 그리고 '행위'(action)의 세 가지로 구분하였는데, 특히 작업과 행위를 '불멸성'(immortality)과 '영원성'(eternity)의 개념으로 구별하고 장인들이나 예술가들처럼 항상 자신을 넘어 살아남을 어떤 불멸적인 남기려는 작업에 비해서 정치의 일이란 바로 그 순간, 그 상황에서의 위대한 결정과 결단으로 '행위'(action)하는 일임을 밝히면서 그것을 오늘과 현재와 순간에서 영원을 사는 가장 위대한 인간적인 일로 파악했다.

41 유영모 선생님이 페스탈로치를 알고 읽었다는 사실을 최근에 알게 되었다. 감신대의 이정배 교수가 다석학회에서의 공부모임을 위한 준비과정에서 발견하고 알려주어서 매우 흥미를 느꼈고, 평소 본인의 생각을 확인할 수 있어서 더욱 좋았다. 앞으로 이 둘의 만남을 더욱 전개시킬 수 있기를 희망한다. 김흥호, 『다석일지공부 2권』(서울: 솔출판사, 2001); 이정배, 『없이 계신 하느님, 덜함는 인간 – 多夕신학의 얼과 틀 그리고 쓰임』(서울: 도서출판 모시는사람들, 2009).

키우려는 것이 그의 모든 정치적, 교육적 노력이었다면 동서의 두 사상가 속에서 지금까지 살펴본 종교와 교육, 교육과 정치, 정치와 교육 등의 관계맺음이 다시 잘 실현됨을 본다.[42]

인간이 자아와 자신의 감옥으로부터 나와서 '가장 자연스럽게', '가장 안정적으로' 세계와 타자를 발견하고 우리 공동 삶의 선한 동료가 되어서 살아갈 수 있는 길이 어디에 있는가? 내가 기억할 수 없는 시간부터 나를 무조건적으로 사랑하고 키워준 부모님, 나의 그리운 고향이 된 집과 동네, 강과 자연, 거기서 어린 시절을 보내면서 자연스럽게 얻은 감사와 은혜와 순종과 기쁨의 인간적인 덕목들, 아렌트도 이렇게 모든 인간에게 자연스럽게 보편적인 진리가 되는 덕목들이야말로 위기에 놓여 있는 세계를 구하고 세계를 보존할 수 있는 가장 자연스러운 길이라고 '문화의 위기'에 대한 성찰에서 밝힌다.[43] 우리 삶에서 가장 마지막으로 남는 것은 '언어'(language)라고 했다. 그러나 오늘 한국 사회에서는 자신의 모국어조차도 남겨두지 않고 이른 유아기부터 외국어 교육으로 아이들을 몰아세우고 있고, 그래서 아이들은 앞으로는 모국어조차도 나중에 다시 '교육'을 통해서 배워야 하는 일이 생기게 되었다. 한국의 문화와 교육이 어느 정도까지 경제주의적 전체주의와 교육 속물주의에 빠져 있는가를 잘 드러내주는 일이다.

오늘 우리 사회에서 여러 모양의 전체주의적 광란이 기승하는 때에 자신의 게토에 머물러서 그곳만은 안전하리라고 생각하며 생각 없이

---

42 이은선, "뜨거운 영혼의 사상가, 페스탈로치", 『한국 교육철학의 새 지평』(인천: 내일을 여는책, 2009), 220.

43 여기서 특히 이 논문을 쓴 이후 본격화된 4대강 사업과 관련한 전체주의의 혹독함을 언급하고자 한다. 나라 전체의 산하가 그렇게 빠른 시간 안에, 그렇게 광범히 하게 훼손되는 것을 보면서 할 말을 잊게 된다. 어떻게 다시 그 자연스러움과 그 강들과 더불어 수많은 세월을 두고 함께 살아왔을 생명들을 살려낼 수 있을지 너무 안타깝고 슬프다.

살아가고 있는 졸부들, 그러나 그렇게 연대하지 않고 혼자서 모든 것을 가지고 주변과 사회를 배려하지 않을 때 결국 그 개인이 맞이하는 현실도 비참하다는 것을 지금까지의 긴 탐색은 분명히 가르쳐주었다. 오늘 우리 사회에서 이러한 왜곡의 주범은 종교와 정치와 학교의 언저리에 진을 치고 있다. 그들은 자신들의 사적인 이익과 부의 안정을 위해서 종교를 독점하고 정치와 경제를 자신들의 손 안에 넣고서 교육과 문화를 점점 더 사적 이익 추구의 수단으로 전락시키고 있다. 이러한 우리 시대 한국 사회의 전체주의적 졸부의식과 욕심으로 아이들을 포함해서 너무나 많은 사람들이 신음하고 있는데, 우리의 침묵과 행위 없음과 이기심을 과연 어떻게 할 것인가?

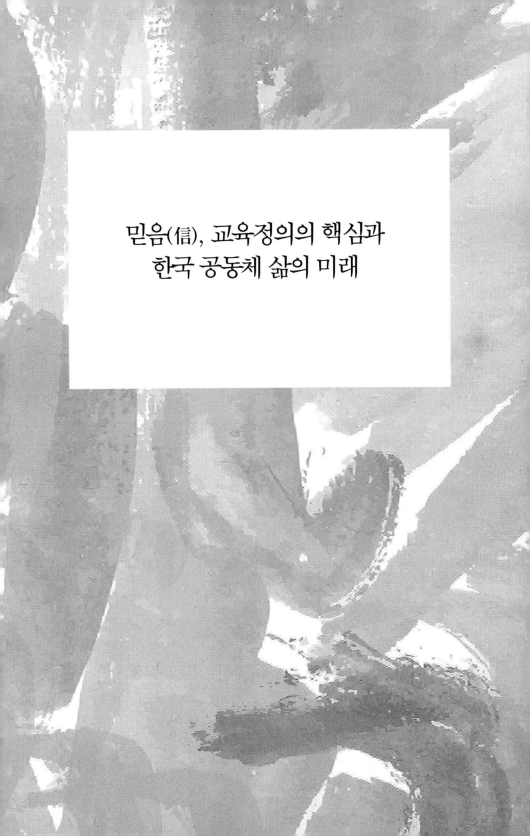

믿음(信), 교육정의의 핵심과
한국 공동체 삶의 미래

I. 시작하는 말

2014년 4월 진도 앞바다에서 벌어진 세월호 참사 이후 한국 사회는 더 깊은 우울과 출구 없음의 절망에 빠져들고 있는 것 같다. 한국 사회에 대해서 이제 누구나가 이야기하는 OECD 국가 중 자살률 최고(인구 10만 명당 30여 명), 노인자살률과 빈곤률 최고, 그리고 20-30대 세대의 연애, 결혼, 출산의 '삼포'(세 가지 포기)는 오늘 한국 공동체 삶의 모순과 불의가 얼마나 깊고 심각한지 잘 웅변해준다.

이러한 가운데서 모두가 뼈저리게 겪고 있듯이 오늘 우리 사회에서 교육은 거의 제일의 '민생문제'가 되었다. 박근혜 정부 들어서 연간 사교육비 총액이 30조원을 넘는다는 추산이 나온 시점에서 지금 어느 가정, 어느 개인도 이 교육적 민생문제에서 자유롭지 못하다. 얼마 전 한 초등학생이 쓴 '학원가기 싫은 날'이라는 동시가 사회적 논란을 불러 일으켰다. 학원 가기 싫은 자신을 억지로 강제하여 보내는 엄마에게 잔인하게 복수하고 싶다는 심정을 토로한 이 시의 출판과 관련해서 논란이 뜨거웠다. 하지만 필자는 여기서 문제의 핵심은 출판과 관련한 찬반의 논의를 넘어서 바로 우리 사회가 그런 내용의 '동시'(어린이 시)를 배출했다는 사실에 있다고 여긴다. 그 시는 적나라하게 오늘 한국 교육이 이제 단순히 민생의 차원도 넘어서 더 근본적으로 생명과 삶 자체의 지속가능성에 대한 물음으로 넘어간 것을 보여준다. 즉 모두가 오늘 교육문제로 인해서 죽을 것 같이 힘들다는 것이고, 실제로 특히 너무도 많은 차세대 청소년들이 교육문제로 목숨을 끊고 있다.

오늘 한국 사회에서 교육이 이렇게 사람들의 생명줄을 구체적으로 옥죄는 지경까지 가게 된 배경에는 근대 산업문명의 경제제일주의가 있고, 그중에서도 한국도 이제 뛰어난 첨병이 된 세계 신자유주의 경제원리의 무한 경쟁주의가 있다고 하겠다. 특별히 근대 산업문명은 인간의 지적 능력을 최대한으로 요청하고 강조하는 문명인데, 그 강한 주지주의적(intellectualism) 경향은 21세기 오늘에 와서 인류 삶에 커다란 문제를 야기하고 있다. 과도하게 지적 활동의 모습을 띠는 근대 문명은 인간을 철저히 낱낱의 개체적 존재로 이해해왔고, 그 가운데서 배태된 한국 교육의 무한 경쟁주의는 미래를 위한 보다 안정된 부와 물질을 핵심 목표로 삼게 되었다. 하지만 모두가 그렇게 교육을 통해서 안정된 미래를 꿈꾸면서 죽을 듯이 노력해왔지만, 거기서 그 목표가 잘 이루어졌고, 달성되고 있는가 하면 상황은 그렇지 않다는 것이다. 최근 발표된 한 교육연구에 따르면 한국의 교육은 오히려 점점 더 그 반대 현상을 불러일으키고 있다. 즉 예전에는 가난한 집의 자녀가 소위 명문대에 진학하면 듣던 '개천에서 용이 났다'는 말이 보편적으로 통용될 정도로 지금까지 한국 교육은 사회계층 간 이동을 용이하게 하는 통로였지만, 최근의 연구는 더 이상 그 일이 쉽지 않음을 보여준다. 세대 간 계층 이동성을 보여주는 지수에서 본인과 아들의 부자간 학력 상관계수가 다시 높아지고 있으며, 사회경제적 지위의 상관계수도 높게 평가되면서 본인의 할아버지로부터 손자인 아들까지 4대에 걸친 시기의 세대 간 계층 대물림이 본인에 이르기까지는 낮아졌다가 다음 세대에 다시 높아지는 U자형 추이를 보이고 있다고 한다.[1]

이것은 교육이 지금까지처럼 사회계층의 이동 사다리로 기능하기보다는 오히려 계층 대물림의 통로가 되고 있고, 과거에서와 같이 "위대한 균형추"(the great equalizer)로 역할을 하고 있지 못하다는 것을 반증한다. 즉 한국 사회에서 오늘날 '교육정의'가 한없이 손상되고 있다. 이제 젊은 세대들의 '노력'에 대한 믿음은 점점 더 희박해지고 있고, 교육을 받아도 좋은 학교를 나오지 않으면 좋은 일자리를 얻을 수 없으며, 좋은 학교에 가려면 부모의 경제력이 뒷받침되어야 하는 악순환이 증대하고 있다. 최근 모두가 말하는 비근한 예로 2천년대에 들어서 고교 평준화 정책이 급속도로 해체되는 가운데 사교육은 급증하면서 서울대 진학률에서 서울과 타지역 출신 학생의 격차가 벌어지고 있고, 서울 내에서도 소득수준이 높은 가구들로 많이 구성되어 있는 특목고 출신의 진학이 증가하고 있다는 것을 들 수 있다.

이러한 교육에서의 빈익빈 부익부 현상의 증가와 더불어 한국 사회 공동체 삶의 근간을 흔드는 더 근원적인 해악은 사람들 사이의 '신뢰'와 '관계'가 심하게 훼손되고 있다는 것이다. 핵가족으로까지 축소된 가족의 삶에서도 기승을 부리는 '자아중심주의'와 '개인주의'는 모든 사람을 하나의 섬으로 만들고 있다. '정의'(正義)라고 하는 것이 가장

---

1 김희삼, 「사회 이동성 복원을 위한 교육정책의 방향」, *KDI FOCUS*, 2015년 4월 29일(통권 제54호), 1-8.

기초적으로 이 세상에 '나' 이외의 '상대방'이 있으며, '이웃'이 있고, '다른' 사람이 있다는 것을 인정하고 거기에 합당한 의무와 도리를 행하는 것이라면, 오늘 한국 사회에서 이 당연한 관계의 도가 자연스럽게 이루어지는 것을 기대할 수 있는 곳과 관계가 어디에 남아 있는가라고 묻지 않을 수 없다. 사람들 사이의 '선한' 관계가 주된 관심인 '종교'를 살펴보아도 오늘 한국 종교는 사람들로 하여금 '생명'과 '사람'과 '이웃'을 무조건적으로 정의와 관계의 대상으로 보게 하는 데 실패했다. 오히려 종교 자체가 깊은 불의의 수렁으로 빠지고 있어서 사회의 걱정거리가 되고 있다. '법'의 경우에도 상황이 다르지 않다. 지난 이명박 정부 시절부터 가장 많이 외친 것이 법치였고, 법을 통해 사회질서와 사회정의를 세운다는 것이었지만 오늘 아무도 그 말이 진실되게 실행되었다고 여기는 사람이 없다. 대신에 한국 사회는 점점 더 법을 부리는 사람들의 횡포와 불의가 판을 치는 것을 보고, 법이라는 이름 아래서 저질러지는 악이 지금까지 한국 사회가 겪어보지 못한 수준에서, 그리고 이때까지 모두의 인간적 '상식'(common sense)이라고 여기며 살아왔던 보편의 의식까지 적나라하게 깨부수는 수준까지 도달했다.

그렇다면 '교육'이 오늘 현실사회의 그러함에도 불구하고 앞으로의 세대들을 정의의 감각으로 키우고 있고, 그런 의미에서 교육이야말로 사회정의의 믿을 만한 토대가 된다고 할 수 있겠는가 하면 그렇지 않다는 것이다. 이미 언급했듯이 오늘 한국 교육은 점점 더 심화되는 빈익빈 부익부의 현실 속에서 그 영역과 대상이 점점 더 확장되고 가중되는 사교육의 횡포 아래 깊이 신음하고 있다. 미래의 경제적 부와 안정만을 추구하는 교육속물주의가 판치고 있으며, 그러한 무한경쟁의 각축장에서 아이들과 청소년들과 가족공동체가 죽어가고 있다. 그 일로 인해 공동체에서 힘없는 노인 세대는 멀리 뒷전으로 밀려나서 그들에게 합당하게 돌아가야 하는 인간적 자부심이나 품위는 한갓 꿈이 되었다.

그렇다면 이러한 불의한 한국 사회의 현실에서 벗어날 수 있는 출구와 돌파구를 어디서, 어떻게 찾아볼 수 있을까? 오늘 종교와 정치와 법과 교육이 모두 그렇게 한없이 추락했고, 인간 공동체적 삶을 기초적으로 가능케 하는 '믿음'과 '신뢰'가 무너진 상황이라면 우리는 어디에서 다시 시작해야 하는 것일까? 그래도 그 인간의 기초력인 '믿음'과 '신뢰'의 능력을 다시 회복하도록 하는 일이야말로 가장 긴요한 일이 되는 것이 아닐까? 그렇다면 그 일을 어떻게 가능하게 할까? 오늘 현실적으로 참으로 심각한 민생문제가 되었고, 광범위하게 사람들을 죽을 것 같이 힘들게 하는 현실의 교육과 공부로부터 그 일을 위한 돌파구를 찾아낼 수 있을까? 지금은 사람들을 심각하게 종속시키고 노예화하는 오늘의 교육현실을 근본적으로 바꾸는 관건은 무엇일까? 이러한 물음들이 이번 성찰의 주요 물음들인데, 이것은 결국 우리 공동체의 정의 물음과 교육정의 물음의 핵심을 최종적으로 '믿음'(信)과 '인간성' 회복의 문제로 보는 것이고, 교육의 문제를 그 제도나 체제 등의 외부적 관건에 대한 문제라기보다는 우선적으로 인간 주체성과 자발성, 내적 고유성의 회복 문제로 보는 것을 말한다.

II. 탈학교사회(deschooling society)와 교육정의

2015년 어린이날을 기해서 한겨레신문이 기획 탐사한 〈부끄러운 기록 '아동학대'〉에 나타난 한국 어린이 인권의 실태는 경악을 금치 못하는 수준이다. 미래 한국 사회의 가장 큰 위기 요소로 세계 최저의 출산율(2012년 여성 1인당 1.3명)이 연일 회자되지만 막상 탄생한 많은 아이들의 정황은 부모를 포함한 주위 가까운 어른들의 학대와 구타, 방임과 성학대 등으로 목숨조차 부지하기 힘든 수준이다. 그러나 이와는 반대로 다른 한편에서는 아이들의 생명과 삶을 점점 더 하나의 '기획'(project)으로 보면서 컨트롤하며, 아직 걷는 것과 말하는 것조차 서투른 영유아 시절부터 사교육을 위해서 천문학적인 비용을 쓰고 있다. 최근 국책 육아정책연구소의 한 연구(영유아 교육·보육비용 추정연구)에 따르면 2014년 한국 영유아의 총 사교육비 규모는 3조2천289억 원으로 2013년보다 5천874억 원(22.2%) 증가했다. 영아(0-2세)의 사교육비도 5천175억 원으로 전년에 비해서 3.5% 늘어났고, 이러한 영유아 사교육비의 증가는 그 증가폭이 초중고 학생 1인당 평균에 비해서 10배 이상인 것이라고 한다.[2] 그런데 이렇게 근년에 들어서 인생의 처음 시기인 영유아기에서조차 사교육비가 크게 증가하고 있다는 것은 한국의 교육이 그만큼 더 비싸지고 있다는 사실을 대변해준다. 그것은 교육이 특별히 경제적 부에 종속되는 것을 드러내고, 그에 비례해서 우리 삶과 교육의 자립과 자율은 점점 더 손상되는 것을 지시해준다. 여기에 더해서 이미 직장인과 성인이 된 사람들의 계속교육을 위해서도 비용이 엄청나게 증가하고 있는데, 이러한 모든 현상은 우리 삶의 또 다른 형태의 노예화, 특히 '교육'과 '학교'와 '제도'에의 종속이라는 물음을 야기한다.

이러한 주지주의적 시대에서의 교육과 배움, 학교에의 종속의 문제를 이미 1960-70년대부터 줄기차게 지적해온 사상가가 서구 신학자이면서 교육가, 교육운동가, 급진적인 문명 비평가였던 이반 일리

---

2 양미선 지음, 『영유아교육·보육비용추정연구』(서울: 육아정책연구소, 2013).

치(Ivan Illich, 1926-2022)이다. 그는 인간의 자율, 특히 가난한 민중들의 자율과 자립, 정신적이고 신체적인 독립과 건강을 무척 중시했는데, 산업시대 이래로 인류 근대문명에서 인간을 제일 옥죄고 노예화하고 종속하는 것이 바로 앎과 지식, 학교와 배움 등의 영역에서 일어나는 것을 간파했다. 1960년대에 가난한 남미의 가톨릭 사제와 대학 행정가로 일하면서 그는 이미 그때에 당시에는 대부분의 사람이 인류 근대문명의 진보적 쾌거로 생각했던 국민 의무교육제가 그 안에 심각한 전체주의적 폭압과 인간 자연적 힘의 낭비를 담고 있다는 것을 알아채고 그것을 밝히고자 했다. 그는 앞으로의 인류 삶에서 가난한 민중들의 삶은 교육과 학교 때문에 더 가난해지고, 그 대신 학교와 대학과 지식의 전문가는 그 지식과 배움을 독점함으로써 더욱 부유해지고, 착취자가 될 것임을 지적했다. 이렇게 배움과 지식과 자격의 독점은 예전 마을 공동체 안에서의 자유로운 경험의 공유와 교환, 각자가 필요한 것을 스스로 배우고 스스로의 생래적인 힘을 사용할 수 있는 능력을 잃어버리게 만들고, 사람들로 하여금 철저히 외재적인 체재나 기구, 거기서 생산되는 유무형의 생산물에 종속되게 만든다는 것이다. 일리치는 이러한 일을 "가치의 제도화"(institutionalization of value)라고 명명하며 "공생적 도구"와 "조작적 도구"의 차이를 구분하면서 이러한 가치의 제도화와 독점을 통해서 새로운 근대적 방식("빈곤의 근대화")으로 사람들을 가난하게 만들고, 자발성과 창조성과는 거리가 멀게 만드는 일을 고발한다. 그러면서 이 현상이 단지 학교나 교육의 일에서만 일어나는 것이 아니라 의료, 수송, 복지와 문화 등, 현대적 삶의 전 영역으로 확장되는 것을 밝혀준다.[3]

---

3 이반 일리치, 이한 옮김, 『성장을 멈춰라 – 자율적 공생을 위한 도구』(서울: 도서출판 미

그에 따르면 오늘날 학교는 생산성 향상과 소비욕의 재생산에 방향을 맞추고 있는 산업자본주의 사회에서 그 소비욕을 재생산시키는 주범이다. 또한 학교야말로 가장 성공적으로 이익을 창출하는 이익집단이고, 모든 고용주 중에서 최대의 고용주이다. 학교에서의 공부가 소비를 계속할 수 있는 돈을 벌어들이는 자격증 취득의 일이 되었고, 학교는 거기서 교육과정을 팔면서 앞으로의 모든 소비생활의 표준과 기준을 마련하는 기구가 되었기 때문이다. 그래서 그는 "의무제의 공교육이 필연적으로 소비사회를 재생산한다는 것을 먼저 이해하지 않으면 우리들은 소비자 사회를 극복할 수 없다"라고 말하며 제도화된 학교기구와 교육체제를 매우 급진적으로 비판한다.4 일리치에 따르면 우리가 학교교육 등을 통해서 가치의 제도화를 밀고 나가면 이 지구의 집은 반드시 "물질적인 환경오염의 생태위기"와 "부자와 빈자로서의 사회의 계층화와 분극화", 그리고 "사람들의 심리적 불능화와 무기력화"를 초래할 것이라고 경고한다. 그는 그 세 가지를 "지구의 파괴와 현대적인 의미에서의 불행을 가져오게 하는 세 개의 기둥"이라고 지적하는데,5 그래서 오늘날 우리가 잘 보듯이 사회 전체가 학교화되는 것을 경계하였고, 제도로서의 학교가 배움과 교육을 독점하는 것을 더 이상 받아들이지 말자고 설득한다. 그는 말하기를,

"학교는 근대화된 무산계급의 세계직 종교가 되고 있고 과학기술시대
이 가난한 사람들에게 그들의 영혼을 구제해 줄 것을 약속하고 있기는

토, 2004).

4 이반 일리치, 심성보 옮김, 『학교없는 사회』(*Deschooling Society*)(서울: 도서출판 미토, 2004), 72.

5 같은 책, 13.

하지만, 이 약속이 결코 실현되는 일은 없을 것이다. 국가는 학교를 이용하여 전 국민을 각기 등급화된 면허장과 결합된 등급 지어진 교육 과정 속에 의무로서 끌어들이기는 했으나, 그것은 지난날의 성인식의 의례나 성직자 계급을 승진시켜 나가는 것과 다름이 없다."[6]

이 언술에서도 잘 드러나듯이 일리치는 인류 근대 산업문명을 일으킨 서구의 역사에서 중세를 지배하던 기독교 교회와 거기서의 성직자 그룹을 근대문명에서의 학교와 지식인과 전문가 그룹과 비교한다. 그는 중세를 넘어서 세계가 세속화되고 탈주술화되었듯이 그렇게 근대적 학교라는 신화와 독점적 기득권도 무너질 것이라고 예측한다. 그래서 탈학교 사회의 건립을 "제2의 종교개혁"으로 빗대고, 서구 사회가 16세기의 종교개혁을 통해서 억압적인 교회와 소수의 특권계급으로부터 해방되었듯이 오늘날의 민중도 그들의 삶을 끝도 없이 힘들게 하는 독점화된 배움과 교육 제도에서 벗어날 것이라고 말한다. 일리치에 따르면 훗날 역사는 오늘의 시장집중과 성장제일주의 시대를 "전문가들을 통해서 사람을 불구로 만들어버리는 시대", 교수들에 이끌려서 유권자들이 자신의 권한을 기술자들에게 위임한 "정치가 소멸의 시대", "학교의 시대"로 기억할 것이라고 한다. 그래서 그렇게 무기력하고 수동적인 소비자가 되어버린 인간은 인간적 존엄과 품위는커녕 "삶과 생존을 구별하는 능력"도 잃어버리게 된다고 경고한다. 오늘 한국 사회에서 공공 탁아소에 맡긴 아기들이 죽어가는 줄도 모르고 그 아기들의 양육비, 사교육비를 벌기 위해서 자신은 밖으로 일하러 가는 엄마들, 아이들이 엄청난 지적 공부의 양으로 몸과 마음이 깊게 병들

---

6 같은 책, 27.

어서 신음하며 죽어가는 줄도 모르고 더 많은 사교육과 입시공부를 위해서 그 아이들을 힘껏 쥐어짜는 부모들, 표준화된 자격증을 취득하도록 하기 위해서 학생들을 죽음의 위협이 가중되는 학교 폭력의 현장으로 밀어 넣으려는 눈먼 교사와 어른들, 자신의 자녀를 외국의 '더 좋은' 학교에 유학 보내기 위해서 기러기 엄마 아빠로서 겪는 가족 해체의 고통은 말할 것도 없고, 그에 더해서 그들에 의해서 다시 더 착취되는 한국의 노동자와 이주민 노동자들, 이런 모든 일이 삶과 생존의 경계가 한없이 무디어진 오늘 교육 공간에서 파생하는 일들이다.

이러한 한계를 모르고 가중되는 교육 불의에 대해서 '아니'라고 하면서 거슬러 올라가려는 움직임들이 한국 사회에서도 나타나고 있다. 큰 반향을 얻지는 못했지만 몇 년 전 〈녹색평론〉의 김종철 대표는 농촌에서 대학 보내지 않기 운동을 제안했다. 농민들이 자녀들 대학교육비를 벌기 위해서 더 많은 산출을 얻어야 하므로 더 많은 농약을 사용하니 땅과 사람의 생존이 함께 위협받는 현실에 대해서 그러한 교육운동을 제안한 것이다. 사실 우리가 지금 이야기하는 교육정의도 더 근본적으로는 생태정의가 담보되지 않고서는 지속가능하지 못한 일이므로 이러한 근본적인 타개책에 대한 제안은 시사하는 바가 크다. 이와 더불어 지난 2010년 한국 사회와 대학 사회에 크게 경종을 울린 사건이 당시 고려대 경영학과 재학생이었던 김예슬 양의 대학교육 포기 선언이었다. 그녀는 "오늘 저는 대학을 그만둡니다. 아니, 거부합니다. 진리도 우정도 정의도 없는 죽은 대학이기에"라는 선언과 함께 오늘날의 한국 상아탑이 얼마나 뼛속까지 천민자본주의의 노예가 되어서 취업이라는 최상의 과업을 위한 전쟁터로 화했는지를 지적했다. 그녀는 그러면서도 결국 무직, 무지, 무능의 '3無'의 세대만을 양산하는 한국의 대학교육에 대해서 그것은 단지 "자격증 장사 브로커"의 일일 뿐이라고 일갈했고, 오늘날 "서민과 노동자와 비정규직도 제대로 된 저항도 하지 못한 채" 빨려 들어가는 "탐욕의 포퓰리즘"에 대해서 저항하는 젊은이로서 참된 '큰 배움'(大學)을 찾아 나선다고 선언하였다.7

오늘 한국 사회에서 교육정의를 훼손하는 가장 큰 요인은 교육과 배움의 독점화이고, 일리치의 언어로 하면 가치의 제도화라고 할 수 있다. 그가 이미 1960-70년대 예리하게 예견한 대로 오늘 표준화된 자격증 장사로 화한 한국의 학교와 교육은 사람들의 삶을 끝없는 욕망과 궁핍의 나락에로 빠뜨리고 있다. 거기서 잉태된 학벌사회와 전문가 사회의 폐해는 새로운 신분제로서 세대를 걸쳐서 누적되고 있으며, 그렇게 교육불의는 세대를 걸쳐서 누적되는 일이므로 어떤 영역에서의 불의보다 치명적이다. 일리치는 "끊임없이 수요가 증대되는 세계는 단순히 불행이라는 말로서는 다 표현할 수가 없다. 그것은 바로 지옥"이라고 말할 수 있다고 했다. 또한 "제도는 사람들에게 만족을 가져다 준 것보다 훨씬 빨리 필요를 만들어냈고, 또한 필요를 충족시키려는 과정에 있어서 지구를 소모시키고 만다"라고 일갈한다.8 일리치는 그리하여 학교와 사회, 배움과 생산, 교육자와 피교육자, 인간에 의한 교육과 사물을 통한 학습 등 지금까지의 학교제도가 유지해온 전통적인 경계를 해체하고, 대신에 인간의 사회적 삶을 일종의 자유로운 '학습망'으로 구성하여 보다 자유롭고 평등하게 서로 가르치고 배우는 우정으로 협력하는 공동체로 만들자고 제안한다. 그것을 그는 "인간과 환경과의 사이에 새로운 양식의 교육적 관계를 만들어내는 일"이라고 명명하고, 그것이야말로 "모든 것이 교육에 도움이 될 수 있는 세계로

---

7 김예슬, 『김예슬 선언 - 오늘 나는 대학을 그만둔다, 아니 거부한다』(서울: 느린걸음, 2010), 60.
8 이반 일리치, 『학교없는 사회』, 181, 182.

만들어내는 유일하면서도, 아마도 가장 비용이 들지 않는 일일 것이다"라고 갈파한다.9 오늘날 세계적으로 더욱 확산되고 있는 여러 형태의 온라인 교육이나 원격교육, 그리고 최근 한국 사회에서 많이 선보이고 있는 협동조합식 학습공동체운동 등을 예견한 것이라고 할 수 있다. 그러나 그 자신도 종국에는 지적한 대로 탈학교운동을 포함해서 사회정의와 교육정의의 물음은 더욱 근본적으로는 새로운 인간 이해와 그 구원과 해방론의 물음과 긴밀히 연결되어 있는 것을 부인하지 않는다. 특히 오늘날 모두가 가지기를 원하는 힘과 가치가 특히 '지'(知)와 지식의 문제와 밀접히 관련되어 있는 것이라면 그 知의 물음은 모두 인간 인식력의 물음이라는 점에서 인간 인식론에서의 새로운 전환이야말로 우리 공동체의 정의를 이루기 위한 초석이라고 하지 않을 수 없다.

III. 교육정의의 핵심과 인간 내면의 신뢰/믿음(信)할 수 있는 힘

어떻게 하면 이상적인 인간 공동체를 이룰 수 있을까를 시종일관 탐색하던 플라톤은 그의 『국가론』에서 정의를 한 사회를 썩지 않게 하는 '방부제'에 비유하며, 그 "금덩어리보다도 더 귀한" 정의를 "일인일사"(一人一事), 즉 모든 구성원 한 사람 한 사람이 자신의 할 일을 가지고 있는 사회로 규정했다. 그리고 그 일의 성취의 관건을 국가 지도자의 의식에서 찾았다. 그러한 플라톤의 다른 저서 『메논』은 '덕'(德)이란

---

9 같은 책, 143.

무엇이고, 그것은 가르쳐질 수 있는가라고 물으면서 덕과 지식의 관계, 지식(知)과 지혜(智)의 차이, 지식 공부의 본질이 무엇인가 등을 묻는다. 오늘의 교육과 지식교육의 물음을 잘 선취하고 있다고 하겠는데, 그는 우리가 무엇인가를 아는 것이 어떻게 가능한가 라고 질문하면서 그 대답을 "학습은 곧 회상"이고, "인간의 영혼은 불멸"이라고 밝혔다. 그리고 그 증거로 그때까지 기하학에 대한 가르침을 전혀 받아본 적이 없는 한 노예 소년을 등장시켜서 그가 어떻게 정사각형의 넓이에 관한 기하학적 물음들을 자신에게 주어지는 질문만을 경청하면서 풀어가는지를 보여준다. 플라톤에 따르면 그것이 가능한 이유는 "그의 영혼이 언제나 지식을 가진 상태에 있다는 것을 말해주는 것"이고, 그래서 학습은 삼라만상에 대해서 이미 학습한 영혼이 '상기'하고 '회상'하는 것이라고 한다.10

본인은 이러한 플라톤의 언술이 오늘날에도 중요한 의미를 지닌다고 생각한다. 비록 그 언어를 탈신화화된 오늘에 액면 그대로 모두 받아들이기는 힘들다 하더라도 여기서 플라톤이 학습을 '상기'와 '회상'이라고 한 것은 우리의 모든 교육 활동에서 그 출발점을 무엇으로 삼아야 하는가를 잘 지시해준다고 여긴다. 즉 우리의 교육은 그 출발점으로 상대방이 이미 본래적으로 보유하고 있는 선천적 가능성에 주목해야 함을 말하는 것이다. 또한 그 본래적인 가능성과 조건을 '영혼'이나 '영혼불멸' 등의 신화적 언어로 표현했다는 것은 그 본래성을 단순한 이 세상적인 조건만이 아니고 그보다 더 깊게 '존재론적인', 또는 더 높게 '초월적인' 기원의 것으로 보자는 것이라고 생각한다. 그래서

---

10 플라톤, 김안중 옮김, 『메논』, in: 양은주 엮음, 『교사를 일깨우는 사유』(서울: 문음사, 2007), 95.

그것을 지금·여기의 현실적 상황과 조건에 관계없이, '무조건적'으로, 칸트의 언어로 하면 '정언적'이고 '선험적'으로 존중해야 하는 어떤 '영적' 기반으로 보아야 함을 말하는 것이다. 사회정의와 교육정의를 말하는 일도 결국 각 존재와 타자를 그러한 초시간적 기반에 근거한 '거룩'(聖)으로 다시 보는 일이어야 한다는 것인데, 그것만큼 실천적인 힘을 주는 규정이 어디 있을까 생각한다. 오늘 탈신화화와 유물론의 시대에 모든 그러함에도 불구하고 다시 존재의 선성(善性)과 윤리성을 밝혀내기 위해서 우리 시대정신이 많이 고투하고 있지만, 나는 종국에는 그것의 '거룩성'(神/聖)을 다시 말하는 일이야말로 참된 출구가 되지 않을까 생각한다. 즉 다시 존재의 '궁극성'(the Ultimate)과 '초월성'(the Transcendence)을 묻는 영성적(종교적) 물음을 불러오는 것을 말하고, 그러나 여기서 말하는 초월성은 예전의 인습적 종교의식처럼 세계 밖의 출세간적(出世間的) 초월성이 아니라 間세간적 또는 세간적 초월을 말하는 것이고, 이것으로써 세계와 존재의 '내적 초월성'(immanent Transcendence)을 지시하려는 것이다. 그렇게 정의의 물음도 마침내는 '믿음'(信)과 '존숭'(敬)의 질문이 되어서 어떻게 내 앞에 마주하고 있는 한 존재를 그 자체의 '존귀함'과 '거룩함'(聖)으로 받아들이는가(믿는가) 하는 일과 관계됨을 말한다.

앞에서 근대 산업자본주의가 가치를 독점하면서 거기서의 '팍스 에코노미카'(pax economica)는 '자급'을 비생산적인 일로, '자율'을 비사회적이며, '전통적인 것'을 저개발된 것으로 낙인찍는다고 비판한[11] 이반 일리치도 그렇게 사람들을 한없이 경제와 물질과 독점화된 지식

---

11 이반 일리치, 권루시안 옮김, 『과거의 거울에 비추어 – 현대의 상식과 진보에 대한 급진적 도전』(서울: 느린걸음, 2013), 58.

에 종속시키는 일이란 근본적으로는 영적인 물음과 연결되어 있는 것을 간파했다. 그는 그것이 서구 전통에서 기독교 신앙 구원론의 배타성과 밀접한 관계가 있음을 밝혔는데, 즉 서구 기독교가 2천 년 전 유대인 청년 예수 한 사람에게 '부활(강생)'과 '그리스도성'(聖)을 존재론적으로 독점하게 함으로써 그 외의 모든 시간과 공간을 '속된 것'(俗)으로 평가절하했고, 고유의 선함과 자발성, 능동성을 탈각시켰다고 지적한다. 그래서 일리치는 그 폐쇄적 독단에서의 해방과 벗어남을 "강생은 명멸한다"라는 말로 선언하면서 "그리스도 계시의 변동성"을 말하고, 모든 존재의 고유성과 자발적 가능성을 드러내고자 했다.[12] 그가 탈학교 사회를 말하고, 더 나아가서 "교육으로부터 보호받을 권리"를 말하는 것은 이렇게 종교적으로(영적으로) 근거된 인간 각자의 가능성과 충만함(聖)에 대한 믿음을 가졌기 때문이다. 특히 제도화된 배움과 교육으로 착취당하는 민중들을 보면서 그는 그 민중들의 존재 안에 내재되어 있는 본래적 생명력과 인간성을 자연스럽게, 비싸지 않게, 억압하지 않으면서 전개할 수 있는 배움이야말로 참된 가르침과 교육이라고 여긴 것이다. 플라톤이 노예 소년이라고 하는 당시 민중 중의 민중을 세워서 '영혼'의 선험적 힘으로 인간 인식력의 내재성을 지시한 것과 유사하게 탈학교 사회를 말하는 일리치는 오늘날의 지식의 독점을 멈추게 할 수 있는 궁극적 근거로서 새로운 기독교 신앙 이해와 인간 이해를 든 것이다.

필자 개인적으로는 이렇게 근본적으로 사회정의와 교육정의의 근거를 찾기 위한 시도를 "聖의 평범성의 확대"라는 말로 꾸준히 표현해

---

12 데이비드 케일리 엮음, 이한·서범석 옮김, 『이반 일리치의 유언』(서울: 아파르, 2009), 73.

왔다.[13] 이 일은 과거의 신화와 종교의 언어를 그대로 가져와 인습적으로 답습하려는 것이 아니라 새롭게 영적·종교적으로 말하려는 것이지만, 그럼에도 우리 존재와 삶의 궁극성에 대해서 묻는 것은 그 존엄성을 회복하기 위해서 피할 수 없는 물음이라고 보면서 어떻게 새롭게 초월적 물음에 근거해서 사회정의와 교육정의의 바탕을 찾을 수 있는가를 묻는 것이다. 교육정의의 핵심이 거기에 있다고 보기 때문이다.

이 일을 위해서 20세기 인지학의 창시자 루돌프 슈타이너(Rudolf Steiner, 1861-1925)의 '교육예술'을 많이 참조하고자 한다. 그는 인류 초유의 제1차 세계대전을 겪고 나서 독일 청소년들에게 인상 깊은 연속강연을 실시했다. 그것을 엮어서 *Paedagogischer Jugendkurs*(청년들을 위한 교육학 강의)로 발간했고, 한국에서는 『젊은이여, 앎을 삶이 되도록 일깨우라 – 인류 발달에 관한 정신과학적 연구 결과』(최혜경 옮김, 밝은누리, 2013)라는 뜻깊은 제목으로 출간되었다. 여기서 슈타이너는 오늘 한국 사회가 겪는 것처럼 제1차 세계대전 후의 공동체적 삶의 파괴와 그 앞에서의 끝 모르는 "사고의 무기력", 온갖 허무주의와 물질주의, 감각주의, 관념주의 등에 경도되어서 출구 없이 '無'를 면전에 두고 있는 것과 같은 젊은이들에게 새로운 영적 자각의 앎과 삶의 길을 제시하고자 했다. 그는 1919년에 독일 남부 슈투트가르트 발도르프(Waldorf)에 그곳 담배공장 노동자 자녀들을 위한 '자유 발도르프 학교'를 열었는데, 노동자 민중의 자녀들이야말로 누구보다도 더 좋은 교육을 필요로 하고, 그래서 그들을 참된 '자유인'으로 키우는 일이야

---

13 이은선, 「종교문화적 다원성과 한국 여성신학」, 『한국 생물(生物)여성영성의 신학』(서울: 도서출판 모시는사람들, 2011), 29 이하.

말로 시대를 구하는 길이라고 확신했기 때문이다.

그는 당시 시대 상황을 사람들이 "타인에게 영적으로 다가가려는 욕구가 더 이상 없고", 모두 자신에게만 관심이 있는, "사람들 모두 서로 스쳐 지나가는" 심한 단절과 차가운 개인주의의 시대로 이해했다. "인간과 인간 간의 연결 교량을 발견할 수 없다는 그 사실로 인해 현시대에 우리가 병이 듭니다"라고[14] 말하는 그는 그렇게 "인간이 인간을 잃어버린" 상황을 타개하기 위해서 "네가 미래에 윤리적인 인간이 되고자 하는 경우에 무엇을 가장 필요로 하느냐?"라고 묻는다. 그러면서 그 답은 우리가 앞에서 지적한 것처럼 다름 아닌 "인간에 대한 신뢰"라고 밝힌다. 즉 그도 여기서 사회정의와 교육정의의 제일의 관건을 바로 '믿음', '신뢰', 인간에 대한 신뢰를 회복하는 일이라고 여긴 것이다. 그는 앞으로 인류가 미래로 나아가기 위해서는 "신뢰에 방향을 맞추는 교육학"이 긴요하고, "우리를 싸늘하게 만들지 않고 신뢰로 가득 채우는 인간 인식"이 바로 "미래 교육학의 핵심"이 되어야 한다고 또렷한 언어로 지적한다.[15]

그러면 이렇게 인류 삶이 지속되도록 하기 위해서 인간이 인간을 잃어버린 상황을 타개하고 다시금 인간이 인간을 찾아서 "궁극적으로 사람들이 서로 간에 무엇인가가 되어야만" 하는 일을 이루기 위해서, 즉 신뢰를 마련하기 위해서 무슨 일이 있어야 하고, 어디서 시작해야 하는가? 여기서 슈타이너는 우리의 시선을 우리 내면으로 향하도록 한다. 즉 그에 따르면 앞으로 미래의 교육학은 윤리성과 도덕성 안에서 자신의 일을 발견해야 하고, 그 일을 "종교적인 것으로 형상화"해야

---

14 루돌프 슈타이너, 최혜경 옮김, 『젊은이여, 앎을 삶이 되도록 일깨우라 - 인류 발달에 관한 정신과학적 연구 결과』(서울: 밝은누리, 2013), 198.

15 같은 책, 134-137.

하는데,16 거기서의 종교성이란 바로 "인간 내면에 있는 도덕적 직관"을 "인간 자신의 내면에 있는 초지상적인 것"으로 파악하는 일이다.17 다시 말하면 우리 내면의 도덕적 직관력을 우리 안의 초월로 파악하는 일인 것이다. 그가 밝히는 교육과 수업에서 윤리성을 종교성으로 환원하는 한 예에 따르면, 교사는 자기 앞의 어린이를 "신적·정신적 힘들이 내려 보낸 어린이, 그 어린이를 우리가 풀어야 할 수수께끼"로서 마주 대하고 있는 것이다. "우리가 신의 신뢰를 마주 대하고" 있는 것으로 보아야 한다는 것이다.18 그래서 교사의 일이란 아이들이 자신을 통해서 '인간에 대한 신뢰'를 거쳐 '신에 대한 신뢰'로까지 가게 하는 일이라고 지적한다.

이렇게 미래의 수업에서는 인간적 신뢰를 키우는 일을 가장 중요한 과제로 여기기 때문에 "종교적 뉘앙스"를 갖추어야 한다고 보는 슈타이너에 따르면, 이제 인류 정신의 발달은 어떤 외재적인 초월이나 타율로부터 그 윤리적 행위의 법을 가져올 수 있는 단계를 넘어섰다. 대신에 "자기 존재의 가장 깊은 내면으로부터, 완전히 개인적으로 도덕적 자극으로서 퍼 올릴 수 있는 것에 호소하는 길 외에 다른 방식으로는 윤리가 더 이상 발달할 수 없는 시대"에 이르렀음을 알아야 한다.19 그것은 인류의 정신이 그런 타율과 바깥으로부터의 강압에 의해서는 더 이상 행위(정의)를 불러오는 의지와 결단을 키울 수 없기 때문이다. 이렇게 여기서 표현된 슈타이너의 인간 정신 이해는 내세적 초월에 내한 그의 깊은 믿음을 드러낸다. 그는 예전 플라톤이 당시 소피스트 프

---

16 같은 책, 139.
17 같은 책, 54.
18 같은 책, 138.
19 같은 책, 101.

로타로라스의 말을 뒤집어서 "단순한 사용물조차도 그것의 척도는 신이다"라고 한 의미와 유사하게[20] 다음과 같이 말한다: "인간이 세계 수수께끼 자체라고, 돌아다니는 세계 수수께끼라고 느끼면서 타인을 조우해야 합니다. 그렇게 하면 우리가 한 인간을 마주 대할 때 우리 영혼의 가장 깊은 저변으로부터 신뢰를 이끌어 올리는 그 느낌들을 발달시키도록 배우게 됩니다."[21] "우리는 영혼의 가장 깊은 곳에서, 가장 내면에서 빛을 찾아야만 한다. 무엇보다도 우리는 깊고 깊은 정직성과 깊고 깊은 진실성에 대한 감각을 얻고자 애써야만 한다."[22] 이렇게 슈타이너에게 있어서도 사회정의와 교육정의의 핵심은 인간 내면에 대한 집중이며, 그것을 단순히 어떤 이세상적인 물질의 집합으로 보는 것이 아니라 '영혼'(soul)으로, '생적 의지'(生意)의 '정신'(Geist/spirit)으로, 곧 우리 속의 "신성"으로 보는 것을 말한다.

그런데 사실 동아시아의 전통은, 특히 오늘 우리 주제가 되는 정치와 교육과 긴밀히 연결되어 있는 유교전통은 이러한 인간 내면의 초월에 대한 의식을 서구 전통에서보다도 더 세밀하게 전개시켜왔다. 인간 자체를 지시하는 '仁'(仁者人也)을 "인간에 대한 사랑"(愛人)으로 간단히 표현했고, 각 주체의 개별적 본성(性)을 "하늘의 소여"(天命之謂性)로 보는 공자에 이어서 맹자는 "善이란 무엇이고, 믿음(信)이란 무엇인가?"라는 질문에 "善은 내가 원하는 것"(可欲之謂善)이고, "믿음은 내게 있는 것"(有諸己之謂信)이라고 대답했다.[23] 즉 인간은 본성적으로

---

20 한나 아렌트, 이진우·태정호 옮김, 『인간의 조건』(서울: 한길사, 2002), 217.
21 루돌프 슈타이너, 같은 책, 133.
22 같은 책, 99.
23 『맹자』「盡心下」25: 何謂善? 何謂信?, 曰: 可欲之謂善, 有諸己之謂信.

선을 지향하는 존재이고(良知, 良能), 믿음이란 밖에서 오는 것이 아니라 오히려 내 안에 이미 그 뿌리를 가지고 있는 것이라는 지적이겠다. 그래서 그 가능성의 씨앗을 잘 기르고 신장시키는 일을 통해서 인간에 대한 신뢰와 정의가 가능해짐을 밝히는 것이다.

앞에서 인용한 슈타이너가 강조한 것과 유사하게 오늘 우리 시대에 긴요한 인간과의 사이를 다시 연결하기 위한 신뢰와 믿음을 우리 마음의 내면에 내재한 힘에 근거해서 이루고자 하는 맹자는「진심장」의 다른 곳에서,

"구하면 얻고 버리면 잃어버리는데, 이 구함은 얻을 경우에 유익한 것이니, 내 안에 있는 것을 구하기 때문이다. 구하는 데 방법이 있고 얻는 것이 명에 따르는 것이 있는데, 이 구함을 얻을 경우에는 무익한 것이니 밖에 있는 것을 구하기 때문이다."

라고 밝혔다.[24] 즉 그가 당시 고자와의 논쟁에서 '仁은 내 안에 있지만 義가 바깥에 있다'(仁內義外)고 주장하는 고자와는 달리 '仁義가 모두 내 안에 있다'(仁義內在)는 논의를 편 것은[25] 그렇게 사람이 인간다워지고 의를 행할 수 있는 근거는 내 안에 내재하여서 진정으로 인의를 가능케 하는 길이란 밖에서 억지로 그 인의에 대한 객관적인 정보나 지식들을 넣어주는 것이 아니라 스스로의 내면에서 깨닫고 생각하여서 그러한 깨달음들이 잘 쌓일 수 있도록(集義) 하는 길이라는 가르침이다. 그렇게 할 때 그 행함과 배움이 참다운 이득이 되는 것이고,

---

24 『맹자』「盡心上」3: 求則得之 舍則失之 是求有益於得也 求在我者也 求之有道 得之有命 是求無益於得也 求在外者也.

25 『맹자』「告子上」4.

그래서 그러한 맹자의 윤리와 서구의 칸트 윤리학을 비교한 한 연구는 맹자의 자율윤리는 서구의 칸트 윤리학이 넘지 못한 자율성의 한계를 훨씬 더 뛰어넘었다고 평가한다.[26]

　앞에서 오늘의 한국 사회와 교육정의를 말하면서 사람들이 엄청난 사교육비 때문에 극도로 피폐화되어 있고, 거기서 발생하는 교육불의가 참으로 심각하다는 것을 지적하였다. 그렇게 윤리적 물음도 넘어서 더 직접적으로 생존의 물음이 된 교육불의 앞에서 동서전통은 하나 같이 인간 내면에 다시 집중하고, 거기서의 생래적인 힘을 출발점으로 삼아서 교육과 정치를 시작할 것을 주창한다. 오늘 탈세속화와 포스트모던의 시대에 우리는 그 내면의 인간적 가능성을 '내재적 초월'(天命)로 명명하며 사회정의와 교육정의를 이루기 위한 핵심으로 보고자 한다. 이미 2천5백여 년 전에 맹자는 "仁은 사람의 마음이요, 義는 사람의 길이다"라고 했다. 또한 "귀하고자 하는 것은 사람들의 공통된 마음이고 각자가 자신에게 그 귀한 것을 가지고 있지마는 그것을 생각지 않을 뿐이다"라고 하였다.[27] 교육정의의 핵심은 바로 이렇게 사람을 귀하게 만드는 근거가 이미 우리 안에 내재함을 믿고서 거기에 집중해서 이루어나갈 일인 것이다.

---

26 이명휘 지음, 김기주·이기훈 옮김, 『유교와 칸트』(서울: 예문서원, 2012), 112 이하.
27 『맹자』「告子上」11, 17: 仁人心也 義人路也.; 孟子曰 欲貴者 人之同心也. 人人有貴於己者 弗思耳.

IV. 정의로운 공동체를 향한 교육의 길, 어떻게 믿음과 신뢰의 공감을 기를 수 있을 것인가?

플라톤은 앞의 『메논』에서 그가 단순한 지식(知)이 아닌 지혜(智)로 보는 덕(德)이란, 즉 지금 우리의 논의로 하면 '정의'로운 사람이 되는 일은 "자연"이나 "가르침"으로 되는 일이 아니라 "신성한 기운의 시여"에 의해서 되는 일이라고 최종적으로 밝혔다. 여기서 '신성한 기운의 시여'라는 말은 여러 가지로 해석될 수 있겠지만, 우선은 그가 덕과 정의의 문제를 단순한 교육의 문제, 특히 지식 교육의 문제로만 바라보지 않는 것을 말한다고 할 수 있다. 그보다는 훨씬 더 포괄적이고 조건적인 일인 것을 받아들이라는 의미라고 하겠는데, 즉 보다 '공동체적인' 일, 단순히 현재의 자아나 한 개인, 또는 머리나 인식의 문제만이 아니라 훨씬 긴 시간의 스펙트럼 안에서, 관계의 장을 통하여, 구체적인 삶 속에서의 실행의 축적을 통해, 한 개인에게서도 단순한 지적 교육만이 아니라 몸과 감정, 보다 깊은 정신적 · 영적 차원도 포괄하면서 이해하라는 힌트라고 나는 생각한다.

사람의 마음과 길을 '인의'(仁義)로 이야기한 맹자는 그의 유명한 '양지'(良知, 생각하지 않고도 아는 것)와 '양능'(良能, 배우지 않고도 능한 것)을 말하면서 그 인의를 다시 '친친'(親親, 어버이를 친애함)과 '경장'(敬長, 웃어른/오래된 것을 공경함)으로 밝혔다.[28] 이것은 인간의 인간성과 사랑할 수 있는 능력이란 윗세대의 사랑과 보살핌을 받는 일을 통해서 이루어지고, 사람이 정의로울 수 있는 것은 그러한 사랑과 배려를 통해서 누구라도 자신의 현존재가 앞선 세대의 수고와 성과에 힘입었다

---

28 『맹자』 「盡心上」 15: 親親, 仁也; 敬長, 義也. 無他, 達之天下也.

는 것을 아는 부끄러움에서 오는 것이라는 가르침이라고 할 수 있다. 여기서 맹자의 의(義)는 보통 오늘의 일반적인/서구적인 정의 개념처럼 동시대적 차원만을 염두에 두며 파악하는 것과는 다르다. 곧 맹자는 '과거'(長)로부터 그 근거를 가져오는데, 이는 그가 오늘의 우리보다 인간의 삶을 훨씬 더 구체적으로 '조건적'이고(conditional) 또는 '관계적인'(relational) 것으로 이해하는 것을 말한다. 왜냐하면 어느 누구도 자신이 누군가에 의해서 '탄생되었다'는 사실, '어린 시절이 있었다'는 사실은 부인할 수 없기 때문이다. 이러한 정의 이해가 오늘 주로 자아나 개체의 자율성 등에 근거해서 그 가능성을 찾으려는 시도보다 훨씬 더 견실하고 보편적이라고 생각한다. 그래서 맹자가 자신의 친친과 경장의 도를 세상 모든 사람에게 "보편적인 것"(無他, 達之天下也)이라고 선언한 것을 잘 이해할 수 있다.

나는 오늘 우리 사회에 정의가 크게 흔들리고 있는 것은 바로 여기서 맹자가 밝힌 '친친'과 '경장'의 삶이 크게 훼손된 것과 긴밀히 관계된다고 생각한다. 서구에서 프랑스 대혁명 전 1762년에 출간된 루소(J. J. Rousseau)의 『에밀』에 보면 당시 상류사회는 자식을 낳아서 스스로 키우지 않고 먼 곳의 유모에게로 보내는 풍속에 젖어 있었다. 거기서 생계를 위해 어렵게 살아가는 유모 밑에서 온갖 신체적·정서적 압박과 억압을 견디면서 영유아기를 지낸 아이가 다시 부모에게로 돌아올 때에는 이미 수없는 죽음의 고비를 넘기고 살아온 것이라고 루소는 지적한다. 오늘 한국 사회에서는 예전 프랑스에서처럼 상류사회 가정이어서가 아니라 대부분의 핵가족, 특히 경제적으로 취약한 가정일수록 아이들의 양육을 공공기관에 맡긴다. 또한 유아와 초등학생까지 엄청난 양의 사교육을 감당하느라고 집밖에서 보내는 시간이 늘어나면서 그들의 생활에서 맹자가 말한 '친친'의 삶, 부모와 가족들과의 친밀한 공동생활은 점점 더 희박해지고 있다. 그런 생활을 하지 못하면 '사랑할 수 있는 능력'(仁)을 기를 수 없다고 했다. 왜냐하면 가족 밖의 삶은, 특히 부모와 자식 간의 관계를 떠나서는 조건 없는 친밀함이나 받아줌보다는 계산과 경쟁, 의식적인 주고받기와 거리두기가 우세하기 때문이다. 즉 조건 없이 하나 되는 것을 경험할 수 있는 기회, 누군가가 자신을 온전히 받아주고 지지대가 되어주어서 그를 충실히 믿고 따를 수 있는 '믿음'과 '신뢰'(信)를 체득할 수 있는 기회를 놓치는 것이다.

『에밀』에서 루소는 "자기애"와 "이기심"을 구별했다. 그러면서 온전히 자신만을 위해 존재하는 자연인인 유아시절에 자기애가 충족되지 못한 아이는 나중에 남을 위해서도 존재할 수 없다고 했다. 그런 사람은 전 생애를 걸쳐서 두 개의 힘과 싸우고, 두 개의 힘 사이에서 방황하여 자신과 일치하지 못하고, 결국 자기를 위해서도 남을 위해서도 이바지하지 못하고 생을 마감할 뿐이라고 한다. 그리하여 어려서 행복한 시간을 많이 보낸 아이가 만족을 느끼지 못한 아이보다 이기심을 잘 극복할 수 있다고 하면서 "불확실한 미래를 위해 현재를 희생시키는 그 야만적인 교육을 도대체 어떻게 생각해야 할까?"라고 질문한다.29 이런 정신을 이어받아서 프랑스대혁명 이후 서구교육을 민중교육으로 크게 전환한 페스탈로치는 특히 가정교육과 거기서의 어머니의 역할을 강조한다. "사랑과 믿음"(Liebe und Glaube)을 인간에게 가능케 하는 "신의 중보자"라고까지 표현하는 "어머니의 거룩한 배려"(heilige Muettersorge)는 어린 시절의 아이에게 모든 인간적 덕의 기초를 놓지만, 그러나 반대로 그 어린 시절의 "안정과 여유"가 깨어졌을 때 거기

---

29 루소, 민희식 역, 『에밀』, 양은주 엮음, 같은 책, 175.

에서 모든 악의 발생한다고 밝힌다. 다음과 같은 페스탈로치의 생생한 언어는 오늘 한국 사회가 진정으로 필요로 하는 정의의 감각이 어떻게 가정과 같은 좁은 삶의 반경 안에서 친친의 실행 속에서 가능해지는지를 잘 보여준다.

"어머니가 울어대는 아이에게 자주 그리고 불규칙적으로 부재했을 때, 또한 필요 속에서 고대하는 아이가 자주 그리고 오랫동안 기다려야 할 때, 그래서 고통과 절망과 아픔의 감정이 생길 때까지 내버려졌을 때, 그때 바로 악한 불안정의 씨앗이 생기고, 거기서부터 모든 동요가 따라온다. … 이 요람의 처음 시기에 생겨난 불안정은 그 후 모든 동물적인 폭력성과 부도덕과 불신의 씨앗들을 펼친다."[30]

그런 의미에서 루소는 "빈곤도, 일도, 세상에 대한 체면도, 자기 아이를 직접 양육해야 하는 의무에서 벗어날 수 있는 이유가 되지 못한다"[31]라고 강론했다. 나는 이 말을 오늘 우리 시대에도 쉽게 놓쳐서는 안 되는 긴요한 교육명제라고 생각한다. 그래서 오늘 모든 것이 돈과 경제와 공리로 환원되는 사회에서 어떻게 이 자연의 길을 따라갈 수 있을까를 깊이 고민해볼 일이다. 물론 오늘 한국 사회에서 이 명제는 단순히 어떤 한 개인, 또는 여성과 어머니의 힘만으로는 지켜내기 어렵고, 사회 공동체가 모두 함께 머리를 맞대고 풀어야 하는 숙제가 되었다. 그런 맥락에서 현재 많은 논란을 야기하고 있는 2013년 5월부터 시행된 무상보육제도에 대해서도 새로운 시각에서 검토해야 할 것

---

30 J. H. Pestalozzi, *Saemtliche Werke, Kritische Ausgabe*, begruendet von A. Buchenau, E. Spranger, H. Stettbacher, Berlin/Zuerich 1927ff. Bd.13, 63.
31 루소, 같은 책, 167.

이다. 원래의 의도는 저출산과 낮은 여성 경제활동을 높이고 보편적 복지서비스를 증진하는 것이었지만, 그 시행과정에서 국가가 모든 부모와 가정을 대신해서 '유모'(nanny state)가 되는 현상이 나타났다. 공공탁아소에 맡기는 것을 우선으로 하는 시행으로 인해서 여성들이 너나없이 위탁양육을 선택함으로써 전통의 친밀한 가족공동체가 무너질 위기에 처하게 된 것이다. 하지만 여기에 대한 개선책으로 여성들의 취업 여부를 가리는 일보다는 근본적으로 영유아시기 교육에 대한 발상의 전환이 긴요하다고 하겠다. 또한 여성과 어머니, 가족적 삶도 철저히 경제적 이익과 노동력의 차원에서만 생각하는 것을 벗어나서 좀 더 장기적인 측면에서 인간 공동체의 지속과 질을 먼저 생각해야 할 것이다. 선진국의 복지란 바로 그런 방향으로 나가는 복지를 말하고, 한국 사회에서 그러한 인간적인 성장이 오직 특권층의 전유가 되지 않도록 하기 위해서는 보육 바우처 제도나 아이를 낳고 육아를 담당하는 가족과 그 구성원에게 직접적으로 지원을 하는 제도 등을 살펴보아야 한다.[32] 또한 여기에서 모성을 전통적으로 생물학적인 성으로 좁게 한정하는 일도 많이 지양해야 할 것이다.[33]

오늘 한국 교육 현실에서는 영유아의 경우에도 엄청난 사교육비의 지출과 함께 지적 교육이 강행되고 있다. 아이들의 놀이와 현재의 시

---

32 1980년대에 스위스에서 두 명의 아이를 낳아서 기른 본인은 그때 이미 그곳 거주민 모두에게 지급되는 모유수당을 받았고, 시에서 운영되던 보육 바우처 제도를 통해서 두 명의 아이를 공공탁아소에 보내기보다는 안정된 스위스 가정의 양육모에게서 키울 수 있었다. 그렇게 선진국의 보육제도는 어떻게 하든지 우선적으로 전래의 가족 가치를 소중히 하는 방향으로 나가고자 하고, 그 일들을 이제 사회보장제도로 가능하게 하려는 것이다.
33 이은선, 「여성주체성과 유교 전통 - 페미니즘의 재탄생」, 한형조 외, 『500년 공동체를 움직인 유교의 힘』(서울: 글항아리, 2013), 306.

간이 온통 노동이 되어서 그중에서도 특히 미래의 성과를 위해서 이른 시기부터 아이들의 체력과 정신력의 한계를 넘는 많은 시간을 지적 수업으로 쓰고 있다. 여기에 반해서 동서의 교육 고전들은 하나 같이 그 폐해와 폭력성을 지적하고 있다. 루소는 영유아기(0-5세) 이후 아동기(5-12세)에 대해서 말하기를, 이 시기에 아이들은 의무와 과제와 미래의 목표로 내몰리려서는 안 되고, 충분히 현재에서 살 수 있어야 한다. 그래서 여유를 가지고, 항상 힘이 남아서 그 주변과 자연과 세상의 아름다움을 발견하고 즐거워하며 그와 더불어 하나가 되어서 살아가야 한다. 그런 의미에서 이 시기는 사람과 사물의 구분도 하지 말라고 하는데, 감각기능의 발달과 감성교육이 위주가 되어야 하는 유아기와 아동교육은 그러므로 "시간을 아끼라는 것이 아니고 낭비하라는 것이다." "초기에는 시간을 낭비하라. 그러면 나중에 이자가 붙어서 되돌아올 것이다"라고 역설한다.[34] 루소에 따르면 우리의 불행은 "욕망과 능력의 불균형"에서 오고, 불행은 결핍 그 자체에 있는 것이 아니라 "결핍감을 느끼게 하는 욕망 속에 있는 것"이다. 그러므로 어린 시절에 아이들에게 그들의 능력을 한없이 초과하는 과한 과제와 의무를 주고서 거기에 도달하지 못하는 결핍감과 과도한 욕망을 일찍 심어주는 교육은 아이들을 큰 불행과 두려움에 빠뜨린다. 그 일을 통해서 평생 흔들리고, 주변을 믿지 못하게 하고, 시기와 질투에 시달리며, 자존감을 훼손하고 열등감을 심어주는 교육이 되는 것이다. 그래서 그는 우리가 잘 알듯이 이 시기에 이루어져야 하는 교육을 "소극적 교육"으로 명명하였다.

여기서 나는 특히 오늘날 한국 사회에서 영아 때부터 앞 다투어 시

---

34 루소, 같은 책, 183.

행하고 있는 영어 조기교육에 대해서 생각해보고자 한다. 우리가 태어나서 처음 배우는 언어를 '모국어'(mother tongue)라고 하는 데서도 드러나듯이 어린 시절 아이의 언어와의 첫 만남은 자연스럽게, 강압적이지 않고, 머리를 써서 하는 일이 아닌, 온 몸과 삶에서 물 흐르듯이 부드러운 모방을 통해서 이루어진다. 그런데 그런 자연스러운 모국어 습득 과정도 채 무르익기 전에 강압적으로, 아이의 추상력과 사고력을 쥐어짜내는 방식으로 외국어 교육을 강요하는 것은 그 아이로 하여금 일찌감치 두려움과 불신, 거짓, 허황됨 등을 경험하게 하는 일이다. 세계에 대한 구체적인 몸의 감각과 느낌이 없이 단지 추상적 단어로만 강요되는 세계는 아이에게 삶의 튼실한 토대가 되지 못한다. 그러므로 그런 아이에게서 신뢰를 기대하고, 극한 상황을 맞이했을 때도 자신의 인간성을 잃지 않으며, 또한 나중에 성장해서 당장 눈에는 보이지는 않지만 어떤 뜻과 의미를 가지고 어려운 일을 지속해나갈 수 있는 인간적 행위의 위대성을 기대하기 어렵다는 것이다. 20세기 나치의 인종 말살을 피해서 미국으로 망명한 여성정치철학자 한나 아렌트는 한 대담에서 자신에게(인간에게) 마지막까지 남는 것은 '언어/모국어'라고 했다. 한 사람의 외적 지위나 외모, 옷, 심지어는 신체적 특징까지도 지울 수 있지만 언어는 살아남아서 그 사람의 고유성을 드러내주는 마지막의 특성이 된다는 것이다. 그러므로 그와 같은 인간적 확실성의 마지막 기반도 갖추지 못하게 하는 한국 교육이 그 대신 얻으려고 하는 것이 무엇인지 묻지 않을 수 없다. 일찍이 자신의 조국 인도의 "잘못된 탈인도화 교육"에 대해서 신랄하게 비판했던 마하트마 간디도 아이들의 교육이 모국어로 행해지지 않고 외국어로 이루어질 때 그것은 단지 "모방자"만을 키울 뿐이라고 지적했다. 그러한 사람은 자신의 뿌리로부터 유리되고, 그래서 결국 자신의 나라에 적이 되는 사람이 될 뿐이라고 한다. 당시 인도에서 영어에 대한 과도한 집착을 지적한 그는 그렇게 하면 결국에 나라 안에서 교육받은 계층과 민중 사이에 깊은 골이 패는 것을 초래하고, 어느 나라도 그러한 모방자들로는 결코 자립할 수 없다고 경고한다.35

초등학교에 들어가기 전에 가장 중요한 교육은 아동의 몸의 감각을 일깨우는 일이다. 이것은 주변의 모방을 통해서 아이들의 몸과 감각을 건강하게 일깨우고 더불어 의지력을 자라게 하는 일이다. 세상을 모방하려는 아이들의 의지력을 명령과 복종의 언어로 심하게 좌절시키는 일은 이기적인 인간의 씨앗을 심는 일이라는 것이다. 아이들의 자연스러운 성장에 비해 과중한 과제를 하도록 하기 위해서는 명령의 언어를 쓸 수밖에 없고, 또한 가정 밖에서 집단적으로 이루어지는 공공보육과 사교육은 더욱더 그러하기 때문에 그러한 교육을 통해서는 무턱대고 서두르는 교육이 되어서 노예인 동시에 폭군을 키울 뿐이라는 것이 교육 고전의 지혜이다. 앞에서 언급한 슈타이너에 따르면 사춘기가 시작되기 전까지의 아동기 교육은 사고와 의지의 중간 작용으로서 '감정'을 위주로 하는 교육이 되어야 한다. 그는 인간 감정의 두 힘을 크게 '공감'(Sympathie)과 '반감'(Antipathie)으로 표현하는데, 공감은 주로 의지활동을 주관하고, 반감은 표상활동(인지/사고활동)을 주관한다. 어린 시절에 지적 교육을 과도하게 강조하여 개념을 위주로 기르는 교육은 아이들이 공감할 수 있는 능력, 우리의 맥락에서 말하면 신뢰하

---

35 이은선, "마하트마 간디 사상의 동양적 · 여성적 · 교육적 성격", 『한국교육철학의 새 지평』(인천: 내일을여는책, 2000), 52; 여기서 이러한 성찰은 이중 모국어를 부정하는 의미가 아니라 오늘 한국에서 벌어지는 조기 영어교육처럼 영어를 모국어로 배우는 것이 아닌 외국어로 배울 때의 경우를 말하는 것이다. 아기들이 이중 모국어를 배울 수 있는 가능성과 이점에 대한 주장을 반박하는 것은 아니다.

고 믿을 수 있는 능력을 키우는 것을 차단하는 일이다. 그에 따르면 이러한 과도한 지적 교육의 폐해는 단지 감정의 손상만이 아니다. 인간 마음의 일이 물질계에서 인간의 몸과도 결합되어 있기 때문에 공감·판타지(Phantasie)·상상(Imagination)의 의지활동이 '혈액'과 결합되어 있고, 반감·기억·개념의 사고활동이 '신경조직'과 연결되어 있다는 점에서 과도한 지적 교육은 아이의 혈액에 탄산가스를 늘려서 "육체를 경화시키는 일", 즉 "그를 죽이는 일"이 된다.36 오늘 아이들이 나이에 비해서 몸이 일찍 굳고, 2차 성징이 일찍 나타나는 일 등이 모두 이와 관련되어 있음을 알 수 있다. 대신에 공감의 일은 '상상력'(imagi-nation)을 발달시킨다. 타인과 더불어 하나됨을 느낄 수 있는 능력, 현재를 넘어서 보이지 않는 것을 그려볼 수 있는 상상력은 어린 시절에 의지와 공감력의 신장과 더불어 일깨워진다. 이 능력은 과도한 지적 조기교육으로 심각하게 손상을 입을 수 있고, 그런 의미에서 타인의 처지를 상상을 통해서 재현하면서(represent) 의(義)를 실천하는 행위의 사람이 되기 어렵다는 것을 유념해야 한다.37

그래서 이 시기에는 아직 이 세상과의 관계에서 견고한 나름의 판단 원칙을 얻지 못한 시기이므로, 즉 이성과 사고보다는 흔들리는 감정이 위주이므로 그를 잘 인도할 '권위'가 필요하다. 슈타이너는 7세 이전의 아이들이 모방을 통해서 언어 등을 배워가는 것처럼 이 시기의 아이들은 "마음 밑바닥부터 '권위'를 구하고 있다는 것을 항상 잊지 말아야 한다"라고 강조한다. 공감의 능력이 일깨워지는 데 관건이 되는

---

36 루돌프 슈타이너, 김성숙 옮김, 『교육의 기초로서의 일반인간학』(서울: 물병자리, 2007), 55.

37 이은선, 「한나 아렌트의 탄생성의 교육학과 왕양명의 치량지의 교육사상」, 『생물권 정치학시대에서의 정치와 교육』, 159 이하.

것은 건강한 권위의 어른을 만나는 일이다. 초등학교 시절의 아동은 자신이 깊게 공감할 수 있는 어른과 교사를 만나면서 그의 권위에 마음으로 순종할 수 있을 때 공감 능력이 잘 신장되므로 이 시기의 교사는 진실되고, 공정하고, 편파적이지 않고, 아이들과 더불어 현재의 삶을 즐기고 감동할 수 있는 사람이어야 한다. 이 시기에 지독한 반감을 일으키는 교사를 만나거나, 급우들로부터 소외를 당하거나, 목적에 사로잡힌 교육으로 아이들의 감정이 과부하될 때 거기서 공감의 능력은 크게 훼손되지만, 이에 반해서 교사 등을 통한 윗세대의 참된 권위를 경험하면서 "경외"의 감정을 느끼도록 하는 일은 앞으로의 지적 공부를 위해서도 초석을 놓는 일이 된다.[38] 슈타이너는 그리하여 자신의 교육은 교육기술이나 체계가 아닌 "교육예술"이라는 것을 강조한다. 그는 "아름다움을 통해서 진실을 정복"하자고 말한다. 또한 "교육자나 교사가 지닌 인간 천성의 신선함과 설득력 때문에 청소년이 그 사람을 믿고, 그 믿음을 통해서 진실을 건네받도록 할 수 없는 경우에, 그 사람은 자신이 해야 할 가장 성스러운 의무를 등한시했다고 자책했을 것입니다"라고 교사의 역할과 의무를 정리한다.[39] 우리가 이러한 슈타이너의 이야기를 모른다 하더라도 이 세상에 "늦게 온"(belated) 자로서의 아이 교육은 낯선 세상에 늦게 와서 온전히 적응하고 발을 붙여서 자신 나름대로 파악하고 판단하며 살아갈 수 있기까지는 조심스럽고 부드럽게, 먼저 친밀감을 느끼도록 소개해주고 안내해주는 것이 맞다. 이러한 교사의 살아있는 권위가 죽어버린 한국 교실에서의 난장판을 생각하면 어떻게 우리가 진실을 사랑하고, 타인을 신뢰하고 믿으며,

---

38 이은선, 「어떻게 행위하고 희락할 수 있는 인간을 기를 수 있을 것인가? - 양명과 퇴계 그리고 루돌프 슈타이너」, 같은 책, 288.

39 루돌프 슈타이너, 『젊은이여, 앎을 삶이 되도록 일깨우라』, 201, 192.

옳은 것을 위해서 행위할 수 있는 사람을 키우는 것을 기대할 수 있겠는지 안타깝기만 하다.

이런 슈타이너의 이야기는 앞에서 말한 맹자의 '경장'으로서의 의(義)와도 잘 통한다. 즉 어른에 대한 경외, 그의 진실된 권위에 대한 경험이 기초가 되어서 자아를 삼갈 줄 알고, 타자를 존중하며, 옳은 것에 대한 의지와 실천력을 키울 수 있게 된다는 의미에서이다. 어린 시절에 가족적 삶에서 자연스럽게 어른에 대한 경외와 공경을 체득하는 일을 통해서 정의를 구현할 수 있는 힘을 배우게 된다는 맹자의 정의 개념은 그래서 참으로 실질적이고 구체적이다. '義'의 한문 글자가 '자아'(我)를 순한 '양'(羊)으로 만드는 일에서 나온 것이라는 해석처럼, 참된 권위를 경험하는 일이 바로 그러한 일인 것이다. 오늘 온통 차세대의 교육과 가르침이 공감 속에서 참된 권위를 통해서 이루어지는 '은혜'와 '축복'의 일이라기보다는 차가운 돈의 거래가 되었고, 공리적 타산이 우선이 되었으며, 그래서 강압과 억지의 거짓 권위가 판치게 된 상황에서 어느 날 갑자기 정의로운 사회, 서로 신뢰할 수 있는 사회를 기대한다는 것은 그래서 어불성설이다.

V. 정의로운 행위를 불러오는 믿음의 판단력, 지식교육의 새로운 지평

정의는 타자와 세계를 신뢰하는 마음의 구체적인 실행이고, 신뢰하는 '감정'(심정)과 '행위' 사이에는 '판단'(judging)이 있다. 믿을 '신'(信) 자(字)가 인간의 '人' 자와 말씀 '言' 자가 합해져 이루어진 것에서도 드러나듯이 믿음이란 우선적으로 인간이 언어를 가지고 '보이지 않는 것'(invisible)과 '바라는 것'을 지금·이곳으로 불러오고 약속하는 능력과 관계된다. 그런데 그 능력은 지적인 측면과 감정적 측면, 그리고 의지적인 차원을 모두 포괄하고, 판단력이라는 인간의 행위도 마찬가지로 보인다. 유교적 개념으로 '시비지심'(是非之心)으로 지칭되는 판단력이 단순한 '지식'(知)은 아니지만 그러나 그 '知' 자를 포괄해서 '지혜'(智)로 표기되는 것처럼 판단력은 지적이고 인간의 인식적인 능력과 밀접히 관계되어 있는 것을 알 수 있다.

그런데 오늘 한국 교육이 그렇게 몰두하는 것이 이 지식교육이라면 왜 그처럼 많은 수고와 노력을 들이고서도 한국 사회는 시비지심의 지혜와 판단력이 건강하게 작동하지 못하고, 정의가 제대로 실행되지 못하며, 지와 행 사이의 간격이 그처럼 요원한 것일까? 앞 장에서 먼저 살펴본 대로 영유아 시기부터의 강압적인 주입식 교육과 현재의 감정과 필요를 무시하고 미래의 물질적 성과를 위해 강요되는 반감의 지식교육이 그 배후에 있는 것을 알 수 있었다. 그렇다면 우리 사회의 해악이 그처럼 지적 교육과 지식교육과 관계되는 것이라면 우리 교육에서 그것을 내려놓아야 하는 것이 아닐까? 하지만 그렇게 할 수 없는 것이 맹자도 잘 지적한 것처럼 우리 인간됨의 핵심은 바로 정신활동에 있기 때문이다. 그것을 맹자는 우리 '마음의 일', '생각하는 일'로 보았다. 그에 따르면 우리가 다 같은 사람이지만 '마음'(心, 大體)을 따르는 사람은 대인이 되고, '귀와 눈의 욕심'(小體)을 따르는 이는 소인이 되는바 "마음의 기능"(心之官)은 "생각하는 일"(思)이다.[40] 바로 인간의 인간됨과 그 지향은 마음의 생각하는 힘을 통한 대체의 사람이 되는 것이라는 지적이다. 유교『中庸』의 마지막 부분에 가면 판단에서 '善을 선

---

40 『맹자』「告子章」上, 15: 心之官則思. 思則得之 不思則不得也.

택해서 놓지 않는 일'(擇善固執)을 지극히 행해서(至誠) '성인'(聖人)과 '대인'(大人)의 경지에 오른 사람들에 대한 이야기로 융숭하다. 거기서 성인은 "그의 덕이 넓은 것이 하늘과 같고, 깊고 근원적인 것은 연못과 같으니 나타남에 백성이 공경하지 않는 이가 없고, 말함에 믿지 않는 이가 없으며, 행하면 기뻐하지 않은 이가 없다"라고 했다(『中庸』 31장). 그는 '지극한 진실됨'(至誠)으로 자신의 본성을 실현할 수 있을 뿐 아니라 다른 사람과 사물의 본성도 실현하면서 "천지의 화육(변화와 생장)을 도우며 천지와 함께 한다(與天地參矣)"(『中庸』 22장). 성인은 "천하의 위대한 근본을 세울 수 있으며, 천하의 변화와 육성을 알 수 있다" (『中庸』 32장).

우리 시대의 주지주의의 폐해만큼이나 심각했던 중국 명나라의 학문 풍토와 정치사회적 타락에 맞서서 새로운 공부법과 교육으로 나라와 민생을 구하고자 했던 16세기의 왕양명은 그의 교육 이상을 '대인' (大人)으로 표현하면서 그 대인이란 "하늘과 땅과 우주의 만물을 한 몸으로 보기 때문에 천하를 한 가족으로, 땅 전체를 한 나라로 파악하는 사람"(大人者以天地萬物爲一體者也, 其視天下猶一家, 中國猶一人焉)이라고 밝혔다.[41] 그래서 그 대인은 자신 어버이와의 사이에서 仁이 충실히 행해지도록 노력하지만 이웃과 세상 사람들의 가정에서 仁이 충실히 행해지지 않으면 그것도 바로 자신의 부족함으로 여기면서 그 성취의 길을 찾기 위해서 여러 가지로 고민하는 사람이다. 양명 스스로의 삶에서도 깊이 실천되던 세상에 대한 깊은 책임의식과 우환의식을 세상이 조롱하며 그것은 너무 과하고 미친 짓이라고 비난하자 양명은 말하기를, "천하 사람들 가운데 미친 사람이 있는데, 내가 어찌 미치지

---

41 왕양명, 『大學文』.

않을 수 있겠는가?"[42] 즉 천하 사람들의 아픈 마음이 모두 자신의 마음이라고 응수한 것이다. 그렇다면 어떻게 해서 이러한 큰마음과 덕의 사람이 될 수 있을까? 플라톤은 덕은 가르칠 수 없고, "신성한 기운의 시여"로 그렇게 되는 것이라고 했고, 맹자는 줄기차게 "생각하면 얻게 되고, 생각하지 않으면 얻지 못한다"(心之官則思. 思則得之 不思則不得也)라고 하면서 "내 안에 있는 것을 구하면 이익이 되지만 외재하는 것을 구하면 무익하다"라고 주창했다. 즉 오늘 우리의 의미로 하면, 내 안에 이미 인간적 지성의 힘으로 놓여 있는 사고할 수 있는 능력에 집중하고서 그 내재적 기반 자체를 닦는 일에 힘을 쏟을 일이지 그저 바깥의 정보나 낱개의 지식들을 주워 모으는 일을 지식공부로 여기며 그 일에 시간과 공력을 허비하지 말라는 의미라고 하겠다. 그런 외재적인 일을 통해서는 결코 스스로가 사고하고 판단해서 선을 택하고 악을 피할 수 있는 윤리적인 사람이 되지 못한다는 것이다. 오늘 우리 사회에 그렇게 많은 지적 공부의 양에도 불구하고 자주적으로 사고할 수 있는 사람, 공적 감각을 가지고 도덕적으로 살아가는 사람, 타인에 대한 배려심과 정의로운 마음이 희박한 이유가 바로 한국 교육의 오래된 강압적인 주입식 학교교육과 무관하지 않다는 것을 유추하게 해준다.

양명은 당시 '대학'(大學) 공부가 본래적 의미인 '큰 사람'을 키우는 '큰 학문'의 뜻을 잃고서 다만 경전의 문구를 외우고, 그 문자와 주석의 시시비비를 따지며, 명문장을 쓰는 일 등의 잡다한 지식공부와 과거시험공부로 전락한 것을 보고서, 그렇게 낱개의 지식들을 모으는 일이

---

42 왕양명, 『전습록』 권中, 180; 이은선, 「어떻게 행위하고 희락할 수 있는 인간을 기를 수 있을 것인가? - 양명과 퇴계 그리고 루돌프 슈타이너」, 314.

되어버린 '격물'(格物) 공부를 새롭게 '성의'(誠意) 공부로 재발견할 것을 요청했다. 즉 바깥의 정보에 대한 지식축적이 아니라 내안의 사고하는 능력, 그와 연결되어 있는 선을 지향하는 마음의 의지, 그것을 지체 없이 실행하는 자발적인 행위력 등의 신장을 위한 공부를 말하는 것이다. 그런 주체적이고 근본적인 인간 마음의 힘을 기르는 교육이 참 공부이고 참된 지적 교육이라는 것이다. 오늘 우리 교육의 현장에서 '혁신학교'를 통해 공교육을 개혁하려 하고, 자기주도적 학습을 강조하며, 논술과 토론수업, 주체적 글쓰기, PBL(problem based learning) 수업 방식 등이 강조되는 이유가 모두 이러한 숙고와 연결된 것이며 그 성과를 기대한다.

하지만 나는 여기서 『中庸』이 "神과 같으며"(如神), "하늘과 짝하는 사람"(配天)의 마음이라고 표현했고, 맹자가 '善'을 원하는 우리의 마음이 '믿음'(信)과 '아름다움'(美)과 '위대함'(大)의 단계를 넘어서 참으로 '성스러워서'(聖) "신"(神)의 단계에까지 도달한 것이라고 표현한[43] 인간 정신과 그 생각하는 힘의 차원은 오늘의 학교교육이 단순히 합리성의 차원으로 이해하는 것을 훨씬 넘어선다고 지적하고자 한다. 양명은 대인의 만물일체의 마음은 길거리에 흩어져서 나뒹구는 하찮은 기와조각에서조차 자신과 동류를 느끼는 깊은 仁의 마음이라고 했는데, 나는 우리의 지적 공부와 이성교육이 이러한 차원을 회복해야 함을 말하고자 하는 것이다. 앞의 슈타이너도 자신의 교육학을 '교육예술'이라고 표현하며 우리 시대가 물질주의와 과학의 단계에 도달해서 그것을 부정하는 것은 정당하지도 않고 무의미한 일이지만, 그러나 인간 지성의 힘을 그 차원에 한정해두는 일은 마치 살아있는 인간이 아닌

---

43 『맹자』「盡心章」下, 25.

"인간 시체"와 관계하는 일과 같다고 강론했다.[44] 그런 맥락에서 그는 자신의『자유의 철학』에서 칸트 인식론의 한계를 지적했는데, 칸트가 인간 인식력의 선험적 구조를 밝혀내서 그 자율성과 능동성을 한껏 드러냈지만 그가 밝혀낸 인간 이성의 능동성은 이미 세상에 존재하는 대상과만 관계를 맺을 뿐이지 거기서 더 나아가서 스스로가 세계를 창조하지는 못한다고 밝혔다. 슈타이너는 그것을 서구 지성사가 20세기에 도달한 절벽과 無라고 보았다. 그는 20세기에 들어와서 인류가 겪은 세계대전도 그 "사고의 무기력"이 근본 원인이라고 말하는데, 이 "정신적인 빙하기"를 뚫고나가려면 "인간 자신의 내면에 있는 초지상적인 것, 초감각적인 것, 정신적인 것"에 주목하고서 그것을 높은 정신적인 도덕적 직관의 창조력으로 일깨우는 교육이 긴요하다고 보았다. 그것이야말로 인간 지적 교육이 나아가야 할 방향이라고 생각한 것이다.

이러한 일깨움에 관한 일은 지금까지의 표피적인 지식교육이나 이성주의로는 가능하지 않다. "정신 본성에 대한 지성주의의 관계는 인간에 대한 인간 시체의 관계와 같다"라는 것이 그 통찰이다. 나는 공자가 "仁이 어찌 멀리 있는 것이겠는가? 내가 인을 행하고자 하면 곧 인이 다가온다"(子曰 仁乎遠哉 我欲仁 斯仁 至矣.『論語』「술이」29)라고 한 말도 유사한 의미를 지닌다고 생각한다. 또한 공자가 그 仁을 행하는 방법으로서 "능근취비"(能近取譬, 가까운 데서 취해서 다른 것을 유추할 수 있는 능력,『論語』「옹야」28)를 말했는데, 슈타이너가 교육의 예술적인 차원과 종교적인(영적인) 차원을 강조하면서 인간의 감정과 의지라는 인식구조의 구체적이고 직접적인 차원을 그 사고와 인식력 교육에 깊이 연결하고자 하는 방식이 공자의 이러한 능근취비의 방식과 매우 잘

---

44 루돌프 슈타이너,『젊은이여, 앎을 삶이 되도록 일깨우라』, 96.

통한다고 여긴다. 사춘기까지 진실과 공감의 마음을 가진 교사의 권위에 의해서 여러 예술적 감각의 체험과 더불어 세상의 아름다움(美)과 질서를 마음(감정)으로 깨닫게 된 아이는 거기서 더 자라서 이제 본격적으로 생각하는 사람, '정신'의 존재, 능동적인 사고와 창조적 행위인으로 거듭나야 한다. 그런데 여기서 우격다짐으로 낱개의 정보를 외우고, 주입식의 이론적 정보를 통해서만 세상과 관계해온 아이는 그 세계 뒤에 있는 '이치'(理)와 '의미'(善)를 통찰해내지 못한다. 그의 내면적 직관력이 일깨워지지 못했고, 그래서 존재가 본래적으로 '관계성'(relatedness)이고, "삶의 연관성"이라는 것을 알지 못하기 때문에 서로 믿고 의지하고 사랑하기 어렵다는 것이다. 내면의 의지적 상상력을 통해서 새로운 세계를 창조하는 창조력과 행위력이 전개되지 못했기 때문에 그의 세계는 닫혀 있고, 그래서 보수주의에 경도될 수밖에 없고, 물질주의에 사로잡혀서 배우면 배울수록 더욱 이기적이 되고, 편파적이 되어서 결국 허무에 빠질 수밖에 없다는 통찰이다.

슈타이너는 근대 사회와 근대 교육이 인간을 '머리'로 축약시켰다고 지적한다. 인간에게 머리가 가장 중요하다는 믿음에 도달했지만, 거기에 과부하가 걸린 것이다. 그런 사람은 결코 행복해지거나 선해지기 어렵고, 오늘 젊은 시절에 이미 대머리가 되고 머리카락이 센 사람이 많은 것이 그 신체적으로 드러난 증거라고 한다. 그러므로 "추상적인 단어가 아니라, 정신 안에서의 내적인 활동을 위한 경향을 우리 내면에서 발달시키기 위한 선한 의지가 우리에게 흐르도록 하는" 교육이 절실하다. 그것은 아이들의 몸적 삶을 억압하지 않는 것이고, 현재적 감정을 일깨워서 구체적이고 현실적으로 타자와 세계를 경험하게 하는 일이며, 스스로의 독립적인 생각의 습관을 길러줌과 동시에 '뜻'

을 묻고, 새로운 세계를 꿈꾸는 '의지 교육'과 '상상력 교육'을 활성화하는 일이다. 공자는 15세에 '입지'(立志)를 말했고, 맹자는 우리의 뜻을 높이는 '상지'(尙志) 교육을 말했으며, 우리나라의 율곡은 어머니 신사임당이 돌아가신 뒤 겪은 깊은 정신적인 방황을 접고서 20세 때에 '자경문'(自警文)을 지어서 참된 삶의 뜻을 세우는 '입지'를 자신 공부의 제1 조항으로 삼았다. 여기에 비해서 오늘 한국 교육의 청소년들은 당장 머리로 외우고 익혀야 하는 산더미 같이 쌓여 있는 정보 공부를 위해서, 그리고 그 공부도 철저히 남을 배제하고 자신의 성취만을 목표로 하는 것이므로 그런 공부에서 신뢰와 정의와 만물일체의 직관의 정신력이 키워지기를 기대하는 일은 매우 어렵다. 슈타이너에 따르면 우리의 사고력이 순수하게 길러지면 그것은 곧바로 의지로 전환된다.45 의지로 전환되어야지만 거기서 행위가 나오는 것이므로 지식교육이 의지교육, 뜻을 묻고, 신뢰를 훈련하고, 내적 상상력으로 다른 사람의 처지를 미루어 짐작하는 일을 실천하는 '도덕적 상상력'을 키우는 교육과 함께 가는 일은 그렇게 중요하다. 양명의 지행합일의 주장이 생각난다.

슈타이너는 "믿으라고 억지로 주입시키지 않아도 형성된 예술적 분위기를 통해서 … 믿을 수 있어야 합니다"라고 하고, 청년들의 자발성과 그들 지성의 창조성을 회복시키려는 청년운동은 "그런데 그것은 우선 의지의 문제입니다. 느낌상으로 체험하는 의지의 문제입니다"라고 지적한다.46 시비지심의 판단력인 '지혜'(智)는 단순한 '지식'(知)이 아니라 거기에 날 '일'(日) 자가 더해져서 매일의 구체적 실천과 판단

---

45 같은 책, 109.
46 같은 책, 229, 184.

의 행위가 쌓여야지만 얻게 되는 명철인 것을 밝혀주었다. 공자도 '작은 일들을 배움으로써 높은 뜻에 도달하고'(下學而上達), '매일의 삶에서의 판단을 배움으로써 높은 경지에 도달한다'(極高明而道中庸)는 방식을 말했듯이 참된 판단력의 행위인을 기르기 위한 공부란 단순한 이론적 지식축적의 문제가 아니라는 것을 말해준다. 한나 아렌트가 나치 전범의 정신세계를 탐색한 『예루살렘의 아이히만』에서 밝힌 "악의 평범성"이란 바로 다른 사람의 입장에서 생각할 수 있는 상상력의 부재가 가져온 결과라고 지적한 것을 상기한다. '사고한다'(思)는 것의 핵심은 단순히 우리의 인지(cognition)나 지능(intellect)이 가르쳐주는 사실적 진리에 머무는 것이 아니라 그것을 뛰어넘어서 거기에 남긴 '뜻'(meaning)을 찾는 행위라고 할 수 있다. 여기에는 상상력이 많이 관계되고, 이 상상력은 어린 시절의 공감과 의지와 밀접히 연결되어 있다. 그러므로 단순한 지능과 인지능력의 신장만을 추구하는 지적 교육은 결국 아이히만 같은 사람을 길러낼 수밖에 없고, 이기적이고 자신만을 생각하며, 그래서 불의를 쉽게 행하는 사람을 양산할 뿐이라는 가르침이다.[47]

수동적으로 세상과 관계하는 지성이 아니라 스스로 능동적이 되는 '의지', 그 의지가 사고도 능동적으로 만들고, 거기서 밝게 일깨워진 사고가 의지를 다시 힘차게 불러오는 일이 중요하다. 그와 같은 배움은 바로 "머리로만이 아니라 전체 인간으로 생각하기를 배우고, 세계를 체험하는" 일이며, 성장하는 인간은 바로 그러한 능동적인 배움을 내면으로부터 깊이 요청한다는 것이다. "인간 전체로 주변을 체험하기",

---

47 한나 아렌트, 김선욱 옮김, 『예루살렘의 아이히만』(서울: 한길사, 2006); 이은선, 「한나 아렌트의 탄생성의 교육학과 왕양명의 치량지의 교육사상」, 146.

그러면서 사고를 정화해서 의지로 만들고 그 의지가 다시 사고를 심화하는 통전적 배움, 『中庸』 21장은 그런 교육과 배움의 과정을 "성실함(誠-의지의 일)으로 밝아지는 것(明)을 사고(性)라 하고, 밝아짐으로 성실해지는 것을 교육(教)이라 하니, 성실하면 밝아지고 밝아지면 성실해진다(自誠明 謂之性, 自明誠 謂之教, 誠則明矣. 明則誠矣)"라는 표현으로 참으로 적실하게 밝혀주었다. "인간은 성장할 수 있어야 합니다."[48] "내면에 성장력을 지닌다는 것은 인간에 속하는 가장 중요한 요소 중의 하나입니다."[49] "신체적인 삶의 핏속으로 활기 있게 흘러드는 영적인 피로 가득 채우는 교육학", 이런 이야기들이 지금까지 우리가 살펴본 대로 우리 내면의 "초월적 본심"에 근거해서 "구체적인 보편"의 교육방식으로 이루고자 하는 새로운 지적 교육의 방식들이다.

이러한 모든 이야기는 인간 간의 관계가 심하게 어긋나 있고, 모든 것을 머리로 이끌어가기 때문에 나머지 유기체적 삶에 대해서는 둔감하고, 마음은 차갑고 팔다리는 뻣뻣하게 굳어 있는 시신 같은 사람들, 그렇기 때문에 삶은 점점 더 두려움이 되어가고, 외롭게 느끼며 이기적이 되어서 현재를 살지 못하고, 미래를 물질의 축적만으로 보장받을 수 있다고 생각하는 사람들과 한국 사회와 인류 문명에 주는 좋은 메시지들이다. 그것은 인간 내면의 생명력과 성장력에 대한 깊은 믿음을 가지고, 세계와 타자를 바로 그러한 믿음으로 믿게 하는 참으로 귀한 교육이지만 결코 비싸지 않다. 바로 우리 내면의 보물에 주목하기 때문이다. 나는 이렇게 죽어가는 생명을 살리는 교육, 생명을 낳고 살리는 능력을 키워내는 교육, "천지생물지심"(天地生物之心)의 교육이라

---

48 루돌프 슈타이너, 『젊은이여, 앎을 삶이 되도록 일깨우라』, 250.
49 같은 책, 276, 277.

고 명명하면서, 그것이 오늘 우리 사회의 교육불의에 대한 좋은 처방전이 될 수 있다고 여긴다. 그런 천지생물지심 교육이 토대로 삼고 있는 맹자는 말하기를,

"만물이 나에게 모두 갖추어져 있으니 자신을 되돌아보아 성실하면 기쁨이 이보다 큰 것이 없고, 타인을 헤아림을 힘써서 실천하면 인을 구하는 것이 이보다 더 가까울 수 없다."[50]

고 지금부터 2천 3백여 년 전에 언술했다. 나는 이 말이 여전히 오늘 우리 사회의 정의와 인간다움을 위해서도 두뇌처가 될 수 있음을 믿는다.

VI. 마무리하는 말: 파주 타이포그래피학교(PaTI)의 예

이 글을 쓰는 동안에 주간신문인 〈여성신문〉에 아주 의미 있는 기사가 실렸다. "무재산, 무경쟁, 무권위… 파티로 학교를 다자인하다"라는 제목의 '파주 타이포그래피학교'(PaTI: 파티)에 대한 소개와 그 학교의 안상수 교장에 대한 이야기였다.[51] 그 글을 읽으면서 나는 지금까지 위에서 우리가 한국 사회의 정의와 교육정의를 회복하기 위해 탐색한 많은 내용이 이 디자인 학교에서 나름대로 훌륭하게 실행되고 있는 것을 보고서 감동을 받았다. 안상수 교장은 얼마 전까지 홍익대 시

---

50 『맹자』「盡心章」上, 4: 孟子曰 萬物皆備於我矣. 反身而誠 樂莫大焉. 强恕而行 求仁莫近焉.
51 〈여성신문〉 2015. 4. 28.

각디자인과 교수였는데 정년을 몇 년 앞두고 새 길을 가기 위해서 '탈학교'를 한 경우이다. 기사에 따르면 그는 기존 대학 시스템을 철로나 열차에 빗대고 학점이나 학칙, 교수 승진 등 치밀하게 짜인 제도가 너무도 공고해서 "완전히 새판을 짜야 한다는 열망"으로 그 선로에서 내려왔다고 한다. 2013년 2월 파주출판도시에 작은 현대식 도제 디자인학교 파티를 시작한 것이다.

나에게 그는 참으로 독창적이고 창조적인 사람으로 다가왔다. 특히 한글에 대한 의식이 매우 뛰어나고 명민해서 대학원은 더 배우는 학교라는 뜻으로 '더배곳'이라고 명명했고, 4년제 대학은 큰 학교라는 뜻으로 '한배곳'이라고 예전 주시경 선생의 아이디어를 되살렸다고 한다. 그는 파티를 "빈손으로 출발해 경제적으로 어렵지만" 새롭게 시작한 독립 디자인학교라고 소개한다. 즉 그의 생각하는 힘은 그때까지 세상에 존재하지 않던 파티라고 하는 새로운 학교를 창조한 것이고, 그의 표현대로 하면 "한글을 디자인하듯 학교를 새롭고 멋지게, 누구도 시도하지 않은 방법으로 멋짓는 것"을 통해서 세계의 실제를 확대한 것이다. 그는 거기서 교육방법으로도 파티는 "삶에 밀착된 디자인교육"을 지향한다고 밝힌다. 그는 학생들에게 계속 "눈높이를 낮추어 삶에 밀착하라"고 권한다고 한다. 다른 학교들과는 달리 "경쟁 교육"을 하는 것이 아니기 때문에 "두 발로 딛고 선 땅에 밀착된 디자이너를 기르는 것이 목표"임을 밝히면서 그 모토가 바로 "생각하는 손"이라고 한다. 앞에서 우리가 특히 『중용』이나 맹자, 슈타이너의 언어로 이야기한 의지와 사고가 하나된 교육, 감정과 예술이 전체의 분위기를 놓아주는 교육방식과 매우 유사한 것을 알 수 있다. 그는 그것을 "일이 놀이"가 된 것으로 표현하고 독일 전통의 바우하우스 디자인 학교의 사고와도 잘 통한다고 지적한다. "몸으로 체험할 때 상상력은 더 극대화된다"는 말도 한다. 자신도 스스로 그렇게 배우고 실행하면서 몸으로 체득한 진실이 아니라면 말할 수 없는 교육방식이라고 나는 생각한다.

그는 "돈과 명예에 묶이지 않는 눈높이가 낮은 곳에서 창의력이 발현된다"라고 하면서 파티의 세 가지 無, 즉 "무재산, 무경쟁, 무권위"가 그것이라고 한다. 그래서 건물이나 땅을 갖지 않으며, 성적표도 없고, 선생은 스승이고 학생은 배움이며, 교장은 배움이나 스승들에게 날개를 달아주는 역할을 한다고 한다. 앞에서 일리치가 교사는 학습망 사회에서 그 학습공동체가 잘 기능하도록 매니저 역할을 하는 것이라고 한 말을 연상시킨다. 대학원생들인 성인들의 교육에서는 권위가 크게 요청되지 않는다는 점에서 수긍이 가는 방식이다. 그는 특히 한글의 정신은 '무권위'라고 하면서 백성과 민중을 위한 글자였던 한글의 정신을 귀히 여기고, 그런 맥락에서 "큰 디자이너 세종"의 정신을 섬기면서 한글 글씨체를 창조적으로 계발해서 '안상수체'를 발명한 것이다.

이렇게 파티는 비싸지 않은 교육이지만 그 학습공동체의 망에 스승으로 함께하는 사람들은 국내외의 뛰어난 창조적 예술가들이 많다고 한다. 그는 스스로를 "한글전도사"라고 하는데, 외래어인 디자인이 그를 통해서 "멋지음"이라는 우리말로 새로 태어났고, 여기서 그가 '짓다'(create)라는 말에 주목하고서 그 단어가 예를 들어 '밥 짓다, 집 짓다, 옷 짓다' 등, 우리 전통의 의식주가 모두 '짓다'(창조하다)라는 말로 서술되어왔다고 지적한다. 그러면서 그는 "'짓다'라는 말이 사람한테서 가장 중요한 동사입니다"라고 언표한다. 그는 우리가 앞에서 살펴본 대로 인간 정신의 궁극성의 표현을 결국 '창조성', '새로 시작할 수 있는 능력', 지금까지 실재하지 않던 것을 새로 존재에로 부르는 힘, 정신과 사고의 힘으로 본 것이다. 그에게 디자인이란 "멋을 짓는 일"이다.

참으로 놀라운 통찰들이다. 이러한 이야기를 듣고, 또 그의 학교가 구체적으로 이루어져서 진행되고 있는 것을 생각해보면, 그것은 그의 사고와 꿈이, 그의 직관과 상상과 이상이 현실로 구체적으로 실현된 것이고, 거기서 그의 사고와 의지가 하나가 되었기 때문에 가능한 일이었다는 것을 다시 상기하면서 앞에서 우리가 탐색한 새로운 학교와 교육에 대한 여러 이상이 결코 허황된 것이 아니라는 생각을 굳히게 된다. 한나 아렌트는 그때까지의 서구 문명의 결정판인 20세기 전체주의에 대항하기 위해서 『전체주의의 기원』을 쓰면서 그 마지막 말로 "시작이 있기 위해서 인간이 창조되었다. … 시작은 모든 새로운 탄생을 통해서 보증된다. 참으로 모든 인간은 시작이다"라고 했다. 그것은 인간이 과거에 행한 모든 악과 그러함에도 불구하고 다시 시작할 수 있고, 새롭게 창조할 수 있는 힘을 가지고 있다는 것이며, 그 가능성의 근거를 바로 인간 누구나가 탄생한다는 "탄생성"(natality)의 보편적인 조건으로 본 것이다. 우리는 누구나 탄생한다. 그러므로 탄생했다는 조건 속에 이미 새롭게 시작할 수 있고, 새로운 세계를 창조할 수 있는 능력을 지니고 있다는 것이므로 이 조건에 주목하면 교육이 비싸질 이유가 없다. 그것은 누구나의 보편적 조건이기 때문이다. 나는 이 탄생과 더불어 담지하고 있는 인간의 조건에 주목하는 교육을 통해서 오늘 교육이 한없이 비싸졌고, 그래서 교육불의가 하늘을 찌르는 상황을 개선할 수 있는 가능성을 본다. 이제 비싼 밖으로부터의 사교육에 매달리는 것을 내려놓고, 거짓되고 허황된 욕망만을 부추기는 경쟁위주의 입시교육을 재고하면서 참된 사고력과 행위력을 키워주는 교육을 위한 새 길을 찾아나가야 한다. 그러기 위해서 아이들에게 다시 여유를 돌려주고, 가족적 삶과 여성적이고 모성적인 가치의 의미를 되새기며, 청소년들의 몸과 감정과 의지의 상황을 배려하는 교육, 단순히 먹고 사는 문제에만 매달리게 하는 교육이 아닌 인간적인 높은 이상과 뜻을 갖게 하는 교육, 이런 일들을 우리가 이루어내야 할 것이다. 특별히 지적 교육의 영적인 차원을 회복하여 도덕적 직관력과 공통감적 상상력의 교육을 통해서 인간이 인간에게 살아있는 의미로 다가오게 하는 일 등이 그 안에서 핵심일 것이다.

오늘 청소년 자살률 1위의 나라, 자식을 잃고서 깊은 절망과 시름에 잠겨 있는 사람들에게도 조롱과 무시와 폭력을 행하는 '일베충'이 기승을 부리는 나라, 지금 우리 사회가 어느 때보다도 위험스럽게 직면해 있는 전체주의와 파시즘의 위협 앞에서 모두가 다시 한 번 그럼에도 불구하고 정치의 약속을 상기할 일이다. 최근 유엔이 펴내는 '세계행복 보고서'에서 2012년과 2013년 연속 1위를 차지했고, OECD가 발표한 '2015년 더 나은 삶 지수'에소 삶의 만족도 1위를 차지한 덴마크에 대한 연구에 따르면 덴마크가 그렇게 최고의 복지국가로 유지되는 비결로 '신뢰'를 꼽는다고 한다. 다른 나라 평균(25%)의 3배가 넘는 국민 78%가 이웃을 신뢰하고, 정부에 대한 신뢰도도 84%나 되었다고 전한다.[52] 그런데 그렇게 신뢰를 가능하게 하는 정치의 일이란 결코 교육과 종교와 나뉘어서 고립적으로 진행되는 일이 아니다. 그래서 페스탈로치는 "나의 정치의 시작과 끝은 교육이다", "삶이 곧 교육이다"라는 말로 프랑스 혁명 이후의 유럽 사회의 갈 길을 제시했다. 나는 이 말이 오늘 21세기 우리 사회의 갈 길을 위해서도 중요한 지침이 된다고 생각하며 믿는다.

---

52 〈한겨레신문〉 2015. 6. 4, "우리도 덴마크 사람들처럼…".

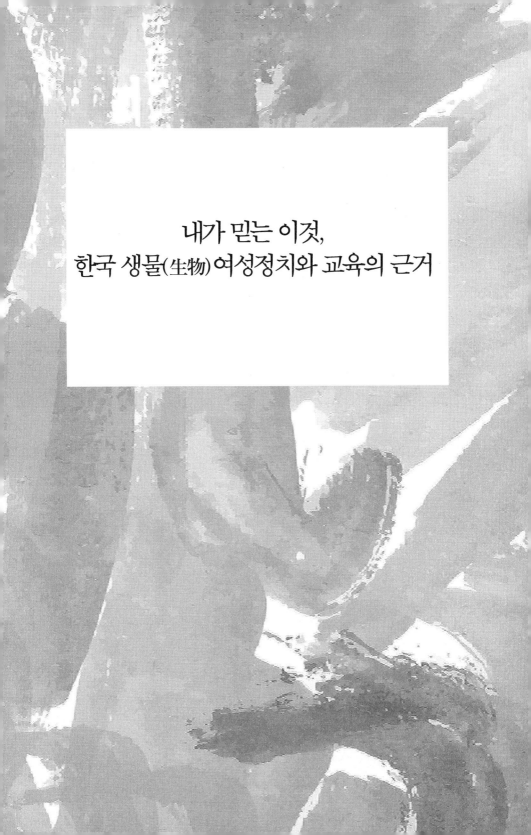

내가 믿는 이것,
한국 생물(生物)여성정치와 교육의 근거

I. 시작하는 말: 한국 사회에서 '신'(神)이 된 공부와 인간 마음의 인식력

2017년은 루터 종교개혁 5백주년이 되는 해였다. 이를 기념하면서 베를린과 비텐베르크에서 열렸던 '독일 교회의 날'(36th. Deutscher Evangelisher Kirchentag) 행사에 참여하였다. 이번 행사의 주제는 '당신이 나를 봅니다'(Du siehst mich)라는 것으로 창세기 16장의 아브람의 아내 사래의 여종 하갈이 임신한 몸으로 사막의 고통 속에 빠져 있을 때 그것을 돌아보시는 하나님께 드리는 기도의 언어에서 따왔다. 서구 유럽은 지금 온통 이슬람 세계와의 갈등에서 오는 테러와 난민 문제로 몸살을 앓고 있다. 그러나 그러한 유럽보다 더 극심한 고통 속에 놓여 있는 집을 떠나온 난민들, 이슬람 국가의 고통의 시각에서 세상을 바라보자는, '당신이 나를 알아보시군요'의 주제어는 오늘 세계와 인류의 문제에서 무엇이 핵심인가를 잘 드러내준다. '알아본다', '본

다', '안다', '느낀다', '감지한다' 등의 여러 언어로 번역할 수 있는 'see'
라는 단어는 우리 시대가 인공지능(AI, artificial Intelligence)을 말할 정
도로 높은 지능과 지성, 인식의 시대가 되었지만 정작 '소통'과 '공감',
참된 '인식'과 '알아봄'이 크게 문제가 된 시대라는 것을 가르쳐준다.

이러한 가운데 얼마 전 '사교육걱정없는세상'의 송인수 대표의 인
터뷰 기사를 보니 그는 말하기를 "공부와 성적은 교회에서도 '신'이 되
었다"라고 일갈하였다. 한국교회에서는 공부가 '신'이 되었으며, 이
"세속주의"에 교회가 철저히 무릎을 꿇었다는 것이다.[1] 루터가 5백 년
전에 가톨릭교회를 개혁하기 위해 내세웠던 세 가지 원리 가운데 그
첫째가 '오직 믿음으로'(*solo fide*)라는 것이었고, 이 언어를 가지고 루
터는 인간의 구원은 어떤 체제(교회)나 외부적 권위(성직자의 중재), 또
는 외적 지식의 축적(중세 스콜라신학) 등의 문제가 아니라 각 개인 스
스로의 정신과 마음으로 하는 일('믿음')이라는 것을 밝힌 것인데, 그래
서 그는 교회의 개혁과 더불어 유럽 교육 개혁에 힘썼고, 모든 사람을
위한 공교육 제도의 확립을 위해 애썼다. 오늘 한국의 상황은 이러한
서구 기독교 문명의 영향과 더불어 토착 유교 문명의 역할로 공부가
신이 되는 상황까지 전개되었지만, 그럼에도 우리 사회는 지난 2014
년 4월 16일 세월호 참사를 겪을 정도로 인간적 소통과 공감, 정의와
정의롭게 함께 살아감의 문제가 심각하게 훼손된 수준이다. 이것으로
써 우리는 다시 우리 공부와 학습, 교육과 인식의 문제를 근본에서부
터 돌아보아야 하는 물음 앞에 섰다. 본 글은 이러한 문제의식을 가지
고, 특히 박근혜 정부에서 사교육비가 가장 큰 폭으로 증가했고, 더군
다나 영유아나 중학생의 사교육비가 급증한 것을 돌아보면서 어떻게

---

1 〈뉴스앤조이〉 인터뷰 사교육걱정없는세상 송인수 대표(2017. 5. 28).

우리 인식과 공부의 물음을 새롭게 할 수 있을 것인지, 어디로부터 '신' 조차도 굴복한 한국 교육의 문제를 풀어가는 실마리를 얻을 수 있겠는지를 성찰해보고자 한다.

　동아시아의 유교 전통에서 특히 한국 사람들의 정서를 가장 잘 대변해준다고 여겨지는 맹자는 '천하(天下)의 근본은 나라(國)에 있고, 나라의 근본은 가정(家)에 있으며, 가정의 근본은 자신(身)에게 있다'라는 말을 "인간 보편의 말"(人有恒言)이라고 하면서[2] 그 천하의 출발점이 되는 주체(身)의 핵심을 다시 '마음'(心)으로 파악했다. 후대에 더 생생하게 "곡식의 씨앗"(穀種)으로 간파된 인간의 마음을 맹자는 '인의예지'(仁義禮智)라는 씨앗을 싹틔우는 네 가지의 원리로도 제시해주었는데, 이 이야기는 한국 사람들에게는 그가 오늘 어떤 종교그룹에 속하는가에 상관없이 인간 이해와 사회 이해의 보편적인 틀로 역할을 해온 것을 말할 수 있다. 나는 오늘과 같이 인간 함께함의 삶이 총체적으로 흔들릴 때는 이렇게 사람들이 널리 말하고, 보편으로 인정하고, 그것에 기대어 살아왔던 삶의 원칙들을 재성찰하는 일이 긴요하다고 생각한다. 그것들이 우리를 다시 가장 밑둥에서부터 돌아보게 하고, 거기서 우리를 다시 보편적으로 묶어주는 가능성을 제시해줄 수 있다고 보기 때문이다. 만약 오늘 한국 사회에서 교육이 신이 될 정도로 비싸졌고, 거의 모든 가정이 그 일로 또한 마음의 일인 자녀들의 교육을 위해서 엄청난 비용을 지출하며 고통받고 있다면 나는 이 길에 대한 새로운 검토가 이루어져야 한다고 생각한다. 왜냐하면 이 방법과 길을 다시 찾아서 밝히 드러내주는 일이야말로 어떠한 외부적이고 제도적인 개혁이나 해방적 조치보다도 더 근본적이고 보편적으로 사람들을

---

2 『맹자』 이루 上, 5, "人有恒言".

해방해주고 자유하게 하는 일이 될 것이기 때문이다. 즉 어떻게 하면 좀 더 쉽고 자연스럽게, 큰 비용을 들이지 않고 인간의 마음을 진정으로 공부시키는 방법이 될 것인가의 물음일 것인데, 이미 지난 세기 70년대에 이반 일리치가 서구 역사에서 이제 제2의 종교개혁을 학교 제도교육으로부터 인간과 배움을 해방하는 '탈학교'(deschooling society)의 개혁이라고 말하였는바, 본인이 여기서 맹자에 이어서 20세기 서구 여성정치철학자 한나 아렌트와 18세기 조선 성리학자 하곡 정제두(霞谷 鄭齊斗, 1649-1736)를 서로 연결하여 살펴보려는 의도도 이와 유사한 것이다.

II. 仁, '탄생성'(natality)과 '생리'(生理): '거룩(聖)의 평범성'

연극 한 편을 보았다. 제목은 〈몇 가지 방식의 대화들〉이라는 제목의 극단 크리에이티브 VaQi의 공연이었다. 그런데 그 연극의 주인공은 지금까지 한 번도 연극을 해본 적이 없고, 나이도 74세의 노인 할머니(아주머니)이고, 초등학교도 나오지 않은, 어릴 때 고아가 되어서 일생을 남의 집 일을 하면서 힘들게 살아오신 분이다. 그분은 이름으로 사랑 '愛' 자와 착할 '順' 자를 얻은 1941년생의 이애순 할머니였다. 10세 때 6.25 폭격으로 언니를 잃고, 뒤이어서 어머니와 아버지를 잃고서 서울 홍은동과 홍제동에서 거의 일생을 살아오신 아주머니는 그러나 지금은 "행복한 시절"로 살고 있다고 한다.[3]

---

3 '페스티벌/도쿄2014' 초청작, 〈몇 가지 방식의 대화들〉, 2014. 9. 13-21, 아르코예술극장 소극장, 크리에이티브 VaQi, 팸플릿, 13.

그런 할머니가 자신의 삶에서 제일 신나게 서술하는 일은 어떻게 혼자서, 학교도 다닌 적이 없는 자신이 "남의 집 살면서 그 집 애들 공부하는 거 보고" 한글을 "한 자 한 자" 깨우쳐나갔는가 이야기하는 일이다. 그녀는 말하기를, ㄱ, ㄴ, ㄷ만 가지고는 글자가 안 되어 ㅏ, ㅑ, ㅓ 등을 거기에 붙이니 글자가 되는 것을 알았다고 한다. 그러나 지금도 받침 같은 많이 틀리고, 여전히 더 많은 글자를 배워야 하지만 "내가 하고 싶은 마음이 있어가지고" 그렇게 글자를 깨쳐나갔다고 말한다. 그녀는 열 살부터 남의 집 일을 살았지만 따뜻한 마음으로 아이들을 잘 봐주었던 것 같다. 25세에 동네에서 소개로 나이가 훨씬 많은 남편을 만나서 아이 셋을 낳고 살았는데, 아이들이 중학교에 갈 나이가 되어서 학교에 보내야 하지만 남편이 그것을 원하지 않아서 그때부터 발 벗고 나서서 온갖 장사와 배달 일과 남의 집 일 등을 하면서 혼자 벌이로 아이들을 학교에 보냈다. 그렇게 모진 삶을 살게 한 남편이지만 세상을 떠나고 없는 남편에 대해서 그녀는 말하기를 그래도 자신에게 "가족을 만들어주어서" 고맙고, 죽을 때 그렇게 "길게 고생시키지 않아서" 고맙다고 한다. 남의 집에 가서 일을 할 때도 그녀는 빗질과 청소와 빨래를 정성을 다해서 하고, 남의 집 자식이지만 밥을 정성스럽게 차려주고 "사랑해"라고 말한다. 그래서 사람들은 그녀와 한 번 인연을 맺으면 쉽게 보내지 않는다. 그녀의 착한 마음씨와 성실한 마음씨, 그녀의 능동성과 자발성, 공감력, 명랑성을 좋아하기 때문이다.

　나는 바로 그런 그녀의 마음씨와 인격을 '仁'이라고 부르는데 주저하지 않겠다. 유교 전통은 사람은 누구나 태어나면서 그런 마음의 씨앗을 품고 태어나고, 그래서 그러한 마음씨는 나중에 후천적인 공부를 통해서 얻게 된다기보다는 '탄생'과 더불어, 인간 마음속의 선한 씨앗으로 놓인 것이고, 이애순 할머니가 "하고 싶은 마음"이라고 표현한 대로 매우 능동적이고 자발적이라는 것을 강조한다. 그녀는 바로 그 마음을 가지고 타인과 세상과 관계하면서 살아왔다. 그 가운데 자녀들을 '낳았고'(生), 그들을 길러내고 '살려냈으며'(生), 자신이 모르는 것을 알고자 하는 마음으로 대상에게 다가가서(親) 그들을 품어 안으면서 하나가 되었다(仁). 즉 '공감력'(sympathy)이며, 선천적 '양지'(良知)이고, 이 마음을 통해서 그녀 주변의 세상을 생겨나게 하는 '심즉리'(心卽理)의 창발력과 창조력이고, 남도 자신과 하나로 볼 수 있는, 그들을 배려하고 보살피고 사랑할 줄 아는 착한 '인간성'(仁)인 것이다.

한나 아렌트는 그 인간의 선천적인 능력을 "탄생성"(natality)이라고 이름 지었다. 그것은 모든 인간이 그 탄생과 더불어 얻어지는 그의 고유한 행위력이고, 그의 탄생이 아니었다면 이 세상이 몰랐을 전적 "새로움"(newness)을 가져올 수 있는 능력이며, 힘든 고난에도 불구하고 그것을 넘어서 "새로 시작할 수 있는 힘"이다. 그래서 아렌트는 그 인간 탄생성과 창발력을 어거스틴의 말을 빌려서 "새로운 시작이 있기 위해서 인간은 창조되었다. 이 시작은 각자의 새로운 탄생에 의해서 보장된다. 참으로 모든 사람이다"라는 말로 인간이 어떠한 능동성과 창조력을 가진 존재인가를 표현했다.[4]

어떤 인간 존재도 의식을 가지고 이 세상에 살고 있는 한 자신이 "태어났다는 사실"(the fact of natality)은 부인할 수 없다. 인간은 바로 그 가장 단순한 '태어났다는 사실'로 인해서 특별히 어떤 신적 존재에 의해서 선택되었다거나, '죄의 사함'을 받았다거나, 업적을 많이 쌓았

---

4 Hannah Arendt, *The Origins of Totalitarianism*(New York and London: A Harvest/ HBJ Book, 1983), 479.

거나 학벌이나 가문, 재산이 좋고 많다거나, 남성이거나 하는 인위적이고 이차적인 이유와 근거에서가 아니라, 바로 모두에게 지극히 보편적으로, 가장 일차적으로 해당되는 '태어남'의 사실에 근거해서 그는 귀한 것이고, 존엄한 것이고, 새로 시작할 수 있는 능력이며, 창조력이라고 아렌트의 탄생성의 원리는 밝혀준다. 그런 의미에서 그것은 지금까지 서구 전통에서 해왔던 어떤 신학적·인간학적 성찰보다도 더 급진적으로 그 전통을 전복한 것이라고 할 수 있고, 나는 여기서 더 나아가서 그것을 유교 전통이 오랜 시간 동안 仁이나 德, 性이나 誠, 良知나 四端, 心卽理 등의 언어로 표현해온 인간 본래의 보편적 선함과 창조력을 말한 것과 매우 잘 연결되고 크게 다르지 않다고 여긴다. 우리가 위에서 지적했듯이 仁은 곡식의 씨앗과 같은 '마음'을 싹틔우는 생명의 원리로서 거기서 만물을 창조하고 탄생시키는 '천지의 창조의 원리와 마음'(天地生物之理/心)로 작동하고, 인간 마음의 '낳고 기르고 사랑하는 원리'(生之性, 愛之理)가 되어서 반생명과 죽임과 죽음의 원리와 온갖 종류의 결정론과 생명의 도구화에 저항하면서 존재를 다시 확보한다. 아렌트가 19세기 부르주아 제국주의에서 파생한 20세기 전체주의에 대항할 수 있는 원리로 드러내고자 한 것이 바로 이 탄생성의 원리이다. 그것은 인간의 보편적인 새로 시작할 수 있는 힘에 대한 깊은 신뢰를 말한다.

18세기 조선의 성리학자 하곡 정제두(1649-1736)는 이 인간 마음의 살아 있는, 살리는 능동성과 창발력을 '생리'(生理)라는 고유한 언어로 표현해주었다. 그는 임진왜란과 병자호란 이후 17세기 후반의 조선 성리학의 풍토에서 모든 학문적 경직과 정치적 소용돌이와 개인적 불행에도 불구하고 인간 마음속의 생명을 살리는 '생리'를 발견했고, 그것이 우리 마음의 선험적인 '밝은 인식력'(良知)이라는 것을 파악했다.5 그의 40대의 작품『존언』에서 그는 다음과 같이 분명하게 당시 조선사회에서 이단으로 치부되던 양명의 사고에서 얻은 인간 마음의 선한 능동성을 자신의 언어로 표현해주었다:

"한 덩어리 생기(生氣)의 원(元)과 한 점의 영소(靈昭)한 정(精)은 그한 개의 생리(生理)(즉 정신과 생기가 한 몸의 생리)란 것이 심장[方寸]에다 집을 짓고 중극(中極)에서 뭉친 것이다[團圓]. 그것은 신장(腎)에 뿌리를 내리고 얼굴에 꽃을 피우며 그것이 확충(擴充)되면 한 몸에가득차고 하늘과 땅[天地]에 가득하다. 그 영통(靈通)함은 헤아릴 수없고 묘용(妙用)은 끝을 다할 수 없으므로, 만 가지의 이치를 주재(主宰)할 수 있으니 참으로 이른바 육허(六虛)에 두루 흐르고[周流] 변동하여 한군데 머물지 않는다. 그 체(體)로서는 진실로 순수(純粹)하게본래 타고난 마음의 원칙이 있지 않는 것이 없었으니, 이것이 살아있는 몸의 생명 근원(生身命根)이며 이른바 본성(本性)이다. 이 가운데다만 생리로만 말하면 "타고난 것을 성(性)이다"라고 하며 동시에 "천지의 큰 덕이 '생(生)'이라'라는 것이다. 오직 그 본래 타고난 마음의원칙이 있기 때문에 (『맹자』의) "본성은 선하다"이며 (『중용』의) "하늘이 명하는 것이 성(性)이다"라고 한다. 도(道)로서는 사실상 하나이다. 모든 일과 모든 이치가 모두 여기에서 나온 것이다. "사람이면 모두 요 · 순(堯舜)이 될 수 있다"고 하는 것은 이 때문이다. 노씨(老氏)가 "죽지 않는다"와 석씨(釋氏)가 "멸(滅)하지 않는다"는 것도 모두 이때문이다."6

---

5 『신편 국역 하곡집』1,「임술유교(壬戌遺敎」, 재단법인 민족문화추진회 옮김(서울: 한국학술정보(주), 2007), 294 이하.
6 『신편 국역 하곡집』3,「존언(存言)」上 '一點生理說', 재단법인 민족문화추진회 옮김(서

여기에 나타난 하곡의 언어는 매우 생생하고 분명하다. 그는 두 번의 큰 재난 이후 점점 더 마른 나뭇가지와 식은 재처럼 경직되어가는 조선 성리학의 정신풍토에서 전심으로 '仁을 구하는'(求仁) 삶을 살아가던 중 생명과 신변에 대한 심각한 위험에도 불구하고 명나라 양명의 인간 존엄과 만인평등에 대한 영성을 이어받아서 여기서 드러난 것처럼 인간 존엄의 근거를 보다 웅장하게 범생명론적으로 펼쳤다. 그는 양명이 『전습록』에서 '어린아이가 어머니 뱃속에 있을 때에는 다만 순수한 氣일뿐이니 무엇을 알 수 있겠는가?'라고 한 말을 들어서 "이 한 점의 순수한 氣는 오직 生理이며, 이것이 理의 체이고 神의 주재자(主)이다"라고 밝혔다.[7] 아렌트가 인간의 '탄생성'을 그의 새로 시작할 수 있는 힘으로 본 것처럼 하곡은 인간 한 몸의 "정신생기"(精神生氣)로서의 생리를 다시 천지의 낳고 살리는 仁과 연결한다. 그는 仁을 "생리의 主이며 발생시키는 주체"(仁者, 生理之主, 能發生者也)로 보았고,[8] 인간의 불쌍히 여기는 마음(측은지심)을 "인간의 생도"(人之生道)라고도 하고, 또 "생신"(生神)이나 "인간 마음의 神"(人心之神)으로도 표현한다.[9] 그는 또 맹자의 호연지기(浩然之氣) 이야기를 특히 좋아하였는데, 맹자가 '의를 쌓는 것'(集義)과 '밤에 잠을 잘 자는 것'(夜氣擴充) 등

울: 한국학술정보(주), 2007), 87 이하; 一團生氣之元, 一點靈昭之精, 其一 (或無一字) 箇生理 (卽精神, 生氣爲一身之生理)者, 宅竅於方寸, 團圓於中極° 其植根在腎, 開華在面, 而其充卽滿於一身, 彌乎天地° 其靈通不測, 妙用不窮, 可以主宰萬理, 眞所謂周流六虛, 變動不居也° 其爲體也, 實有粹然本有之衷, 莫不各有所則, 此卽爲其生身命根, 所謂性也° 只以其生理則曰: "生之謂性", 所謂 "天地之大德曰生"° 惟以其本有之衷, 故曰: "性善", 所謂 "天命之謂性"° 爲道者, 其實一也, 萬事萬理, 皆由此出焉° "人之皆可以爲堯舜"者, 卽以此也° 老氏之不死, 釋氏之不滅, 亦皆以此也°

7 『신편 국역 하곡집』 3, 「존언(存言)」上 '生理性體說, 143.
8 『신편 국역 하곡집』 3, 「존언(存言)」上 '仁性心知', 160.
9 『신편 국역 하곡집』 3, 「존언(存言)」上 '生理虛勢設, 95.

과 더불어 이야기한 호연지기를 기르는 공부가 착하고, 선한 말을 하면서 욕심을 부리지 않고 바르게 사는 일과 우리 몸의 건강이 결코 둘이 아님을 잘 드러내준다고 여겼다.[10] 요즈음 사람들은 제일 관심을 갖고 많은 시간과 돈을 쓰면서 건강을 지키고 오래살기 위해서 노력하는데, 앞의 이애순 할머니가 자신의 건강에 대해서 다음과 같이 말한다. 맹자나 하곡의 인간 몸과 마음에 대한 이야기처럼 그녀의 仁과 측은지심과 깊이 연결되는 것 같다.

"건강비결은 몰라 그냥 나는 나대로 살아갔으니까 건강비력 같은 거 없어. … 사람들이 건강하다 그러다 보면 건강한 거 같은데 건강이란 건 자기도 몰라. 지금 현재로써는 아침에 자고 일어나면 찌부덕하지 않고 벌떡 일어나는 거. 왜냐하믄은 잠을 잘 자잖아. 그리고 아침에 자고 일어나서 한 10-15분 있다가 난 화장실을 가 대변을 봐. 아침에만, 낮에 잘 안 보고 아침에만. 내가 아침 새벽에 일어나자마자 내가 11시쯤 자면 딱 다섯 시간 여섯 시간 자고 일어나. 일어나 중간에 깨지도 않고. 그게 건강하다고 해. 그러니까 건강하구나 그러고 있지."[11]

하곡이 300여 년 전에 인간 모두의 마음 안에 일점으로서 있다고 한 생명을 낳고 살리고 만물을 새롭게 하고, 측은, 수오, 사양, 시비의 사단(四端)의 고유한 덕과 우리 인식력이(理性/良知)이 되어서 참된 인간이 되고자 하는 소망을 갖게 하고, 더불어서 우리 몸을 건강하고 아

---

10 『신편 국역 하곡집』3, 「학변(學辯)」, 48 이하; 김길락, 「하곡 정제두의 심성론 연구」, 동양예문연구원/김교빈 편저, 『하곡 정제두』(서울: 예문서원, 2005), 203 이하.
11 '페스티벌/도쿄2014' 초청작, 〈몇 가지 방식의 대화들〉, 2014. 9. 13-21, 아르코예술극장 소극장, 크리에이티브 VaQi, 팸플릿, 14.

름답게 하는 "생명의 근원"(生身命根)이라고 한 우리 마음의 生理가 이애순 아주머니의 몸과 마음속에 잘 체현되었다. 나는 이것을 '천지의 낳고 살리는 창조의 영'(天地生物之心)이 그녀의 몸에서 성육신한 것으로 보고자 한다.[12]

나는 오늘날 이 인간에 대한 실천력 있는 신뢰를 회복하는 일이 무엇보다도 시급하고 긴요한 일이라고 생각한다. 거기서의 신뢰의 근거는 '탄생했다'는 참으로 보편적인 '존재의 사실'(*sui generis*)에 기초해 있으므로 모두를 포괄할 수 있고, 실천적으로 작동할 수 있다.[13] 오늘 우리 시대는 그렇게 다시 그러한 존재의 원리에 근거해서 인간의 성성(聖性)을 드러내는 것이 중요하다. 만물을 싹틔우는 생명의 원리(仁)가 인간 자체이고(仁者人也, 仁也者人也), 이 세상이 살 만한 세상이 되기 위해서 인간의 '측은지심'과 '차마 못하는 마음'(不忍之心)과 인간성이 어떤 종교나 정치의 구호를 넘어서 마지막 보루이고, 그래서 그것은 인간 마음의 네 가지 덕 중에서 가장 으뜸이 되고, 만물의 생명원리가 됨을 말하는 것이다. 앞에서 먼저 살펴본 이애순 할머니의 경우에서도 드러났듯이 그것은 인간 누구나의 선험적인 보편적 선함이고, 그 아주머니의 仁 덕분에 지난 한국 현대사의 격동의 시간과 오늘도 모든

---

12 이은선, 「한국 여성신학 '천지생물지심(天地生物之心)의 영성과 생명, 정의, 평화」, 생명평화마당 엮음, 『생명과 평화를 여는 정의의 신학』(서울: 동연, 2013), 374 이하. 하곡의 생리에 대해서 들은 한 여성 지인이 묻기를 여성들이 매달 하는 '생리'(menstruation)와 하곡의 '生理'가 같은 단어인가 했다. 그러한 연결은 생각하지 못했는데 찾아보니 같았다. 이것은 매우 의미심장한 발견으로 여성들의 몸이야말로 생명의 근원, 생신명근이라는 것을 다시 잘 지적해주었다고 생각한다.
13 이은선, 『생물권 정치학시대에서의 정치와 교육 - 한나 아렌트와 유교와의 대화 속에서』(서울: 도서출판 모시는사람들, 2013), 74.

재난적 상황에도 불구하고 그녀의 삶뿐 아니라 그녀 가족과 이웃의 삶, 그러한 그들을 구성원으로 해서 이루어지는 한국 사회와 국가의 삶이 지속되어 나간다. 그런 의미에서 그녀의 삶을 그렇게 우리 시대의 한 "존경"스러운 삶으로 의미화해준 이경성 연출의 질문,

"아줌마는 평생 가족을 지키기 위해 일을 하셨고 남의 것에 욕심내지 않고 선하게 살아오셨다. … (오늘) '재난적' 상황에서 아줌마가 평생을 거쳐 삶을 지속하기 위해 유지해야 했던 일상의 리듬감과 온도는 지금 현재 내 삶과 그 주변세계를 돌아보게 하였다. … 이 모든 우울과 분노를 뒤로 하고 이야기하자면 우리 시대의 '선함', 선한 삶은 무엇이고 어떻게 그것이 이 구조 안에서 가능해질 것인가? 이 총체적 난국에서 내 머릿속을 맴도는 질문들이다."[14]

라고 한 것은 매우 타당하고 적실하다. 바로 우리 시대 만물을 낳고 살리는 '천지생물지심'인 仁에 대한 질문인 것이다.

III. 義, '자유'(freedom)와 '진리'(眞理): 삶의 다원성과 상대성 그리고 '권위'(authority)

위의 이애순 할머니가 참으로 명랑하고 꺼리지 않고 자신의 삶에 대해서 말하지만 한 가지 머뭇거리고 '부끄러워'하는 것이 있다. 자기 혼자 벌어서 자식들을 가르치느라고 그들 모두를 '대학'에 보내지 못

---

14 '페스티벌/도쿄2014' 초청작, 〈몇 가지 방식의 대화들〉, 이경성, "연출의 글", 4.

했다는 것이고, 그러나 거기에 반해서 그들이 그래도 모두 고등학교를 나왔고, 특히 작은아들은 안정된 우체국 직장도 마다하고 나와서 스스로 '전문대학'을 졸업했고, 큰아들은 상고를 졸업할 때 "전교 8등"이었기 때문에 좋은 직장에 갈 수 있었다고 하는 이야기는 많이 자랑스러워한다. 여기에서도 드러나듯이 사람은 누구나 '부끄러워하는'(羞惡之心) 마음을 가지고 있다. 그것이 무엇이든 간에, 물론 여기서는 할머니의 부끄러움은 우리 사회의 학벌주의가 만들어놓은 오히려 극복해야 하는 좋지 않은 허심일 뿐이라고 반박받을 수 있지만, 나는 우리가 좀 더 근본적으로 생각해보면 다르게 이야기할 수 있다고 본다. 즉 여기서 할머니의 부끄러워하는 마음은 꼭 '대학'이라는 배움 기관의 절대 단위 때문이라기보다는, 오히려 더 근본적으로는 인간은 '배워야' 하는 존재라는 것, 즉 혼자 스스로 모든 것을 알고, 할 수 있는 존재가 아니라 '다른 사람들'을 통해서 얻고 배운 축적된 지식과 경험이 있어야 한다는 것이며 그래서 그것을 배워야 하는 존재라는 것, 그것을 충실히 하지 않았을 때는 자기 속에 갇히는 것이고 타자의 시간과 존재를 인정하지 않는 것이기 때문에 자연스럽게 부끄러운 마음이 든다는 것이다. 전통적 유교의 개념으로 하면 타인에 대한 인정과 존숭, 자신을 삼가고 비우는 겸손, 남에게 마땅히 돌아가야 하는 것을 빼앗지 않는 마땅함, 자신이 탄생하기 전의 시간과 과거에 대한 존중이며, 그것은 곧 '義'를 말하는 것이다.

맹자는 그 義를 '인간의 길'(人路)이라고 하면서 그것을 '경장'(敬長, 오래된 것/웃어른을 존숭하는 것)이라고 했다. 플라톤의 『이상국가론』에 따르면 사람들이 함께 사는 바람직한 사회를 만들기 위해서는 '정의'는 금싸라기보다도 귀하고, 그것은 사회를 썩지 않게 하는 '방부제'와 같은 역할을 하는데, 그러면 오늘 한국 사회가 한없이 부패하고 불의하다고 했을 때 그것은 무엇을 말하는 것인가? 맹자의 이야기에 따라 살펴보면 오늘날 사람들은 점점 더 부끄러움을 모른다는 것이다. 부끄러움을 모른다는 것은 타인과 세계를 인정하지 않는다는 것이고, 자신이 천지의 영인 仁의 씨앗을 받아서 태어난 귀한 존재이지만 다른 사람도 그와 같은 정도로 귀하다는 것을 인정하지 않고 존중하지 않는 일이다.

일베 그룹들이 세월호 참사를 당해 단식으로 저항하는 유족들 앞에 나가서 피자와 치맥 파티로 그들을 조롱한 것은 극단적 예이다. 예전 인간 도리에 따르면 상가에 가서는 배불리 먹지도 않았고, 곡을 하고 나서는 노래를 부르지도 않았다고 하는데, 그런 이야기는 한 웃음거리일 뿐이다. 오늘 사람들은 세상의 일들을 쉽게 자기가 생각하고 싶은 대로, 자기에게 편리한 대로 재단하고, 평가하고, '의견'을 내고, 조작한다. 옛 언어로 하면 '인물위기'(認物爲己), '세상을 자기 자신으로 착각하는 것'이고, 아렌트의 말로 하면 '세계소외'(worldlessness)이다. 즉 타자와 세계와 과거의 사실과 객관을 온통 주관과 자기 욕심과 현재의 이득을 위해서 조작하고, 왜곡하고, 존중하지 않는 것을 말한다.

오늘 한국 사회에 정의가 없다고 하는 것으로 나는 맨 먼저 힘과 권력에 의해서 과거의 '사실적 진리들'(factual truths)을 그들의 권력 유지와 이익과 미래를 위해서 왜곡하고 거짓으로 조작하는 것을 들고자 한다. 맹자가 '오래된 것을 존숭함'(敬長)을 '정의'라고 했고, 그것을 한 사회가 바르게 유지되는 데 방부제와 같은 역할을 하는 것으로 여겼다면, 그것은 바로 과거의 사실을 있는 그대로 인정하고 존중하는 것, 자신들의 이익이나 의도를 위해서 과거의 있었던 일을 왜곡하거나 조작하지 않고 사실 그대로 드러나게 해주어서 사람들의 판단력을 흐리지 않게 하는 일이 정의이고, 그것이야말로 한 사회를 유지하고 살

만한 세상으로 만드는 데 기초가 되고 토대가 되는 일임을 밝혀준 것이다. 그래서 공자도 "정치는 바로잡는 일"이라고 했다(政者正也). 그것은 참된 권력이란 왜곡된 것을 바로잡아 줄 수 있는 힘, 사람들이 자신 마음대로, 자신들의 사적인 의도대로 왜곡하고 거짓으로 칠했던 것을 다시 공평하게(至公無私) 한 잣대로 밝혀주고 바로잡아주는 일이라는 의미이다.

한나 아렌트는 그녀의 논문 「진리와 정치」(Truth and Politics)에서 어떻게 불의한 사회에서 정치와 사실적 진리가 적대적으로 충돌하는지, 그것이 자유 사회에서 인정된다 하더라도 그것이 어떻게 '의견'(opi-nion)이라는 이름으로 왜곡되고, 감추어지고, 일파만파로 패러디화되는지를 잘 밝혀주었다. 그녀에 따르면 그렇게 거짓과 의견과의 경계 허물기를 통해서 사실적 진리를 사라지게 할 수는 있지만, 그 결과는 인간 사회에서 거짓말이 진리로 수용되고 진리가 거짓으로 폄하되는 일보다 더 심각하게 바로 "실재를 읽어내고 거기서 의미를 찾아내는 사람들의 감각과 능력이 훼손되어간다"는 것이다. 즉 '용서'나 '약속'과 같은 인간 고유의 행위는 말할 것도 없고, 어떤 인간적인 행위나 그것을 통해서 미래를 구상해낼 수 있는 능력, 다시 말하면 우리 사고력과 우리 삶을 계속할 수 있는 근원적인 생명력이 고갈되어가는 것을 말한다.[15] 그것은 인간 삶의 부인할 수 없는 조건인 과거를 마치 현재의 일부분인 것처럼 마구 다루면서 그 존재가 가지는 완고성과 토대성을 오늘의 이익을 위한 거짓으로 훼손하는 일이고, 그럴 때 우리 존재의 미래도 함께 날아가버리는 것을 가르쳐준다. 즉 인간 공동 삶의 토

---

15 한나 아렌트, 서유경 옮김, 「진리와 정치」, 『과거와 미래사이』(서울: 푸른숲, 2005), 345.

대를 부수어버리는 처사이고, 그래서 그녀는 공론 영역에서 말과 행위의 진실성과 위대성을 보장하는 바른 정치의 일이야말로 인간 세계의 "생명줄"(lifeblood)이라고 했다.[16] 오늘 우리 사회의 생명줄이 끊어지고 있는 것이다.

양명이 설파한 우리 마음의 생생한 생명력(心卽理)와 선험적 인식력(良知)을 우리 마음의 생리(生理)로 파악한 정하곡은 거기서 더 나아가서 그 생리 중의 '진리'(眞理)를 구별해낸다. 그것은 우리 주체(마음)가 그 고유한 선험성과 창발력에도 불구하고 한편으로 인정하고, 기대야 하는 '세계'(타자)와 그 '다양성'과 더불어 같이 살아가야 하는 우리 삶의 존재조건에서 나오는 피할 수 없는 일이다. 하지만 양명과 마찬가지로 이미 인간 속에서 압도적으로 천래의 거룩(易, 神, 生理)을 만난 하곡은 삶에서 조화와 평화를 깨는 악의 원인을 다시 과격하게 형이상학적 이원론적으로 파악하지는 않았다. 그럼에도 이미 양명학에서 '임정종욕'(任情縱欲)의 위험성을 본[17] 그는 다음과 같은 분명한 구별을 통해서 우리의 義를 요청한다.

"理, 性은 생리일뿐이다. 대개 生神을 理라 하고 性이라 하지만 그 성이 본래 스스로 있는 참된 본체가 성이고 리이다. 그러므로 생신 가운데서도 참된 것(眞)이 있고 망령된 것(妄)이 있음을 분별하여 그 참된 본체를 얻어 주장하는 것이 性을 높이는(尊性) 공부이다. 그러므로 모든 理 가운데서 生理를 주장하고 生理 가운데서 眞理를 택하여야 理

---

16 한나 아렌트, 이진우 · 태정호 옮김, 『인간의 조건』(서울: 한길사, 2001), 267.
17 김교빈, 「하곡 리기론의 구조에 관한 연구」, 동양예문연구원 · 김교빈 편저, 같은 책, 227; 본인도 유사한 이유로 하곡이 임정종욕의 폐단을 깨달았다고 하는 신해년을 그의 23세 때로 보고자 한다.

가 될 수 있는 것이다."18

이것은 우리 삶에서의 '공부'와 '배움'의 문제를 드러낸 것이다. 특히 우리 마음속의 '의지'의 순화 문제(誠意/正心)이고, 나 자신의 '생의'(生意)를 어떻게 타인의 것과 잘 조화시키느냐는 물음이다. 하곡은 그래서 우리가 마음의 생리로 '낳고 또 낳고, 살리고 또 살릴 수 있는'(生生之謂易) 창조력의 존재이지만, 그 마음이 때때로 사사로운 욕망에 치우치고, 무엇이 공평한 것인지를 잘못 판단하는 현실(情)로 우리 마음에 덮인 '심포'(心包)와 '기막'(氣膜)을 지적하며 그 생리 가운데서도 '진실한 본체'(眞實之理/眞體)와 '참된 본성'(性之本體)을 구별할 것을 요청한다:

"생리의 體는 본래 이를 말한다. 비록 그렇더라도 하나의 활발한 생리가 있고 그 한 개의 활발한 생리의 전체가 생생한 것은 반드시 진실한 理-體-(眞實之理)가 있기 때문이다. 무극의 극이면서도 이토록 충막하여 지극히 순수하고 순일한 체가 되는 것은 理의 眞體가 있기 때문이다. … 人心의 神은 하나의 살아 있는 活體의 생리이며 전체가 측달(惻怛)한 것이기 때문에, 반드시 진성하고 측달하고 순수하고 지선하면서도 지극히 은미하고 고요하며 지극히 순일한 체가 있으니 性의 本體이다."19

---

18 『신편 국역 하곡집』3, 「존언(存言)」上 '生理虛勢設', 95; 理性者, 生理耳° 蓋生神爲理爲性, 而其性之本, 自有眞體焉者, 是其性也理也, 故於生神中, 辨其有眞有妄° 得主其眞體焉, 則是爲尊性之學也° 故於凡理之中主生理, 生理之中擇其眞理, 是乃可以爲理矣° 이해영, 「하곡 정제두 철학의 양명학적 전개」, 예문동양사상연구원 · 김교빈 편저, 같은 책, 194-195 번역 참조.
19 『신편 국역 하곡집』3, 「존언(存言)」上 '生理性體設', 143; 生理之體, 本謂此爾° 雖然,

하곡은 이러한 물음들과 관련해서 '義'란 "다스리는 재제의 마땅함이며 理의 재재"(義者, 帝制之宜, 理之裁制也)라고 하면서[20] 특히 '신독'(愼獨, being alert at alone)을 중시했다. 그는 천지의 만물을 자리 잡게 하고 기르고 육성하는 일도 '중화'(中和) 위에서 되는 일이라고 하면서 그 중화를 얻기 위해 마음을 바르게 하고(正心), '사사로운 뜻'(私意)을 잘 밝히는 신독 공부가 특히 중요함을 말한 것이다. 그래서 그는 정치의 기강은 바로 정심과 신독에서 나온다고 했다.[21] 이렇게 하곡이 우리 존재의 선한 생명력과 그 창조력(生理)을 크게 드러내면서도 다시 그 생리 중의 진리를 구별하고, 그 생리의 본체와 의도를 잘 조절하고 가꾸는 일을 강조한 것처럼, 서구의 아렌트는 앞에서 이야기한 인간의 탄생성의 핵심인 '자유'를 서구 정신사에서 새롭게 해석하는 일을 통해서 유사한 생각을 드러낸다.[22] 즉 그녀에 따르면 탄생성의 핵인 자유란 진정한 의미에서 사적 의지의 문제가 아니라 오히려 그 개인적 의지보다 더 보편적인 "원리들"(principles), 즉 결코 어느 한 개인이나 개별 그룹의 동기(motives)나 목표(goal)가 아니라 몽테스키외 등이 "덕목"(virtue)이라고 부르는 더 근본적이고 포괄적인 삶의 원칙들 앞에 그 사적 의도를 내려놓는 능력이라고 밝힌다.[23] 그는 서구의 역사

又其一箇活潑生理, 全體生生者, 卽必有眞實之理【體】° 無極之極, 而於穆沖漠, 純至一之體焉者, 是乃其爲理之眞體也°【是乃所謂道者也'命者也°】人心之神, 一箇活體生理, 全體惻怛者, 是必有其眞誠惻怛, 純粹至善, 而至微至靜至一之體焉者, 是乃其爲性之本體也°

20 『신편 국역 하곡집』 3, 「존언(存言)」 中 '仁性心知', 160.

21 『霞谷集』 「筵秦」 '戊申 4월 3일', 박연수, 「하곡 정제두의 지행일체관」, 예문동양사상연구원 · 김교빈 편저, 같은 책, 283 재인용.

22 Hannah Arendt, *The Origins of Totalitarianism*, 479.

23 Hannah Arendt, 'What is freedom?', *Between Past and Future* (New York: Penguin book, 1993), 164ff., 이은선, 「한나 아렌트의 탄생성의 교육학과 왕양명의 치량지의 교육사상」, 『생물권 정치학시대에서의 정치와 교육』, 133 이하.

에서 자유의 문제가 철저히 개인의 내적 의지의 문제로 환원된 것을 비판했고, 근대 사회에서 '자유'(freedom)와 '주권'(sovereignty)을 일 치시켜 이해한 것을 매우 유해한 일로 보았다. 나는 이러한 아렌트의 자유에 대한 해석이 유교 전통의 '사기종인'(捨己從人)의 덕목에 아주 잘 맞닿아 있다고 여긴다.[24] 아렌트는 인간 삶의 또 다른 피할 수 없는 조건인 '다원성'(plurality)을 충분히 인정하면서 그 다원성을 조화롭게 치리할 수 있는 '정치'를 매우 강조하며 "정치의 희망"(the promise of politics)을 말했다.[25] 하지만 그녀는 그러한 정치의 위대함에도 불구 하고 그것이 인간이 의지로 변화시킬 수 없는 사물들에 의해서 제한을 받는 것을 알았다.[26] 유사하게 하곡도 그의 개인적 삶뿐 아니라 당시 기사환국(己巳換局, 1689년, 숙종 15년) 등의 극심한 폭력적 상황에도 불구하고 인간 마음의 생리를 밝혔지만 그 가운데서도 다시 그 핵심인 진리에 집중함으로써 義를 강조했다.

맹자는 義를 '敬長', 오래된 것에 대한 존숭이라고 했다. 몽테스키외 는 '덕'이란 "공평에 대한 사랑"(the love of equality)에서 나오고, '공 경'(honor, 敬)이란 인간 조건의 다원성과 긴히 연결되어서 "다름에 대 한 사랑"(the love of distinction)에서 나오는 것이라고 했다.[27] 오늘 한 국 사회에서 정의가 짓밟혀지고, 존숭의 마음이 없다는 것은 '타자'가 안중에 없다는 것이고, 특히 그 타자 중에서 나의 존재 이전의 존재,

---

24 이은선, 「오늘의 '포스트휴먼' 시대에 무엇이 인간을 여전히 인간되게 하는가? – 유교적 페미니즘과 '다른 기독론'(the other christology)」, 『유교사상문화연구』 제52집(한국 유교학회, 2013. 6), 194 이하.
25 Hannah Arendt, *The Promise of Politics* (New York: Schocken Books, 2005), 63ff.
26 한나 아렌트, 「진리와 정치」, 『과거와 미래 사이』, 353.
27 Hannah Arendt, *The Promise of Politics*, 66.

과거의 사실, 부모와 나이 든 세대, 오래된 자연 등에 대한 존중과 자리가 없는 것을 말한다. 자신들의 더 많은 부와 권력의 축적을 위해 부모들이 아프면 멀리 요양소로 보내고, 과거의 사실들은 몇몇 힘 있는 그룹의 정치적 사리사욕으로 조작되고, 자연은 사실적 종말이 말해질 정도로 훼손되어간다. 그 과거의 사실과 많이 관계되는 배움이나 공부는 본래의 뜻을 잃고 심하게 뒤틀려서 많이 배운 사람일수록 더 이기적이 되고, 한갓 돈벌이 수단으로 전락해서 더 이상 존중 받지 못한다. 오늘로부터 그렇게 멀지 않은 함석헌 선생의 어린 시절에는 글이 씌어 있는 종이로 함부로 코를 풀거나 밑을 닦는 것을 엄하게 경계하는 글과 배움에 대한 존숭이 남아 있었다고 하지만 오늘은 '교과서'도 조작되는 일이 특별한 일이 아니게 되었다.[28] 배움에 대한 큰 존중을 가지고 있는 이애순 할머니는 비록 학교는 다니지 못했지만 비굴하지 않고 떳떳하며, 친절하고 따뜻하다. 그녀는 나이로 권위를 부리지 않고 오히려 젊은 사람들과 어울리는 것을 좋아하고, 앎에 대한 존중으로 혼자서 힘들게 깨우친 문해력으로 아침마다 성경도 읽고 창세기도 읽으면서 나름대로 세상의 기원과 인간 삶의 이치들을 알아가는 것에 대해서 즐거워한다.[29] 할머니의 이런 호연지기와 세계에 대한 존중은 그녀가 다른 사람과 더불어 "조화 속에서 행위할 수 있는"(acting in concert)의 (正)義를 살고 있다는 것을 지시한다. 그와 반대인 우리 시대 사람들의 불의와 독재가들을 아렌트는 몽테스키외의 생각을 빌려 다음과 같이

---

28 함석헌, "한 동발목의 이야기", 노명식 지음, 『함석헌 다시 읽기』(서울: 책과함께, 2011), 36. 이은선, 「仁의 사도 함석헌 사상의 유교적 뿌리에 대해서」, 『陽明學』 제33호(2012. 12), 297.

29 '페스티벌/도쿄2014' 초청작, 〈몇 가지 방식의 대화들〉, 2014. 9. 13-21, 아르코예술극장 소극장, 크리에이티브 VaQi, 공연대화.

서술했다:

"덕이란 힘을 나누는 데 있어서의 공평함에 대한 사랑이고, 두려움은 무기력에서 오는 권력에의 의지이며 지배하거나 지배받고자 하는 욕구이다. 그러나 이 두려움에서 파생된 권력에의 목마름은 결코 채워질 수가 없는데, 두려움과 상호 불신은 '조화 속에서 서로 같이함'(acting in concert)을 불가능하게 만들어서 그 독재자들은 점점 더 무기력해지기 때문이다. 독재자와 참주들은 인간의 함께함을 파괴한다. 서로에게서 서로를 소외시킴으로써 그들은 인간의 다원성을 파괴한다. 그들은 '나는 항상 홀로이고, 내 친구와 동료의 도움을 고려할 수 없는, 의지할 곳 없는 사람'이라는 근본 경험에 근거해 있다."[30]

IV. 禮, '권위'(authority)와 '경학'(經學): 참된 권위를 경험하게 하는 가족적 삶과 '종교'

이상의 수오지심의 '義' 자(字)를 풀어보면 '자아'(我)를 순한 '양'(羊)으로 만드는 일을 가리키는 것이라고 한다. 즉 더불어 사는 인간적 공동 삶을 이루기 위해서는 스스로를 양 같이 순화하는 일이 긴요하고 그렇게 타자에게 순하게 대하는 일이야말로 義라는 것이다. 그런데 이처럼 인간성 속에는 서로에게 늑대가 아닌 양으로 살 수 있는 능력, 타자성과 다원성을 인정하면서 그렇지 않을 경우 부끄러워하는 마음이 있다고 하는데 왜 오늘날처럼 불의가 판을 치고 인간 공동 삶이 의

---

30 Hannah Arendt, *The Promise of Politics*, 69.

롭게 유지되지 못하는 것일까? 왜 타자에 대한 인정과 공경심으로 자신을 삼가면서 함께함을 지속하지 못하고, 혼자서 모든 것을 독식하고 군림하면서 고독과 두려움과 불신으로 자신과 공동체를 파괴하는가?

앞의 이애순 할머니는 "나한테? 나한테 가족이란 건 중요한 거지", "나에게 제일 소중한 것은 자식"이라고 말한다.[31] 그렇게 그녀에게 가장 소중한 자식들이 중등교육을 받을 나이가 되었지만 남편이 그것을 허하려 하지 않자 그녀는 그때부터 모든 힘을 쏟아서 온갖 종류의 노동으로 돈을 벌어 자식들 공부시키는 일에 몰두했다. 그녀는 그 일을 위해서 자신을 철저히 삼가고, 바로 자신이 가장 소중하게 생각하고 그녀에게 가장 큰 '기쁨'(樂)이 되는 자식들을 위해서 자신을 내어주며 헌신했다. 그렇게 그녀가 30년 이상을 자신을 버리고, 삼가고, 흔들리지 않고 인간다운 삶을 유지하고 지속할 수 있었던 근거는 여기서는 바로 '자식'과 '가족'이라는, 그녀에게는 한편으로 '궁극'(the ultimate)이 되고 '태극'이 되는 '경'(敬)의 대상이 있었기 때문이다. 또한 그녀에게 그 무조건의 敬의 대상인 자식이 그녀의 현재에 '樂'을 선사했기 때문이다. 즉 그녀는 비록 우리가 일반적으로 종교나 신앙이라고 부르는 것을 가지고 있지 않았다 해도 나름으로 일종의 신앙생활을 한 것이고, 그것이 그녀에게는 가족과 자식이라는 매우 세간적(世間的)인 대상과 관계한 경우이지만 오히려 여느 형식적인 종교보다도 역할을 잘한 경우라고 할 수 있다. 다시 말하면 우리의 義를 싹틔우기 위해서는, 그리고 삶에서 '지속적으로' 그러한 능력을 발휘할 수 있도록 하기 위해서는 '공경'과 '사양'의 대상이 요청된다는 것이고, 유교 전통에서는

---

31 〈몇 가지 방식의 대화들〉, 팸플릿, 13; 9. 18일 공연.

보통 부모를 말하지만 여기서 이애순 할머니의 경우에는 부모보다는 자식이 그 역할을 했다. 부모를 일찍 여의었기 때문이기도 하지만, 오늘날 많은 한국 사람의 경우에도 부모가 생존하지만 오히려 자식이 그 역할을 하는 경우가 빈번한데, 이것은 앞의 義 이해에 따르면 오히려 '경장'으로서의 의가 사라진 경우이므로 비판 받을 만하지만, 오늘 현실적으로 한국 사람들을 그래도 끝까지 인간적 삶에로 붙드는 것이 자식인 경우가 다반사인 것을 보면 그만큼 우리 사회의 비인간성이 심각하다는 증거이고, 그렇지만 인간의 생의지(生意)에서 '자식'이라는 주제가 가지는 절실성과 보편성이 그만큼 크다는 것을 지시해준다고 볼 수 있다. 이렇게 해서 여기서의 우리의 문제는 삶에서의 '궁극'의 의미를 묻는 종교와 신앙(禮/信)의 물음이고, 우리 몸과 마음을 습관들이는 '교육'과 '문화'(樂)의 일이며, 그 일에 있어서의 '권위'와 '전통'에 관한 물음이라는 것을 알 수 있다.

오늘의 세속화 시대에 聖과 俗을 과격하게 실체론적으로 이분하는 종교의 방식은 더 이상 보편성과 진정성을 얻지 못한다. 거기서의 궁극자는 점점 더 외면을 당한다. 오늘 한국 사회에서 기독교 신앙도 더욱더 자아와 부의 확장을 위한 하수인이 되어감으로써 그 신앙을 통해 타자와 세계와 궁극에 대한 공경심과 사양심을 배우는 일은 더 어렵게 되었다. 오히려 그 반대의 현상을 불러오는 것이 오늘 한국 교회의 현실이다. 그렇다면 대안이 요청되는데, 오늘 21세기 인간 사회에서 그래도 보편적으로 그 안에서 내가 마음대로 할 수 없는 대상과 권위가 있다는 것을 경험하게 하고, 그와의 관계를 통해서 깨우쳐진 인간성을 계속 수행하게 하며, 거기서 큰 보람과 기쁨을 느끼면서 그것을 담지하여 다음 세대로 전해질 수 있게 하는 마지막까지 남을 인간 공동체가 무엇일까를 묻게 된다. 거기에 대한 답은 '가족공동체'라고 할 수밖에 없다. 나는 오늘 문재인 민주정부를 창출한 촛불시민혁명을 추동하고 지속하는 데 큰 역할을 한 세월호 유족들의 저항과 싸움도 바로 이들에게 '궁극'으로 역할을 한 가족, 자식 사랑이 있었다는 것을 말하고자 한다. 그런 의미에서 그 가족공동체 안에서의 관계의 윤리를 세속적인 예절이나 예식의 차원을 넘어서 '제사'와 '예배'의 차원으로까지 승화했던 유교적 내재적 초월의 영성을 다시 돌아볼 필요가 있다.[32] 하지만 한편 우리도 잘 알다시피 오늘 한국 사회에서 이 가족공동체도 얼마나 부패할 수 있는가를 잘 알기 때문에 우리는 그에 대해도 새로운 성찰이 필요하다.

필자는 오늘 한국 사회에서 벌어지고 있는 가장 위험한 일 중의 하나가 영유아의 양육을 점점 더 공공탁아소에 맡기는 일이라고 생각한다. 아주 진보적인 복지법이라고 여겨지면서 그 공공탁아소의 보육비용을 무상으로 하자 한국의 가족들은 자신의 아기를 앞 다투어 집밖으로 내놓고 있다. 즉 이제 인간의 마음이 인간성으로 채워질 수 있는 가장 기초가 되는 처음의 시기까지도 더 이상 가까운 반경의 긴밀하고 친밀한 인간관계 안에서 유지되는 것이 아니라 거의 생리적 욕구와 필요만이 가까스로 채워지는 공공시설에 맡겨지면서 아이의 섬세한 인간적인 몸과 마음의 성장이 점점 더 어려워지고 있다는 것이다. 영유아의 양육이란 인간성 양육의 초기 일로서 그 일을 맡은 사람이 거의 전적으로 모든 것을 떠맡아 안는 전적 책임의 일이다.[33] 그래서 매우

---

32 이은선, 『잃어버린 초월을 찾아서 – 한국 유교의 종교적 성찰과 여성주의』(서울: 도서출판 모시는사람들, 2009), 53 이하.

33 Hans Jonas, *Das Prinzip Verantwortung* (Frankfurt am Main: Insel Verlag, 1983), 184ff.

지난하고 힘들다. 그리하여 웬만한 경우가 아니라면 혈연의 연결이 아닌 경우 수행하기 어렵고, 그런 맥락에서 인간 문화는 오늘 '마음의 모성'을 말하는 시대가 되었지만 여전히 몸의 모성을 중시한다. 이러한 지난함 때문에 만약 이 책임의 일을 오늘 한국 사회에서처럼 다른 사람이나 그룹에게 맡기는 일이 시작되고 그것이 관례와 습관이 될 경우 그것을 다시 돌이키기가 쉽지 않다는 것이다. 마치 인간 문명이 핵에너지의 유혹에 넘어가서 그것을 만져서 쉽게 에너지를 쓰다가 거기에서 벗어나는 일이 참으로 어려운 것처럼 영아의 양육을 지금 당장의 얼마간의 이로움을 위해서 그렇게 긴밀하고 친밀한 관계 반경 바깥으로 내모는 일은 무척 위험한 일이라는 것이다. 그래서 오늘 그러한 선택으로 쉽게 내몰리는 핵가족의 위기와 핵의 위기가 역사적으로 중첩되는 것은 결코 우연이 아니라는 지적이 나온다.[34]

물론 오늘날 이러한 강조가 모두 천편일률적으로 여성들이, 그리고 몸의 모성만이 아이들을 돌보아야 하고, 돌볼 수 있다고 주장하는 것은 아니다. 그리고 그들이 모든 밖의 활동을 접고, 경제적 활동을 그만두면서 가족 내에서 육아에 몰두해야 한다고 주장하는 것은 더욱 아니다. 그러나 그럼에도 인간의 인간됨의 조건이 '관계성'(禮) 속에서 살아가는 것이고, 그 관계성의 도와 예를 배우기 위해서는 작은 반경의 긴밀한 인간관계에서의 지속적인 배려와 관심과 사랑이 꼭 필요한 것을 안다면 이러한 전면적인 공공육아정책은 재고되어야 한다는 것이다. 따라서 정부는 무상보육을 천편일률적으로 공공어린이집을 대상으로 시행할 것이 아니라 각 가정이 어린 후세대의 양육을 스스로

---

34 크리스 메르코글리아노, 공양희 옮김, 『두려움과 배움은 함께 춤출 수 없다』(서울: 민들레, 2002), 223 이하.

할 수 있도록 부모들의 양육 휴가와 휴직을 대폭 가능하게 하고, 부모가 스스로 그 일을 할 경우 보육비를 그들에게 직접 지급하고, 어찌되었든지 지금까지의 가족공동체의 좋은 점들이 이제 공공적으로 계속 활용되고 적용될 수 있도록 최선을 다해야 한다.

오늘 한국 사회에서는 노인들을 모두 요양소로 보내고 아기들을 모두 공공탁아소에 보내는 일이 동시에 이루어지고 있고, 그러한 우리 사회의 범사회적 불의와 무례로 핵가족도 해체될 날이 멀지 않았으며, 이것은 사회의 기반 자체가 무너지는 일이 된다. 이렇게 될 때 사람들은 더 이상 어떤 삶의 추구도 없이 허무와 우울에 빠지기 쉽다. 궁극에 대한 관심은커녕 순간의 불편이나 자기 없음도 참지 못하면서 쉽게 두려움과 불신과 폭력, 조작적 쾌락과 퇴폐, 음란에 빠진다. 오늘날 선진국들이 앞 다투어 가족과 사회의 일이 양립될 수 있도록 여성들을 위해서 각종 제도를 고치고, 무엇보다도 아기 양육의 일을 우선으로 해서 모유 먹이는 일, 산모와 양육하는 가정의 건강과 경제형편을 배려하는 일, 동성 간의 결혼을 포함해서 어떤 형태로든 가족의 형태를 유지시키고 권장하는 일 등은 모두 같은 이유에서 나오는 개혁이다.35

아렌트는 건강한 공동체와 참된 교육을 위한 '종교'와 '권위' 그리고 '전통'의 "로마적 삼중주"(Roman trinity)를 이야기했다.36 그녀에 따르

---

35 30여 년 전에 본인이 스위스에 유학하면서 두 아이를 낳고 키우면서 경험했던 스위스 육아정책과 공공육아 시스템은 바로 이 가정적인 요소와 공공적인 요소를 잘 통합하여서 누구든지 편안하게, 여유를 가지고 아이를 키울 수 있도록 하려는 것이었다고 기억한다. 모유를 먹이는 모든 엄마들에게 그 수고비를 국가가 지급하고, 공공육아에 맡기기 전에 가정적인 환경에서 돌봄을 받을 수 있도록 그런 가정들을 서로 연결하고, 주택과 일자리를 육아를 용이하게 하고, 가족의 삶이 훼손 받지 않도록 하는 데 우선 배려하는 모습 등이었다. 그 당시 이미 비정규직이 아닌 정규직으로서의 파트 타임제, 기간제 등이 활성화되었던 것으로 기억한다.

36 Hannah Arendt, "What is Authority?", *Between Past and Future*, 125.

면 우리가 권위가 없이 산다는 것은, 또한 그 권위의 기원이 현재의 힘과 그 힘을 가진 사람을 넘어서 있다는 것을 모르는 것은 성스러운 시원에 대한 믿음도 없이, 또한 전통적인 것이어서 자명한 우리 삶과 행동의 기준도 없이 그저 모여 살면서 그 사는 일의 기본적인 문제들에 봉착해 있는 모양이라고 지적한다. 그렇게 권위와 전통과 종교가 없이 산다는 것은 그래서 처음부터 완전히 다시 새롭게 시작해야 하는 위험과 부담에 노출되는 것을 말하고, 그런 부담과 위험을 완화해주고 이 세계에 우리보다 늦게 도착한, 새로 온 세대들을 도와주고 안내해 주는 일이 '교육'이고 '문화'의 일이라면, 전통과 권위에 대한 의식과 믿음의 덕을 전해주고 심어주는 초기 양육에서의 긴밀한 인간적 돌봄과 배려는 매우 중요하다. 인간 공동 삶의 지속을 위해서 꼭 긴요한 일이고, 그것은 한 마디로 禮의 체화를 돕는 일이다.

장이 많이 다르지만 17세기 조선의 정하곡도 그 사고의 전개에서 양명의 심즉리와 지행합일의 주체사상을 받아들여 생리(生理)와 진리(眞理)의 창발력과 직관력을 매우 강조했지만, 다시 말년으로 갈수록 '경학'(經學) 공부의 뜻을 밝히고 전심을 다해 새롭게 전통의 경전들을 이해하고자 했다. 그는 만년에 이르러서 『사서해』(四書解), 『정성서해』(定性書解), 『경학집록』(經學集錄), 『심경집의』(心經集議) 등을 저술하면서 자신이 발견한 인간 정신의 원리에 입각해서 그 도야를 위해서 전통의 경전들이 어떤 가르침을 주는지를 깊이 있게 탐구하였다. 나는 그의 『존언』(存言)이나 『학변』(學辯)이라는 저술의 이름 자체에서, 그리고 말년의 심도 깊은 경학에의 천착에서 양명학이라는 전통의 바다에서 건져 올린 진주에 조선의 성리학자로서 자신만의 새로움을 보탠 것이 잘 드러난다고 생각한다.37 그의 일생의 탐구는 참된 인간성의 추구를 통한 세상의 평화였고(求仁成聖, 克己復禮), 그 일에 있어서 주체의 창조성에 대한 웅대한 믿음과 그러나 동시에 전통과 권위에 대한 깊은 존숭, 본래적 사실성이 훼손되지 않은 경전의 회복과 자신만의 고유한 해석, 글공부와 사회적 실천의 하나됨, 깊이 있는 형이상학과 세상을 위한 경세학의 통합 등을 대안으로 제시하면서 새로운 유교 공부(聖人之道)의 지평을 이어나간 것이었다.

어린 시절 인간적인 배려와 관심으로 양육을 받지 못하고서는 참된 공경심과 사양지심을 배우기 어렵다. 또한 늙은 할머니나 할아버지가 가족으로부터 소외되고 외롭게 죽어가는 것을 보는 아이들의 마음속에 참된 '권위'(authority)가 자라는 것을 기대하기는 어렵고, 그 권위와의 관계가 없이는 길러지기 어려운 사양지심과 공경감이 드문 것이 된다. 이애순 할머니의 경우 비록 부모가 일찍 돌아가시기는 했지만 열 살 정도까지 '애순'이란 이름을 준 부모의 배려로 그런 바탕의 힘을 얻지 않았을까 생각해본다. 그녀는 자신의 딸에게도 말하기를, 아이들이 어렸을 때는 돈 벌러 나가지 말고 집에서 아이들 잘 돌보고 절약해서 알뜰하게 사는 것이 오히려 나가는 것보다 더 낫다고 했고, 그렇게 두 외손자를 잘 키운 딸과 사위와 더불어 친구처럼 지낸다. 작은아들 며느리에게도 같은 가르침을 주었다고 하고, 그렇게 해서 그들의 자녀들이 편안하다. 하지만 그녀에게도 그녀 자신의 고단한 삶과 권위 없음이 흔적을 남기지 않은 것이 아니어서 그녀의 또 다른 자녀는 부모에 대한 공경으로부터 멀어졌고, 가족공동체에서 떨어져나가 그녀

---

37 김낙진, 「정제두의 『중용설』에 나타난 반주자학적 경전 해석」, 동양예문연구원 · 김교빈 편저, 같은 책, 316.

를 매우 가슴 아프게 한다. 나는 오늘날 많은 여성이 보편적으로 가장 귀하게 여기는 존재, '자식들'을 그들이 그렇게 귀한 존재로 여기지만 그들을 위해서 시간을 쓸 수 없고, 함께할 수 없으며, 돌볼 수 없어서 야기되는 우울과 절망이 매우 큰 것을 안다. 자신이 귀하게 여기는 대상과 함께하고 거기서 얻어지는 기쁨과 더불어 편안해지는 것이 아니라 항상 분주하고, 여유가 없고, 집중할 수 없어서 그녀들은 불행을 느끼고, 그런 가운데 타인에 대한 배려나 자신을 기꺼이 사양하는 넓은 마음을 기르기 어렵다. 삶의 현재적 '기쁨'(樂)을 누리는 가운데서 남의 것을 탐내지 않을 수 있는 힘과 통찰이 생기고, 자신을 기꺼이 내려놓을 수 있는 여유가 생긴다. 그런 가운데서 義와 禮가 실천되며, 그것을 통해서 인간의 공동 삶은 지속되지만, 우리 시대의 상황은 그와는 반대로 점점 더 자신이 가장 소중히 여기는 것을 '확장하고 증진하는'(augment) 일에서 소외되어가면서 진정한 삶의 기쁨은 날아가버리고, 그래서 그러한 일들을 통해서 얻어지는 '권위'(authority)도 점점 남의 이야기가 되어간다. 오늘날 선진국들이 앞 다투어 가족과 사회의 일이 양립될 수 있도록 여성들을 위해서 각종 제도를 고치는 것도 앞서 언급했듯이 모두 같은 이유에서 나오는 개혁이다.

V. 智, '판단력 확장'(the enlargement of the mind)과 '실심실학'(實心實學): 참된 인간력을 키우는 지속적인 토대로서 '전통'

앞의 이애순 할머니는 아침에 성경 읽는 것을 좋아하고, 특히 창세기를 좋아한다고 말한다. 창세기를 읽음으로써 "아, 사람이 이렇게 해서 생겨난 것이구나!", "아, 이렇게 해서 사람 사는 이치가 돼가는 것이 구나!"라고 깨닫는다고 한다. 그런데 거기에 덧붙여서 그녀는 말하기를 창세기는 어렵다고 한다. 모르는 말들이 너무 많이 나오고, "그리고 그것은 외국 거잖아"라고 지적한다. 즉 기독교가 한국 땅에 들어온 이후 그 성경이 지금까지 어느 종교 전통에서의 그것보다 더 일상적이고 시대에 맞는 언어로 번역되어서 배움이 짧은 어머니들도 큰 어려움 없이 읽고서 세상의 기원에 대한 생각들도 할 수 있게 했지만, 여기서 이애순 할머니가 슬쩍 지나가면서 지적한 대로 그 성경의 이야기가 여전히 외국 것으로 느껴진다고 한다. 이 지적은 먼저 한국 기독교의 언어가 아직 충분히 토착화되지 않았고 현재화되지 못한 것을 가리킨다. 또한 한국 교회가 그렇게 배타적으로 강조하는 유대 기독교 전통의 세계 기원이야기(창세기)는 할머니의 눈에도 우리 것이 아닌 외국 것으로 보인다는 것인데, 이 지적은 오늘 다원화 사회에서 신학자들의 전문적인 고민과 성찰과 크게 다르지 않다. 즉 그녀의 눈에도 한국 기독교는 여전히 서구 중심적으로 보였다는 것인데, 나는 바로 이러한 지적에서 '지식'(知)이 아닌 '지혜'(智)를 만나고, 우리가 궁극적으로 삶과 배움에서 얻고자 하는 '상식'(common sense)과 지혜가 이러한 것이 아닌가 생각한다.

유교 전통이 우리 마음과 인간성의 네 번째 능력으로 꼽는 '智'는 우리가 보통으로 많이 쓰는 단어인 '知'에다가 날 '日' 자를 더한 것이다. 그것은 우리가 智를 얻기 위해서는 단순히 간단한 책 공부나 이성 훈련 등의 머리 공부만으로는 안 되고, 오래된 삶의 경험과 날마다의 몸의 체험과 지속적인 상고와 연마 속에서 얻어지는 것이라는 지적이라고 하겠다. 지혜는 그런 의미에서 대상에 대한 단순한 지식이나 정보가 아니라 그것으로써 우리가 삶에서의 판단기준을 얻는 것이고, '시비지심'(judging)이 되어서 무엇이 옳고 그른지를 구별하고 선택할 수 있도록 하는 인생의 나침반을 얻는 것이다. 플라톤은 그의 『메논』에서 어떻게 하면 '덕'(智) 있는 사람이 될 수 있을까? 덕은 가르쳐질 수 있는 것인가? 지식과 덕과의 관계는 무엇이고, 지식을 배운다는 것은 어떤 것인가? 등의 질문들을 하면서 그 마무리에서 덕을 "신성한 기운의 시여"와 관계시켜 설명했다. 즉 덕은 단순한 지적 교육으로 얻어지는 것도 아니고, 돈과 권력으로 어떻게 해볼 수 있는 것도 아니며, 인위적으로 억지로 우겨넣을 수 있는 것이 아닌, 어쩌면 하늘의 도움으로나 체현될 수 있는 것이라고 시사하는 것이다.[38] 나는 이것이 바로 날 '日' 자를 첨가한 의미라고 생각한다. 날 '日'은 우선은 '태양'을 가리키면서 곧 우리 생명과 지혜의 더 근본적인 기원은 그렇게 '하늘'이라는 것을 지시해주고, 그 근본적인 앎에 근거해서 참된 지혜는 하루아침에 이루어지는 것이 아니라 날마다의 실행과 성찰과 몸의 체험과 관련해서 습득되는 지속적인 삶의 일이라는 것을 가리킨다. 그런 의미에서 그것은 하나의 은총이고, 믿음이며, 몸과 마음의 통합적 체득이기 때문에 우리 삶의 옳고 그름을 자연스럽게, 보편적으로, 상식으로 판단할 수 있게 해준다는 것이다.

그런 뜻에서 지혜는 지식과는 달리 만인평등의 근거가 되고 희망이 된다. 누구든지 자신의 마음에서 구해서 실천에서 습득하고, 삶에서 연마할 때 얻을 수 있는 것이다. 이애순 할머니는 비록 학교는 다니지 않았지만 지혜롭다. 그녀는 오랜 기간의 살림과 노동으로 우리 삶을

---

38 플라톤, 김안중 옮김, 『메논』, 이은주 엮음, 『교사를 일깨우는 사유』(서울: 문음사, 2007), 67-116.

'증진하고'(augment), 확장하는 삶의 지혜들을 많이 알고 있다.39 어떻게 하면 쌀을 벌레 나지 않게 잘 간직하는지, 쌀뜨물을 이용해서 어떻게 피부병을 고칠 수 있는지, 마당 한 구석에 부추를 심어놓고 매년 돌보지 않아도 새로 나는 부추로 어떻게 식탁을 꾸밀 수 있는지, 쓰레기봉투를 낭비하지 않으면서 쓰레기 처리를 잘할 수 있는 방법 등, 그녀는 자신의 살림 지혜와 때때로 생활에서 난감하고 당황스러운 일을 당했을 때 남들이 미처 생각해내지 못하는 방식으로 일을 처리하는 것에 대해서 큰 긍지를 지니고 있다. 정치적 감각에 있어서도 그녀는 해방 후 어린 시절의 혼란스러웠던 정황과 6.25와 윤보선 대통령 시절, 이런 것들을 편린으로 기억하는데, 박정희 대통령 시절에 대해서 말하기를 고추장 도둑 같은 좀도둑이 없어져서 좋았고, 실업자들에게 일이 생겨서 좋았으며, 육영수 여사를 '학여사'라고 하면서 보지는 못했지만 그녀가 어려운 사람들을 많이 살펴서 존경했다고 말한다. 박근혜가 좋아서 찍어준 게 아니라 부모를 모두 나라에 바쳤으니 불쌍해서 그랬고, 그래서 그녀가 "한번 해먹어야 해"라고 말한다. 이러한 시각은 보통 우리가 보수와 진보를 천편일률적으로 나누는 방식을 뛰어넘고, 그녀의 이러한 판단은 보수와 진보의 양진영 모두에게 생각거리를 던져준다.

그러한 그녀의 삶에 대한 재발견인 극단 크리에이티브 VaQi의 연극 〈몇 가지 방식의 대화들〉에서 사람들의 생각에 가장 큰 파문을 던진 것은 그녀가 꽤 긴 시간(20여분 동안) 동안 앉은 자세로 무대 바닥을 쓸고 걸레질하면서 두 바퀴나 도는 장면이었다고 한다. 2시간이 되지

---

39 한나 아렌트는 '권위'의 'authority'라는 단어가 '확장하다', '증진하다'의 'augment'라는 단어에서 파생했고, 그런 의미에서 진정한 권위는 삶을 증진하고 살찌우는 사람에게 자연스럽게 주어지는 것이라고 지적한다. Hannah Arendt, "What is Authority?", *Between Past and Future*, 121-122.

않는 연극 중에서 그것은 긴 시간이었고, 영원히 지속될 것 같은 시간으로 느껴지기도 했다. 사람들은 생각하기를, '한 바퀴만 돌지', '쓸기만 하지', 왜 그녀가 그렇게 연극에서 끝날 것 같지 않은 긴 시간 동안 바닥을 쓸고 닦는 일을 계속하는지를 아주 의아해했다. 나는 그것에 대해서 이렇게 생각해본다. 즉 일상의 생명을 낳고 살리는 살림의 일은 그렇게 지겹고 지속되며, 반복적이고 힘들어서 결코 매력적이지 않고, 한두 번으로 그치는 일이 아니지만, 바로 그러한 평범하고 지속되는 일들을 통해서 생명이 탄생하고 자라고 돌봄을 받는 것이라고, 생명살림(生物)의 일은 그렇게 눈에 잘 두드러지지 않지만 지속적이고 간단없으며, 구석구석 성심을 다해서 살피는 일이라는 것을 지시해주는 의미라는 것이다. 그것은 이미 『중용』의 지혜가 천지의 도인 '誠'에 대해서 말하면서 "지극한 정성은 쉬는 것이 없으니, 쉬지 않으면 오래고, 오래면 징험이 나타난다"(故至誠無息, 不息則久, 久則徵, 『중용』 26장)라고 한 것과 "유구함은 物을 이루는 까닭"(悠久所以成物也)이고, "성실함은 만물의 시작과 끝이고, 성실함이 없으면 物이 생기지 않으니 군자는 성실함을 귀히 여긴다"(誠者物之終始, 不誠無物, 是故君子誠之爲貴, 『중용』 25장)라고 한 것과 같은 의미라고 생각한다. 이애순 할머니의 일생은 바로 그러한 성실함을 지속한 것이었고, 그래서 거기서 많은 것들이 생겨났고 창조되었으며, 삶이 증진되었고 이루어졌다. 아주머니가 연극의 주인공이 된 것도, 이런 연극이 창조된 것도 바로 그러한 그녀의 성실과 지속성의 노력 때문인 것으로 해석할 수 있다.

하지만 이렇게 인간 행위력과 정치에 대한 큰 믿음을 가지고 그것을 줄기차게 강조해온 한나 아렌트도 그 유명한 예루살렘의 아이히만 사건을 겪으면서 무조건의 행위력의 강조가 큰 오류를 불러올 수 있는 것을 깨닫게 되었다. 즉 자신의 행위를 '성찰'할 수 있고, 그 의미를 '판단'할 수 있는 인간 사고력이 매우 중요하며, 그래서 그녀는 말년이 다가올수록 다시 인간 정신력의 탐구에 집중하였다. 하지만 그것은 단순한 서구 전통의 차가운 주지주의로의 회구가 아니라 그것을 넘어서 진정한 인간 판단력은 인간 모두의 참으로 단순하고 직접적이고 직관적이며, 우리 몸의 감각과 마음의 자연스러운 감정과 매우 밀접히 연결되어 있는 것으로 보았다. 그래서 그녀는 말년의 작품『정신의 삶』(The Life of the Mind)에서 그 사고력을 특히 칸트의 판단력비판과 밀접히 연결하면서 참으로 단순하게 우리의 '미감', 자신이 무엇을 좋아하고 싫어하는지를 아는 '취미'(taste), 상대방의 처지를 미루어 헤아릴 수 있는 '공감력'(sympathy)과 '상상력', 그리고 더욱 보편적으로 시대의 보통인들이 삶에서 자연스럽게 얻게 되는 '상식'(common sense) 등으로 파악했다.[40] 이것은 그녀가 우리 사고력과 판단력을 매우 실천적이며 구체적이고, 가족 안에서의 일상의 삶과 공동체적인 보편과 떨어져 있는 것이 아닌 것으로 파악하고, 그것의 신장과 확장은 우리 일상의 구체적인 삶과 그 일상의 지속되는 반복과 몸과 마음의 편안함(利)과 즐거움(樂) 등을 통해서 이루어지는 일이라는 것을 간파한 것이다.[41]

정하곡의 '실심실학'의 학문이 나는 이러한 아렌트의 판단과 매우 잘 연결될 수 있다고 생각한다. 그의 말년의 경학에의 천착은 결코 다시 그가 생리(生理)와 진리(眞理)가 아닌 물리(物理)에 매달려 있을 뿐

---

40 Hannah Arendt, *The Life of the Mind*, Two/Willing, Appendix/Judging, 266ff.
41 이은선, 「한나 아렌트의 탄생성의 교육학과 왕양명의 치량지의 교육사상 – 공적 감각과 지행합일의 인간교육을 위해서」, 148 이하. 이애순 할머니는 어려운 환경과 많은 나이에도 불구하고 자신이 무엇을 좋아하는지, 옷과 신발과 음식과 색깔을 선택하는 데 있어서 분명한 취향을 지니고 있다. 자신에게 기쁨을 주는 일이 무엇인지, 요가를 하고 산에 가서 정상에 올라가서 아래를 내려다보며 사진을 찍어서 사위에게 보내는 일 등, 나름의 취미와 판단을 분명히 내보인다.

이라고 비판한 주자식 이론 중심의 공부로의 회귀가 아니다. 오히려 더욱더 능동적이고 실천적이며, 참되고 구체적인 성과(利)를 가져다 주는 공부를 위한 방법의 심화를 말한다. 그는 이미 『학변』에서 말하기를, "성현의 교훈이 비록 천 마디 만 마디의 말이라 하더라도 학문하는 데에 있어서는 이 마음의 天理를 보존하고자 하는 데 불과한 것이다. 이미 마음의 천리를 보존하고자 한다면 자연 선각에게 물어서 바로잡고 옛 교훈을 상고하여 허다하게 묻고 분변하며 생각하고 찾아내는 공부가 없을 수 없으므로 이 마음의 천리를 다하기를 구하는 것이다. 그러나 그 취지는 이 마음의 도에 정밀하게 하는 소이가 아닌 것이 없을 뿐이다"라고 하면서 경학 공부와 구체적인 삶에서 일을 살피는 것이 결코 두 가지 일이 아님을 강조했다.[42] 그는 공자의 제자 안회가 학문을 좋아했다는 것(顔回好學)을 공자가 그의 「학이편」에서 이야기한 "행하고 남은 힘이 있으면 곧 글을 배운다"(行有餘力, 則以學文)의 의미로 해석하는 것을 선호했고,[43] 또한 "聖人의 도는 다른 것이 아니라 오직 이륜(彝倫)과 명교(名敎)와 예법(禮法)의 일(事)일 뿐이다. 그러므로 학문하는 일도 다른 것이 아니라 역시 오직 나날이 쓰는(日用) 인정(人情)과 사물(事物) 사이에 있을 뿐이다"라고 하면서 아렌트와 유사하게 우리의 생각하는 힘과 판단력이 현실과 일상에서 우리 감정과 공감력과 공경심으로 드러나고, 그러한 실천적이고 기초적인 심력의 단련이 우리 공부임을 천명했다.[44]

이미 34세 때의 「임술유교(壬戌遺敎), 1682년」에서 '실학'(實學)이라는 용어를 쓰면서 학문과 배움이 참된 인격의 성취를 이루는 공부이

---

42 『신편 국역 하곡집』 3, 「학변(學辯)」, 76.
43 『신편 국역 하곡집』 3, 「존언(存言)」 中, 181.
44 『신편 국역 하곡집』 3, 「존언(存言)」 下, 「聖人之學心學」, 197.

어야 한다고 강조한 하곡은45 다시 42세경의「존언」에서 분명히 밝히
기를,

"우리 학문은 안에서 구하고 밖에서 구하지 않는다. 이른바 안에서 구
한다는 것은 안으로만 살피고 밖의 일을 끊는다는 것이 아니다. 오직
안에서 스스로 만족할 만한 것을 찾는 것이어서 밖에서 득실을 일삼지
않는 것이다. 마음의 시비를 다하고 다시는 남이 내린 시비에 휘둘리
지 않는 것이며, 사물이 근본적으로 진실하도록(實於事物之本) 돕는
것이며, 다시는 사물의 현상에 얽매이지 않는 것이다. 내 안에 있을
뿐이다. 어찌 남에게 관여시킬 것인가?"46

라고 하였다. 그가 80세 때인 영조 4년(1728)에 왕과 나눈 대화록
(연주筵奏)을 보면 하곡은 당시 파벌 정치의 극심한 혼란과 되풀이되
는 야만 속에서 절실하게 노학자의 도움을 요청하는 영조에게 자신의
병과 고령을 들어서 한껏 사양하지만 "실심(實心)으로 실정(實政)을 행
하는 것이 제1의(第一義)이고, 긴요한 공부"라고 강조한다.47 그는 또
한 자신은 "필부"(匹夫)에 불과할 뿐이라고 하면서 자기에게는 "실학"
(實學)이 없으니 물러가겠다고 간청하면서도 영조에게 "근본"을 세우

---

45 『신편 국역 하곡집』 1, 「유교(遺敎)」, 296; 정인재, 『양명학의 정신』(서울: 세창출판사,
    2014), 413.
46 『신편 국역 하곡집』 3, 「존언(存言)」 下, 「문무지도(文武之道」, 209; 이 구절의 번역을
    위해서 유승국, 「하곡 철학의 양명학적 이해」, 동양예문연구원·김교빈 편저, 같은 책,
    160, 이경룡 박사가 이끄는 강화도 하곡학연구원이 편한 「존언(存言)」 등을 살폈다; 吾
    學求諸內而不求諸外, 所謂求諸內者, 非反觀內省而絶外物也° 惟求其自慊於內, 不復
    事於外之得失, 惟盡其心之是非, 不復徇於人之是非, 致其實於事物之本, 不復拘於事
    爲之跡也, 在於吾之內而已,豈 與於人哉?
47 『신편 국역 하곡집』 1, 「筵奏」, 200.

는 공부를 말하고, 외우는 공부를 주로 할 것이 아니라 "신독"을 통해서 "중화"를 이루는 공부를 하라고 당부한다. 그리고 그 공부란 따로 특별히 구별된 시간에만 하는 것이 아니라 근본이 선 공부이기 때문에 "하늘의 운행이 쉬지 않고 또한 일월이 늘 밝음과 같이" 그치지 않는 공부라고 하면서,[48] 중화와 탕평의 정치를 펼치는 일에 있어서도 "요순 같은 성인으로도 혼자 하지는 못하였"음으로 "반드시 여러 사람의 착한 것을 널리 모아서 조정신하들과 더불어" 할 것을 간청했다.[49] 이와 유사하게 한나 아렌트도 우리 정신의 판단력이 '공통감'으로서의 '상식'(common sense)의 차원을 가지는 것을 강조하면서 우리 삶에서 점점 더 행위자보다는 그 행위를 관람하는 "관객"(spectator)을 중시하는 방향으로 나아간다. 천재와 행위자가 위대한 것을 만들고 아름다운 것을 발견하여 그것을 전달할 만한 것으로 만들지만, 그녀에 따르면 그것을 알아주고 보아주고 판단해서 전해주는 '다수의 관객'이 없이는 결코 그들의 위대성과 의미성이 드러날 수가 없다. 그래서 인간 삶과 역사에서 결국 의미의 열쇠를 쥐고 있는 것은 판단자인 관객이라는 것이 그녀의 성숙한 지혜이다.[50] 또한 거기서의 관객의 의식은 다시 "다른 관객들"의 판단을 염두에 두어야 한다. 이렇게 함으로써 하곡에게도 그렇고 아렌트에게도 위대하고 특별한 지식보다는 삶의 토대와 근본이 되는 '상식/중용'이 더 중요하고, 다수의 공동체에서 일상의 삶을 통해서 이루어지는 '공통감'(덕)을 기르는 일이 무엇보다도 긴요하다. 그것이 모든 정치와 교육, 문화의 제일의 관건인데, 비록 천재나 위대한 행위자는 아니지만 무엇이 인간적인가를 보편적으로 알아볼 수 있

---

48 같은 글, 221, 225.
49 같은 글, 227-228.
50 Hannah Arendt, *The Life of the Mind*, One/Thinking, 94-96.

는 판단으로 이 세상에서 계속 존재해야 할 것을 사심 없이 구별해낼 수 있는 다수의 자유인과 상식인, 그들이 이 세상을 유지하는 근간이 됨을 밝힌 것이다.[51]

이애순 할머니는 연극에서 세상의 온갖 소용돌이 속에서 어찌할 줄 모르고 혼동에 빠져 있는 젊은이들이 지친 발걸음으로 자신의 집을 방문하자 "밥 먹자"고 청한다. 여느 때와 다름없이 그녀의 전기밥솥에는 밥이 익어가고, 밥이 다 되자 그들에게 밥을 퍼주고 같이 앉아서 서로 물도 따라주면서 밥을 먹는다. 밥은 하늘이고, 밥은 일상이며, 밥은 햇빛이고, 밥은 공동체이다. 밥은 평범이며 지속으로서 구체적인 생명의 토대(利)이다. 그 밥을 그녀는 매일 아이들을 위해서, 가족을 위해서, 이웃을 위해서, 낯선 사람들을 위해서 지으면서 살아왔다. 그녀의 밥 짓는 일에는 우리 삶의 생명원리인 '인의예지'(仁義禮智)와 '친현락리'(親賢樂利)의 원리가 모두 녹아 있다. 그녀 마음속의 生理로서 그것을 탄생과 더불어 하늘로부터 받았고, 그것을 삶의 온갖 역경에도 불구하고 잘 간직하고 일구어왔다.

VI. 마무리하는 말

촛불시민혁명을 통해서 탄생한 문재인 정부는 대선 이후 여러 가지 교육정책을 선보이면서 지금까지의 한국 교육을 획기적으로 개혁하고자 한다. 영유아까지 확산된 과도한 사교육을 억제하는 방안을 검토

---

51 같은 글, 166.

하고 있고, 공교육을 획기적으로 확대해서 고등학교까지 무상교육을 가능케 하고, 초등학교 전 학년의 돌봄 교실을 확대해서 부모들의 육아와 교육 부담을 줄여주고자 계획하고 있다. 무엇보다도 주목을 끄는 것은 고교서열화 해소를 위해서 국제고 등을 일반고로 전환하고, 수능 교사를 절대평가로 바꾸며, 고교학점제를 실시해서 지금까지 한국 교육이 대학입시를 위해서 모든 것을 희생했던 폐해를 없애고자 한다.

이러한 모든 정책을 실제로 실행하는 데는 재정이 제일 문제이기도 하지만 나는 무엇보다도 그 안에 담긴 교육에 대한 기본 관점과 성찰을 바꾸는 것이 더욱 중요하다고 생각한다. 제도와 법으로써 사교육을 막고, 평준화를 확대하고, 대학교육을 개혁하는 것을 환영하지만 무엇보다도 다시 우리 교육과 정치에서 한 개개인 인간의 가능성과 선험적 권리에 대한 의식을 회복하는 것이 가장 우선된다고 생각한다. 즉 어떤 외적 도구로서 교육개혁보다 인간 안에 이미 놓여 있는 인간 가능성에 대한 신뢰와 믿음을 회복하고, 개별 개인의 고유성과 특수성을 인정하고 믿어주는 일이 제일 먼저라고 생각하는 것이다. 그러한 믿음이 회복되지 않고서는 외적 제도와 도구로서의 개혁은 한계가 있으며 단지 이 제도에서 다른 제도로 바뀌는 것일 뿐 근본적인 개혁은 일어나기 어렵다고 여기기 때문이다. 이것은 다시 우리의 교육 문제가 단지 정치 문제이거나 좁은 의미의 교육제도나 행정 문제만이 아니라 종교 문제이기도 하고, 믿음과 신뢰, 깊은 철학적 성찰의 문제라는 것을 잘 지시해준다.

우리나라의 교육은 앞에서도 언급했듯이 호학과 배움을 통해서 누구든지 위대한 사람이 될 수 있다는 유교 전통의 토양 아래 근대 서구 기독교 사상의 개인 가능성에 대한 사상이 하나가 되어서 이루어진 경우이므로 교육과 배움에 대한 열망과 관심이 세계 어느 문명에서보다도 크다. 이번 촛불시민혁명이 가능했던 근거도 바로 거기에 있고, 광장의 시민들이 세계 어느 곳에서도 찾아보기 힘들 정도로 문해력이 높았고 SNS를 자유자재로 사용할 수 있었기 때문이라고 여긴다. 이렇게 좋은 기반을 가지고 있지만 현실에서는 우리 자신이 그렇게 좋은 것을 가지고 있는 것을 모르면서 여전히 밖에서 모든 좋은 것이 오는 줄로 여기고 그렇게 많은 사교육비를 들이면서 나라 전체가 고통을 당하고 있다. 그래서 나는 우선 이 정부에서 할 일은 바로 이렇게 이미 가지고 있는 바탕의 힘에 근거해서 교육개혁을 이루어나가는 일이라고 여긴다. 영유아의 육아도 모두 공공탁아소에 맡기려 하지 말고 되도록 가족적 삶을 지켜낼 수 있도록 가정에서 직접 가능하도록 하고, 그러기 위해서는 보육비를 가정에 직접 지급하고, 부모들에게 질 좋은 육아휴가를 보장하며, 특히 여성들이 다시 직장으로 돌아갈 때 어려움이 없도록 하는 일이 중요하다. 앞에서도 여러 번 지적했지만 이번 촛불시민혁명의 불씨를 마련한 세월호 유족들의 끈질긴 저항과 항거도 바로 부모와 자식 간의 사랑, 가족의 힘이 핵심 역할을 했고, 그 근거로 가능했던 일이다. 이렇게 생각해볼 때 건강한 가족적 삶의 보장이야말로 어떠한 외적 장치보다도 더 튼튼한 정치적·교육적 장치가 되고, 참된 혁명과 개혁이 되는 것이라고 여긴다.

이와 더불어 언급하고 싶은 것은 오늘날 문재인 정부가 치매노인의 삶을 획기적으로 개선할 정책으로 요양시설 사용을 '본인부담률 10% 이내로' 한다는 정책을 내놓았는데 나는 이것도 잘못하면 영유아의 보육보조비 지급을 온통 공공 보육기관에 맡길 경우에만 가능하도록 했던 정책만큼이나 근시안적인 제도가 될 수 있다고 우려한다. 그렇게 되면 모든 가정이 부모들을 시설로 보내는 일을 앞 다투어 할 것인데,

그보다는 예전 우리 전통 사회처럼 여러 세대가 함께 살 수 있는 방안들을 더욱 연구하여 차세대의 양육과 교육을 각 가정의 조부모가 함께 할 수 있도록 하고, 노인 세대도 삶의 마지막을 몸의 끝만을 기다리며 가족과 떨어져서 요양시설에서 보내는 일보다 훨씬 더 인간다운 마무리를 할 수 있을 것이다. 이러한 모든 제도가 바로 탄생성에 기초한 인간의 인권을 천부적인 것으로 인정하는 믿음에서 나오는 것들이다. 한국 정치와 교육은 바로 이렇게 인간이 태어남으로써 다른 어떤 조건이 없이도, 그 자체로 존귀하고 인간다운 삶을 살 수 있는 권리를 가진 자로 인정하여 이러한 선험성에 근거해서 정치와 교육을 펴나가는 일에 매진해야 할 것이다. 계속 급증하는 사교육비 문제에 대한 해결의 열쇠도 궁극적으로 여기에 놓여 있다고 생각한다. 그것이 근본적인 처방이 되려면 각 부모뿐 아니라 학교 선생님들, 나라의 정책 입안자들, 심지어는 학원을 운영하는 사교육 기관의 운영자들까지도 이 문제에 대한 성찰을 더욱 깊이 해야 할 것이다. 결국 그것은 인간 이해에 대한 혁명론적 전회와 연결되고, 그래서 앞으로 제2의 종교개혁은 제도교육과 학교로부터의 인간 해방이라는 언급이 의미심장하게 들리는 이유이다.

세월호 이후의 한국 교육

― 지성·인성·영성의 통섭에 대하여

I. 시작하는 말: 우리의 무뎌진 마음을 어떻게 할 것인가?

일찍이 함석헌 선생은 '생각하는 백성이라야 산다'고 선언하였다. 그 말로 그는 나라를 이웃에게 빼앗기고, 그 잃었던 나라를 다시 찾기 위해서 함께 죽을 고생을 했던 동족끼리 상잔을 겪고, 겨우 싹트기 시작한 민주주의의 꽃이 총칼에 다시 짓밟히는 등의 계속되는 참화를 겪는 가운데서도 그 '생각하는'(思/理) 일을 국민들이 놓지 않는다면, 그 일을 다시 시작한다면, 거기에 살 길이 있다고 강변하였다. 그런데 생각하는 일이란 한 마디로 삶과 일에 있어서, 지나간 역사와 앞으로 올 시간을 위해서도 '뜻'을 찾는 일이다. 그리고 그 뜻을 찾는 일은 다시 다름 아닌 '종교'의 일이 된다. "역사상에 위대한 종교 없이 위대한 나라를 세운 민족 없다"라고 일갈하는 그에 따르면, 우리 민족의 "간난"(가난) 중에서 가장 심각한 가난이 바로 종교의 가난이다. 즉 뜻을 찾는 일에서의 깊이와 심각성이 부족하다는 것이고, 씨알(민중)들을 직접적으로 하늘과 맞닿게 하는 종교가 나오지 못했다고 한다. 그는 "나와 하나님을 맞대주지 못하는 종교, 참 종교가 아니다"라고 선포한다.[1]

이러한 가운데서도 그 생각하는 일을 전문으로 하고 있다고 여겨지는 곳, 대학, 한국의 대학에서 지난 2015년 8월 초유의 일이 벌어졌다. 부산대 고현철 교수가 교정 안에서 투신을 한 것이다. 총장 직선제를 한사코 없애려는 교육부에 맞서서 싸워오던 중에 자신들의 동료가 총장이 되었고, 그러나 그가 계속 말을 바꾸면서 단식투쟁을 하는 동료를 뒤로 하고 여름휴가를 다녀와서도 다른 말을 하자, 국문과 교수였고 시인이었던 그가 몸을 던진 것이다. 해방 70년 이후 한국 사회에 숱한 일이 있었고, 저항적 죽음이 있었지만 대학교수가 학교에서 투신을 한 것은 처음 있는 일이다. 그래서 많은 사람이 경악했다. 하지만 그것도 잠시, 그가 떠난 뒤 얼마 있다가 한 신문의 칼럼이 고현철 교수의 유서에 여러 차례 등장하는 "무뎌졌다"라는 말을 들어서 잘 지적한 대로,[2] 우리 사회는 지금 그와 같은 일을 겪고서도 꿈적하지 않는다. 아니 그 이전에 수백 명의 학생이 죽어간 세월호 사건이나 수백 일의 고공농성으로 저항하는 노동자들의 절규, 자신들의 몸을 마지막으로 쇠줄로까지 묶어서 항거하는 밀양 할머니들의 송전탑 반대도 한껏 무뎌진 한국 사회에서 관심 밖으로 밀려나 있으니 더 할 말이 남아 있지 않다. '무뎌졌다'(無心/無知, knowing)는 것은 더 이상 '느끼지'(情/性, sensing) 않는다는 것이다. 느끼지 않으니 드는 '생각'(思/理, thinking)이 없다. 생각이 없으니 행위를 위한 '판단'(智/勇, judging)이나 '의지'

---

1 함석헌, 「씨올의 설움」, 노명식 전집 4, 『함석헌 다시 읽기』(서울: 책과함께, 2011), 527.
2 〈한겨레신문〉 2015. 9. 10, "무뎌졌다" - 고현철 교수를 애도하며.

(意/志, willing)가 있을 리 없다. 즉 우리 '마음'(心/性)이 점점 타다 남은 재나 썩은 고목처럼 되는 것을 말하고, 그래서 지행합일(知行合一)은 커녕 지행병진(知行竝進)도 어려워서 우리 몸과 마음이 서서히 굳는 것을 말한다. 그리고는 마침내는 죽음인 것이다.

고현철 교수에 대한 애도의 칼럼이 실렸던 같은 날 한쪽 구석의 또 다른 기사가 눈길을 끌었다. 다음날 "마지막 재능교육 해고자들 2천822일만에 원직복직"이라는 제목으로 〈연합뉴스〉는 그동안 비정규직 최장기 농성이라는 기록을 세운 재능교육 사태가 어떻게 마무리되었는지를 전해주었다. 2007년 12월 21일로 거슬러 올라가는 재능교육 사태는 2008년 10월 평생교육 학습지회사인 〈재능교육〉이 학습지교사의 단체협약권을 무시하고 일방적으로 12명의 노조원을 해고하면서 본격화되었다. 주로 여성들이 구성원이었던 재능교육 노조는 2010년 11월부터 서울 시청 앞 원금단에서 천막농성을 시작했다. 2013년 2월 6일부터 해고노동자 오수영, 여민희 두 여성이 재능교육 본사 맞은편에 있는 혜화동 성당의 종탑에 올라갔고, 당시 이 일은 사회적으로 큰 반향을 일으켰다. 2013년 8월 고공농성 202일과 천막농성 2076일 만에 해직자 전원 복직과 단체협약 원상복구 약속으로 사태가 일단락되는 듯했지만, 그 과정에서 단체협약의 원상복귀라는 조항을 유보시킨 회사에 대해서 유명자, 박경선 두 노동자는 타협을 거부하였다. 이후 싸움은 노조와 노조가 싸우는 격이 되어서 더욱 힘들어졌는데, 2014년 3월부터 혜화동 본사로 천막농성을 옮겨 싸움을 지속해오던 과정에서 노조에서도 제명된 이들은 그러나 거기에 굴하지 않고 계속하여서 마침내 이번에 2천822일이라는 기록을 세우면서 뜻을 이루게 된 것이다. 단순히 자신들만의 복직을 위해서가 아니라 다른 수많은 노동자의 법적 처우 개선이라는 보다 근본적인 해결을 위해

싸움을 계속한 이들은 최후까지 남아서 그 일을 이루어냈고, 그중 유명자 씨는 싸움을 마무리하는 자리에서 "다른 장기투쟁하시는 분들도 우리를 보고 포기하지 않고 싸우면 좋은 결과가 있으리라는 희망을 가지셨으면 한다"라는 말을 남겼다.[3]

우리는 이들이 그동안 7년이 넘는 2천822일을 싸우면서 얼마나 많은 일과 고통을 겪었을지 잘 상상해볼 수 있다. 특히 2013년의 일부 복직 이후에는 노조의 분열과 서로 간의 갈등으로 무척 힘들었다고 하는데, 어떻게 해서 그 긴 고통스러운 시간들을 견딜 수 있었을까를 묻고 싶다. 그들이 7년이 넘는 시간을 길거리에서, 천막에서, 건물 옥상에서, 수많은 지루한 협상 자리에서 견디면서 '지속할 수'(誠) 있게 한 힘은 무엇이었을까? 그들이 주로 여성들이었다는 것이 큰 요인이 되었을까? 투쟁을 마무리하는 자리에서 많은 시민단체의 협력에 감사했는데, 그렇게 "함께하는 행동"(acting in concert)이었다는 것이 가장 큰 관건일까? 마지막까지 남은 두 사람의 개인적 삶은 어떠했을까도 궁금하다. 그들이 건강하게 남아서 그 고된 일을 지속할 수 있었던 근거에 그들의 개인적인 종교적 신앙, 사고력과 판단력, 의지의 힘과 마음의 감정을 잘 다스리는 능력 등이 모두 어우러졌을 것이라고 생각한다. 그들 가족과 부모, 친지들의 역할은 어떠했는지도 또한 중요한 관건이 되었을 것이다.

이러한 질문들이 속에서부터 자연스럽게 우러나오는 이유는, 주변이 온통 패배와 허무와 좌절의 소리로 무성하기 때문이다. 여기에 대해서 이들의 성취는 비록 한국 사회가 크게 주목하지는 않았지만, 그리고 나 자신도 그동안 이들과 더불어 종교계나 여성계의 많은 사람이

---

3 〈연합뉴스〉 2015. 9. 11. 8:45.

함께 해오는 동안에도 별로 관심을 두지 못했지만, 지금 그 시간이 지나고 나서 생각해보면 이들의 행보와 발자취, 거기서의 지속성(誠)의 성취는 거의 "불가능하다는 것을 알면서도 하는 자"(知其不可而爲之者)의 수준이 아니었겠는가 하는 생각도 들었다.[4] 그만큼 오늘 우리의 삶은 각자의 사적인 울타리 안에서 갇혀서 조그마한 위협과 불이익에도 크게 두려워하고, 항상 불안해하고 쉽게 좌절하며, 찰나적 이익과 얻어지는 것에 집착하며 이기주의적으로 살아가기 때문이다. 이들의 7년이 넘는 싸움은 그래서 상상조차 되지 않는다.

인간 삶의 활동 가운데서 종교가 이와 같은 삶의 양상을 극복하는 데 역할을 할 수 있다고 일반적으로 기대한다. 하지만 오늘 한국 사회 현실에서의 종교의 실행은 그렇지 않다고 생각하는 사람들이 많다. 앞의 함석헌 선생도 잘 지적한 대로 오늘의 종교는 오히려 사람들로 하여금 눈에 보이는 돈과 자아에의 노예성을 곤고히 하는 데 봉사자 역할을 하고 있는 듯하다. 종교가 거의 사이비신앙 수준으로 전락해서 온갖 미신과 종교적 속임수가 판을 치는 것도 한국 사회에서 종교가 결코 생각하는 일과 같이 가지 않는다는 것을 말해준다. 그렇다면 생각하고 사고하는 일을 주도하고 주관한다고 하는 대학이 그러한 역할을 해주고 있고, 할 수 있다고 하겠는가 하면 그렇지 못하다는 것은 오늘 우리 사회가 잘 주지하는 바이다. 위의 두 노동쟁의자는 노동하는 사람들의 "자존심"에 대해서 말했고, 이루어낼 수 있다는 것에 대한 "믿음"과 "희망"을 강조했다. 그런데 사실 오늘 한국 사회에서 이 자존감이나 믿음, 희망 등은 많이 배우고(學) 많이 아는(知) 사람들일수록,

---

4 『논어』「헌문」 41: 子路宿於石門 晨門曰 奚自. 子路曰 自孔氏. 曰 是知其不可而爲之者與.

그래서 예를 들어 대학에 있거나 하는 사람들에게 그렇게 진정성 있는 언어로 들리지 않는다. 그들 스스로가 그렇게 많은 지식을 쌓았음에도 불구하고 잘 믿지 못하고, 희망 대신에 허무와 냉소에 더 친근하고, 일찍 날아가버린 자존감과 자긍심 때문에 그것을 대신 채워줄 이름의 명예에 집착하고, 편당과 아집, 비밀스러운 오락들에 빠져 있기 때문이다. 대학 공부와 교육이 인간 행위력, 특히 윤리적 행위력을 북돋울 수 있다고 기대하는 일은 현재로서는 먼 꿈나라의 이야기일 뿐이라고 여겨진다.

이 글은 이상과 같은 우리 삶의 정황 인식 속에서 오늘의 주지주의와 지성주의, 우리의 인습적 교육 방식과 공부법 등의 오류와 한계를 짚어보면서 어떻게 그것을 넘어서 우리 삶의 지성적, 인성적, 영성적 측면을 서로 통합적으로 연결할 수 있을까 하는 방도를 찾아보려는 것이다. 그 일을 통한 통전적 인격의 실현은 세계와 타자에 대한 우리의 인간적 감수성을 다시 일깨우고, 그와 함께 우리가 행위하고 실천하는 정신으로 거듭날 수 있는 가능성이 된다고 보기 때문이다. 그런데 거기서 오늘 한국 사회를 핵심적으로 이끌고 있는 사고가 유교와 기독교의 전통으로부터 나온 것이라고 생각하여 본 논문은 두 전통에서 이와 같은 뜻에 부응하는 사고들이 어떤 것이 있는가를 살피려고 한다. 조선의 정하곡(霞谷 鄭齊斗, 1669-1736)과 서유럽의 인지학자 루돌프 슈타이너(Rudolf Steiner, 1861-1925)를 많이 언급할 것이다. 여기에 더해서 현대 인지과학자 프란시스 J. 바렐라(Francisco J. Varela, 1946-2001)의 사고 속에서도 좋은 대응을 본다. 그렇게 해서 이 탐구는 일종의 유교와 기독교의 대화라고 할 수 있다. 지금까지 기독교는 주로 종교와 영성의 차원에서 이해되어왔고, 대신에 유교는 그의 영적 차원에 대한 인식보다는 하나의 도덕체계, 윤리나 정치, 교육 등의 원리로 이해되어왔는데, 본 논문에서는 이러한 지금까지의 이해를 넘어서 어떻게 두 전통을 서로 다르게 이해하면서 그 일을 통해서 두 전통이 서로 잘 연결되는가를 살펴볼 것이다. 거기서 동서를 포괄하는 미래의 새 종교를 지향해본다. 지성과 인성, 영성이 결국 새로운 대안적 영성 안에서 서로 통전되는 것을 보려고 하는 것이다.

II. 聖, 통합성: 지성(知性)의 본체와 목표

오늘 21세기 우리 시대는 주지주의가 한껏 꽃피었고, 개인의 가능성이 지금까지 인류의 어느 시대에서 보다도 크게 신장되었다고 하지만, 각 사람이 실제 삶에서 느끼는 무기력의 수렁은 깊기만 하다. 특히 오늘 한국 사회에서 각 개인이 느끼는 어찌해볼 수 없음과 자포자기의 감정은 한두 사람만의 문제가 아니어서 범사회적 '번아웃'을 말하는 소리를 자주 듣는다. 그런데 지금으로부터 2천4백여 년 전의 중국 전국(戰國)시대에 맹자는 그 시대의 무기력과 좌절, 비인간성에 맞서서 "우리 마음의 맡은 바는 생각하는 일이요, 그래서 생각하면 얻고, 생각하지 않으면 얻지 못한다"(心之官則思 思則得之 不思則不得也, 『맹자』 「告子上」15)라고 설파하였다. 이 말은 당시 전국시대의 한없는 혼란과 불의한 무력의 충돌 가운데서도 맹자가 다시 인간성을 회복하고 세상의 평화를 가져올 수 있는 방법론으로 제시한 것이라고 할 수 있다. 그 일의 핵심을 그는 인간의 '생각할 수 있는 능력', 사(思)와 앎(知)에서 보았고, 그것을 "하늘이 각자에게 소여해준 것"(天之所與我者)이라고 하였다. 만약 오늘 우리가 이 말을 진지하게 받아들인다면 우리가 대면하고 있는 시대의 위기와 출구 없음 앞에서도 그 벗어날 수 있는 길이 바로 우리의 생각하는 힘과 앎에 있다는 것을 인정해야 할 것이다. 하지만 거기에 그렇게 썩 동의하기 어려운 것이 오늘 우리 시대는 그 이름 높은 주지주의와 지식의 폭주에도 불구하고 갈 길을 몰라 하고, 비인간성의 도가 점점 더 심화되고 있기 때문이다. 그래서 묻지 않을 수 없다. 맹자가 진정으로 그 시대의 치유책이 인간 안에 내재해 있다고 본 것이며, 그것이 인간의 사유하고 생각하는 능력과 관계되어서 모든 그러함에도 불구하고 생각하는 인간을 다시 믿고 신뢰할 수 있다고 생각했는지, 그래서 그는 시대에 절망하지 않고 희망을 놓지 않을 수 있었는지를 묻고 싶은데, 만약 그렇다면 우리 시대를 위해서도 어디에서 답을 찾아야 하는지를 아는 것이 되겠다.

　맹자의 언술과 신뢰가 믿을 만하다면 오늘 우리 시대의 주지주의와 지성주의가 드러내 보이는 한계와 좌절은 그 겉의 화려함에도 불구하고 시대가 진정으로 사고하지 않는다는 것이거나, 아니면 그도 지적한 대로 생각의 대상과 내용이 단지 눈에 보이고 귀에 들리는 외물에 국한되어서 거기서 일어나는 유혹에 사로잡혀 있는 것을 말해준다고 할 수 있다. 그런 가운데서 맹자의 다음과 같은 말은 다시 우리 사고와 생각이 어떤 방식으로 실행되어야 하는지를 밝혀준다. 그는 말하기를,5

　"구하면 얻고 버리면 잃어버리는데, 이 구함은 얻을 경우에 유익한 것이니, 그것은 내 안에 있는 것을 구하기 때문이다. 구하는 데 방법이

---

5 『맹자』「盡心上」3: 求則得之 舍則失之 是求有益於得也 求在我者也 求之有道 得之有命 是求無益於得也 求在外者也.

있고 얻는 것이 명에 좌우되는 것이 있는데, 이 구하는 것은 얻을 경우에는 무익한 것이니 밖에 있는 것을 구하기 때문이다."

이 말은 맹자가 당시 고자와의 논쟁에서 "인(仁)은 내 안에 있지만 의(義)는 바깥에 있다"(仁內義外)고 주장하는 고자와는 달리 "인의가 모두 내 안에 있다"(仁義內在)는 논의를 펼친 것과 같은 맥락인데,[6] 많은 뜻을 함의하고 있다. 그중에서도 특히 왜 오늘 우리 시대가 그렇게 많은 힘과 노력을 지적 공부에 쏟지만 그것이 맹자가 말한 것과 같은 얻음과 유익을 가져오지 않는지를 밝혀주는 것이라고 할 수 있다.

맹자는 여기서 우리가 사고한다고 하는 것은 내 안에 이미 현존하는 사고력 자체에 집중하는 일임을 가르친다. 그것은 우리가 세상과의 관계에 들어갈 때 내 사고의 창발력과 자발성, 주관력을 출발점과 근거로 삼아 시작할 일이지, 그와 반대로 외물에 휘둘리거나 세상을 오히려 시작점으로 삼아서 그 세상에 대한 낱개의 지식들을 모으는 일을 앎을 확장하는 일로 여겨서는 안 된다고 밝힌다. 그런 앎의 추구와 지식의 확장은 우리 삶에 결코 유익을 가져오지 못하고, 얻음이 되지 못한다는 것이다. 즉 아무리 오래 공부하고 지적인 일을 위해서 애를 써도 그 공부가 그를 변화시키지 못하고, 그의 삶을 윤리적이고 행위하는 일로 인도하지 못한다는 것이다. 그는 알고자 하는 대상과 자신 앞에 현존하는 존재와 하나가 되지 못한 것이고, 그 세계의 근본(Dinge an sich)에 다가가지 못한 것이다. 맹자의 이야기는 인간 존재와 그 인식력에 대한 대단한 믿음과 신뢰를 표명한 것이다. 이미 그의 '양지'(良知)와 '양능'(良能)에 대한 이야기로 잘 알고 있는 인간 가능성에 대한

---

6 『맹자』「告子上」4.

신뢰는 당시 시대의 어둠과 폭력에 대한 대안이었으므로 그는 그 힘으로 인간의 "사생취의"(捨生取義, 목숨을 버리고 義를 취한다)의 가능성을 설파하였고, "만물이 나에게 모두 갖추어져 있으니 내 몸을 돌아보아 성실하면 기쁨이 이보다 큰 것이 없고, 타인을 헤아림을 힘써서 실천하면 인을 구하는 것이 이보다 더 가까울 수 없다"[7]라고 했다. "생각하면 얻고 생각하지 않으면 얻지 못하는", 그리고 "구하면 얻고 버리면 잃게 되는" 인간 정신의 창발력과 능동적 주체성에 대한 맹자의 직관은 그의 유명한 우물에 빠지는 아이를 구하러 조건 없이 달려가는 사람의 이야기로 표현되었다.

오늘날 서구의 신경생물학자 프란시스코 J. 바렐라는 그 이야기에 접목해서 동양의 오래된 윤리학적 성찰에서 얻어진 인간과 세계에 대한 이해가 어떻게 오늘날의 인지과학에서의 그것과 서로 연결될 수 있는지 밝혀준다. 그에 따르면 인간의 윤리적 행위는 우리가 보통 생각하듯이 어떤 일 앞에서 우리가 먼저 윤리적으로 판단하고 뒤이어서 일어나는 몸의 일이 아니다. 오히려 보통의 일상의 삶에서 주로 일어나는 행위란 몸의 "재현"(recurrence)인데, 즉 우리가 살면서 처하게 되는 상황마다 그에 따라서 적절한 행동을 할 수 있도록 "채비가 되어 있는"(a readiness-for-action) 것의 "창발"의 산물이고, 그 채비는 우리 몸의 반복되는 경험 속에서 "체화하는"(embody) 데서 나오는 것이다. 오늘의 인지과학이 이 세계가 우리에게 단순하게 주어진 어떤 완결체로서의 그것이 아니라 우리가 움직이고 만지고 숨 쉬고 먹으면서 만들어가는 그 어떤 것이라는 것을 밝혀주는 것을 강조하는데, 즉 "구

---

7 『맹자』「盡心上」4: 孟子曰 萬物皆備於我矣. 反身而誠 樂莫大焉. 强恕而行 求仁莫近焉.

성으로서의 인지"(cognition as enaction)를 말하는 것이다.8 그는 이렇게 우리가 살아가면서 이 세상에서 맞닥뜨리는 수많은 경우 속에서 자연스럽게, 자율적으로, 즉각적으로 선택을 하면서 살아가는 모습을 "미시주체"(microidentity)와 "미시세계"(microworlds)로도 표현한다. 그것은 맹자가 말한 우리 마음속의 양지와 양능과 다르지 않고, 맹자에 이어서 양명과 정하곡이 드러내고자 했던 마음의 창발성과 창조력, 선한 본성(心卽理, 知行合一)에 대한 말과 다르지 않다.9 맹자가 우리 안에 있는 어떤 것으로 '생각하고 구하면 얻게 된다'고 말한 것과 유사하게 세계를 구성하는 능력으로서의 인간 인지력과 지각력은 그런 의미에서 "노홧"(know-what)으로서가 아니라 "노하우"(know-how)의 힘이다.

바렐라는 이러한 이야기는 지금까지의 서구 기독교의 "타락과 원죄"와는 "정반대의 입장"이라고 지적한다. 그러한 오늘날의 과학적 탐구가 세계와 주체의 절대적 실체성을 해체하고, 그렇지만 더 역동적인 의미로 주체적 사고력의 창발성과 창조력, 능동적 지각력을 밝혀내고 있다면, 더군다나 그것이 동양의 전통적 가르침과 잘 상관됨을 그가 지적하고 있다면, 우리의 인간 이해와 지적 공부, 윤리적 노력이 어떤 방식으로 이루어져야 하는지 밝혀주고 있는 것이라고 할 수 있다. 그것은 하면 할수록 더욱 주눅 들게 하는 공부 방식이다. 거기서 자발성과 능동성, 창조력은 억눌리고 그 대신에 엄청난 양의 외물에 대한 기성의 정보를 주워 넣어야 하는 지적 억압이다. 또한 종교도, 정치와 문화도 구성원들의 인간적 가능성과 그 육성을 통해서 뛰어난 인격적인

---

8 프란시스코 J. 바렐라, 유권종·박충식 옮김, 『윤리적 노하우 - 윤리의 본질에 관한 인지과학적 성찰』(서울: 갈무리, 2009), 31-32.
9 같은 책, 52 이하.

성취와 하나됨이 가능하다는 것을 밝혀주거나 북돋아주지 않고 대신에 억압하는 권위와 강요되는 해답으로만 작동하려는 모습을 나는 맹자가 말한 대로 생각하지 않고, 구하지 않는 일이라고 말하고자 한다. 자신 속에 내재하는 생각하는 힘으로부터 주의를 기울이지 않기 때문에 대상과 하나 되기 어렵고, 그런 깊이 있는 숙고와 사고가 훈련되지 않아서 내면적 숙고를 힘들어하고 관심은 쉽게 밖으로 도망간다.

인간 지성의 능력은 단지 주어진 외부세계의 속성들을 마음에 재현하는 것 이상이라고 강조하는 서구의 인지학자 루돌프 슈타이너(Rudolf Steiner, 1861-1925)에 따르면 현대인들이 크게 경도되어 있는 취미, 영화를 보려는 욕구가 바로 생각하지 않고, 모든 것을 외적인 방식으로 보고자 하는 욕구의 모습이라고 한다. 그것은 인간 인식력이 내적으로 수동적이고 비활성화되어 있어서 내적인 활동을 전혀 원하지 않는 모습이다.10 사람들이 TV 앞에서 그저 멍하니 앉아서 모든 것이 그냥 지나쳐가도록 놔두는 일과 같은 일을 말한다. 슈타이너에 따르면 칸트가 사고하는 인간 주체성(理)의 차원을 크게 확장했지만, 그러나 그 한계도 분명하다. 즉 인간 이성이 대상의 본질(Dinge an sich)에 도달 가능하다는 가능성을 차단함으로써 20세기에 와서 인간 이성이 어디로 향해야 할지를 모르는 "사고의 무기력"에 빠지게 했다고 한다.11 그것은 인간의 정신을 단순히 현상세계를 수동적으로 인식하는 지성의 일에 국한한 것인데, 그 경계를 넘어서 "더 높은 세계의 인식"에 도달할 수 있다고 여겼다. 그는 바렐라가 말한 것과 유사하게 "인간은

---

10 루돌프 슈타이너, 최혜경 옮김, 『젊은이여, 앎을 삶이 되도록 일깨우라 - 인류 발달에 관한 정신과학적 연구 결과』(서울: 밝은누리, 2013), 219.
11 같은 책, 22.

처음부터 실제 전체를 소유하고 있지 않고 점차로 자기 자신에게 전개시켜 나가는 것"이고, 그렇게 함으로써 "아직 실제적이지 않았던 것이 점차로 사고와 직관의 결합을 통해서 진짜 실제로 되어간다"고 밝힌다.12 그런 의미에서 "일깨움"에 관한 일이라면—바렐라의 언어로 하면 "윤리적 노하우"나 유교 언어의 '대상과의 하나됨의 일(致知)'에 관한 것이라면—그러한 지성주의로는 아무것도 할 수 없고, 그것은 마치 "정신 본성에 대한 지성주의의 관계는 인간에 대한 인간 시체의 관계와 같다"고 비판한다.13 대신에 그러한 단순한 차원의 지성주의를 넘어서 "보다 더 높은"(hoehere) 인간 정신의 직관력(Geist, hoehere Erkenntnis)에 대한 신뢰를 내보이는데, 그 정신적 직관력의 신장 여부에 따라서 인간 윤리의 미래가 달려 있다고 여기기 때문이다.14 그는 말하기를, "윤리적 자극과 관련해서 인간이 자기 존재의 가장 깊은 내면으로부터, 완전히 개인적으로 도덕적 자극으로서 퍼 올릴 수 있는 것에 호소하는 길 외에 다른 방식으로는 윤리가 더 이상 발달할 수 없는 시대가 인류 발달에 마침내 도래"했고, "자연과학적으로 생각하도록 길들여진 방법으로는 도덕적 직관에 도저히 접근할 수 없다는 사실을

---

12 루돌프 슈타이너, 김성숙 옮김, 『교육의 기초로서의 일반인간학』(서울: 물병자리, 2007), 116-117; 이은선, 「어떻게 행위하고 희락할 수 있는 인간을 기를 수 있을 것인가? - 양명과 퇴계 그리고 루돌프 슈타이너」, 『생물권 정치학시대에서의 정치와 교육』(서울: 도서출판 모시는사람들, 2015), 273 이하.

13 루돌프 슈타이너, 『젊은이여, 앎을 삶이 되도록 일깨우라』, 52, 96.

14 같은 책, 80; 슈타이너도 성리학에서처럼 인간을 삼분절의 존재로 본다. 즉 '정신'(靈, Geist, 理)과 '마음'(魂, Seele, 心), 그리고 '몸'(身, Leib, 氣)의 세 차원을 말한다. 그에 따르면 인간은 '정신세계'(理)의 전령자이고, '정신'(Geist, 理/靈)이란 우리 몸을 통해서 실현되어야 하는 "뜻"(Absichten)의 모체이다. 그래서 태어난다는 것은 이 정신세계에서 혼과 몸의 세계로 나온 것이므로 탄생한 아이가 우선적으로 할 일은 혼과 몸의 낯선 세계를 자신의 것으로 하는 일이다. 이은선, 「어떻게 행위하고 희락할 수 있는 인간을 기를 수 있을 것인가? - 양명과 퇴계 그리고 루돌프 슈타이너」, 274.

발견"했다고 한다.15 바렐라가 자신의 새로운 신경현상학적 발견으로 그때까지의 행동주의 과학이나 반대로 인습적인 추상적 인간주의를 비판하는 것과 유사하다.

서구 기독교 전통의 대안 사상가 슈타이너의 이와 같은 전망과 시도가 맹자를 이어받은 양명이나 정하곡의 시도와 매우 잘 통하는 것으로 보인다. 그들이 당시에 꺼진 재와 마른 나뭇가지처럼 어떤 행위력도 갖지 못하는 시대적 지성주의를 보고서 인간 마음의 더 근본적인 창발력과 사고력으로서의 '좋고 선한' 지성(良知)을 발견하고서 그것의 확장(致良知)을 위해서 힘쓴 것을 말한다. 하곡은 당시 시대의 온갖 박해와 곤란에도 불구하고 양명의 심즉리의 사고를 참된 진리로 받아들이고서 우리의 배움과 지적 추구가 마음을 닦는 일(心學)이 되고, 그래서 진정으로 우리 삶을 변화시키는 일이 되기를 원했다. 그리하여 그는 우리의 공부를 특히 "성학"(聖學)이라고 부르는 것을 좋아하였고, 마음의 "성체"(性體)를 닦는 공부에서 가능해지는 앎으로 "성지"(聖知)에 대해서 말하였으며,16 그 일은 성체인 우리 마음의 '천리'(天理)에 주목하는 일이지 외물의 '물리'(物理)에 대한 지식에 좌우되는 것이 아님을 강조했다. 그는 주희의 공부법에서처럼 공부에서 먼저 바깥의 대상(物)에 나가서 이치(理)를 탐구함으로써 우리의 지(知)를 밝힐 수 있다고 생각하는 것은 우리 마음의 선험성과 근본적인 힘을 믿지 못하는 데서 오는 것이라고 지적한다. 즉 마음이 물과 하나될 수 있고, "관통"(貫通)할 수 있다는 것에 대한 신뢰의 부족이고 염려라는

---

15 같은 책, 101, 105.

16 『신편 국역 하곡집』 3, 「존언(存言)上」, '예조명예설'(睿照明睿說), 재단법인 민족문화 추진회 옮김(서울: 한국학술정보(주), 2007), 93.

것이다.17 이렇게 해서 하곡은 우리의 공부에서 마음의 "선험성"(生知)을 인정해야 하고, "모두의 마음속에 보편적으로 내재해 있는"(衆人所性之同能者) 본성적 창발력에 주의해야 함을 강조한다.18 그 마음의 선험성은 그에게는 '神'이고 '靈'이며, '상제'(上帝)가 내려주신 거룩(聖)이다. 공자가 자신의 공부는 많이 배워서 그것을 모두 기억하는 유의 공부가 아니라 "하나로써 모든 것을 꿰뚫고 있는"(予一以貫之) 공부라고 한 말과 같은 맥락이고, 맹자가 "먼저 큰 것을 세우는 것"(先立大者)의 중요성을 말한 것과 잘 상통한다. 참된 공부의 목표를 위해서는 세상의 물리에 휘둘리지 말고 우리 정신의 신적 선험성(聖)이 출발점이 되어야 한다는 것인데, 하곡은 다음과 같은 말로 당시 공부의 경향에 대한 깊은 우려를 표현한다.19

"성인(聖人)의 성인 되는 까닭은 오직 이 한 줄기에 있을 뿐이며 다른 법은 이에 간여하지 않는다. … 그러나 고금을 두루 알고 의리를 탐구하여 물의 법칙을 가지고 이 마음을 규제한다는 학설이 있은 뒤로 물(物)과 리(理)가 떨어지고 안과 밖이 둘이 되며 가지를 먼저 하고, 뿌리를 뒤로 하게 되었다. 심(心)을 논하는 한 방도에 이르러서는 이를

---

17 「존언上」, '성학설'(聖學說), 같은 책, 103: 爲此者, 蓋亦以爲心之不能盡知義理也, 慮其不能貫通物我而兼至也, 故爲此之教, 以爲先博之於物而後可復之於心云爾°

18 같은 글, 105: 非聖人生知之所存, 非衆人所性之同能者, 則此無與乎聖學作聖之功, 成性之本源矣° 雖君子無非有學焉者, 然亦可先以此爲務而爲之學乎(此正聖賢之所不暇者)?

19 『霞谷全集』 권 8, 「學辨」: 聖人所以爲聖者° 惟在此一脉而已° 他法不與也° … 然自有夫博古今求義理執物則° 以範制此心之學以來° 物理離而內外貳° 枝條先而根本後° 至於論心一途° 推與佛徒° 而欲諱言於心者何哉° 嗚呼° 爲此者亦有其說° 而出於此中何者° 物之一字是爾° 其曰天生蒸民° 有物有則° 以其則爲在物° 求理於事事物物° 『신편 국역 하곡집』 3, 「학변(學辨)」, 53-54.

불도(佛徒)에게 미루어 주고서 심에 대해서는 말하기를 피하려 하는 것은 무슨 까닭인가? … 무엇이냐 하면 물이란 한 글자가 이것일 뿐이다. 그는 '하늘이 백성을 내실 적에 물이 있으면 법이 있도다'라고 한 데 대해서 그 법이 물에 있는 것으로 알고 이를 사사물물(事事物物)에서 구하였던 것이다."

III. 性, 타자성: 인성(人性)의 핵심

공자께서 말씀하셨다.

"지(知)가 미친다 하더라도 그것을 인(仁)으로 지킬 수 없으면, 비록 그것을 얻었다 해도 반드시 잃고 말 것이다. 지가 미치고 인이 지켜지더라도 장중한 자세로 그것에 임하지 않으면 백성들은 존경하지 않을 것이다. 지가 미치고 인이 지켜지며 장중한 자세로 그것에 임한다 하더라도 그들을 움직이는 데 예(禮)로써 하지 않는다면 잘한 일이 아니다."[20]

『논어』 위령공편의 이 말은 오늘 우리의 주지주의와 세속화의 시대에 많은 것을 시사해준다. 우리가 아무리 많은 지식과 앎을 가지고 있다고 하더라도 그것이 인간성의 너그러움과 부드러움, 감정의 방식으로 나누어지지 않는다면 그 지식이 소용없게 된다는 말씀이다. 본 성

---

20 『논어』 「위령공(衛靈公)」 32: 子曰 知及之 仁不能守之 雖得之必失之. 知及之 仁能守之 不莊以涖之 則民不敬. 知及之 仁能守之 莊以涖之 動之不以禮未善也.

찰의 맥락에서 보면 우리 지성과 인성의 통합을 말하는 것이고, 또 다르게 살펴보면, 우리 지성의 뛰어난 창발성에도 불구하고 오히려 인성이 그 토대성을 마련해주는 것이라는 가르침이기도 하다. 또한 우리 주체의 거룩한 선재성에도 불구하고 우리는 조건 지워진(conditioned) 존재이고, 타자(物)와의 관계성이며, 우리의 생각, 사고, 지식(理/思/知)은 감정(情)과 몸(氣), 몸적 의지(意) 바깥의 것이 아니라는 사실을 밝혀주는 것이라고 할 수 있다.

1. 하곡의 생리(生理)

나는 하곡이 이러한 우리 존재와 사고의 상관성과 역동성, 생명성을 더욱 분명히 드러내기 위해서 그것을 "생리"(生理)로 표현했다고 생각한다. 그것은 우리의 존재가 세계와의 관계성에 있지만 그 관계성의 몸적 기반을 더욱 밝혀주려는 의미로 해석할 수 있다. 또한 우리 마음의 인식력이 단지 계산하고 분석하고 분류하는 일만 하는 것이 아니라, 관계를 구성해내고, 살려내고, 본래적 하나됨을 따뜻하게 회복하며 북돋을 수 있는 능력이라는 것을 밝혀주는 의미라고 이해한다. 우리 마음과 인간성과 인식력이 한편으로 바로 그렇게 낳고, 살리고, 사랑하고, 북돋는 '인성'(人性)이고, 감정이며, 몸의 감각이라는 것이다. 그는 말하기를,

> "한 덩어리 생기(生氣)의 원(元)과 한 점의 영소(靈昭)한 정(精)은 그 한 개의 생리(生理)(즉 정신과 생기가 한 몸의 생리)란 것이 심장[方寸]에다 집을 짓고 중극(中極)에서 뭉친 것이다(團圓). 그것은 신장(腎)에 뿌리를 내리고 얼굴에 꽃을 피우며 그것이 확충(擴充)되면 한 몸에 가득차고 하늘과 땅(天地)에 가득하다. 그 영통(靈通)함은 헤아릴 수

없고 묘용(妙用)은 끝을 다할 수 없으므로, 만 가지의 이치를 주재(主宰)할 수 있으니 참으로 이른바 육허(六虛)에 두루 흐르고[周流] 변동하여 한군데 머물지 않는다. 그 체(體)로서는 진실로 순수(純粹)하게 본래 타고난 마음의 원칙이 있지 않는 것이 없었으니, 이것이 살아 있는 몸의 생명근원(生身命根)이며 이른바 본성(性)이다. 이 가운데 다만 생리로만 말하면 "타고난 것을 성(性)이다"고 하며 동시에 "천지의 큰 덕이 '생(生)'이라"라는 것이다."21

"『전습록』30조에 '어린아이는 어머니 뱃속에 있을 때에는 다만 순수한 기(氣)이니 무엇을 알 수 있겠는가?' 하였다. 이 한 점의 순수한 기(氣)는 오직 생리(生理)이며—이것이 정(精)과 신(神)과 진기(眞氣)이다—이(理)의 체(體)이며, 신(神)의 주(主)인 것이다. 『의경』(醫經)에 이르기를, "마음은 맥(脈)을 주관하고 맥은 신(神)이 있는 곳이다"라고 하였다—맥은 혈기(血氣)에 앞서서 나타낸다. 또 이르기를, "한 번 숨 쉬는 동안에도 맥이 뛰지 않으면 심장 운동이 다하고, 터럭만큼이라도 계속되지 않는다면 하늘과 땅이 갈라선 것이다" 하였다—이것은 선천(先天)의 한 기(氣)요 선천의 영(靈)인 것이다. 사람의 맥이란 혈기의 묘운이며 신(神)의 주(主)이니 이것은 이(理)의 형체(形體)이다.22

---

21 『신편 국역 하곡집』3,「존언(存言) 上」, '일점생리설'(一點生理說), 재단법인 민족문화추진회 옮김(서울: 한국학술정보(주), 2007), 87 이하: 一團生氣之元, 一點靈昭之精, 其一(或無一字)箇生理(卽精神, 生氣爲一身之生理)者, 宅竅於方寸, 團圓於中極° 其植根在腎, 開華在面, 而其充卽滿於一身, 彌乎天地° 其靈通不測, 妙用不窮, 可以主宰萬理, 眞所謂周流六虛, 變動不居也° 其爲體也, 實有粹然本有之衷, 莫不各有所則, 此卽爲其生身命根, 所謂性也° 只以其生理則曰: "生之謂性", 所謂 "天地之大德曰生"°
22「존언上」, '생리성체설'(生理性體說), 같은 책, 142-143:『錄』曰: "嬰兒在母腹,只是純

하곡은 생리를 살아 있는 우리 몸의 생명근원으로 보면서 그것을 우리 존재의 '본성'(性)으로 이해한다. 그에게 기(氣)는 생리이며 그것이 "리의 본체(理之體)"라고 말한다. 이것은 우리의 사고하는 능력과 이성의 근원을 오히려 몸이나 감정이라고 보는 것으로 주희 사고에서와 같은 정신과 몸, 이기의 이원론을 받아들이지 않는 것이다. 인간 사고의 촉발이 결코 몸의 감각이나 현재적 감정의 운동 없이 이루어지지 않는다는 것이다. 그는 이 생리를 더욱더 몸적으로 '맥'(脈)으로 파악하기도 하는데, 우리의 심장 운동과 관련된 맥을 생리에서 다시 구분하여 "생리의 체"(生理之體), "리의 형체"(理之形體)로 밝히기도 한다. 이러한 모든 표현으로 나는 하곡이 비록 우리 인간 주체성의 정수가 지(理/知)라고 하더라도 그 지란 몸의 경험이기도 하고, 감정(情)의 일이기도 하며, 그렇게 몸과 마음, 마음과 정신, 인성과 지성, 행위와 아는 것, 기와 리가 서로 연결되어 있음을 밝히는 것이라고 생각한다. 그래서 그는 리에 대해서라기보다는 성(性)에 더 주목하고 그것을 "생리"(生理)로 표현한 것이다.[23]

하곡이 정명도의 「정성문」(定性文)을 얼마나 존중했는지는 주지의 사실이다. 이렇게 성(性)에 주목한다는 것은 더욱더 인간중심적으로 사고한다는 것이고, 지금·여기의 상황성(情)에 대한 주목이며, 인간성의 체현과 실천을 학문의 진정한 관건으로 중시 여기는 것을 말한다. 하곡은 공자가 "사람이 도를 넓히는 것이지 도가 사람을 넓히는 것이 아니다"라고 한 말을 중시했고, 정호가 천지만물의 주재자를 "사

氣有何知識?"是一點純氣, 只是生理【是其爲精, 神, 眞氣】, 是理之體, 神之主也。醫經曰: "心主脈,脈舍神"【脈者,血氣之先】又曰: "一息不運,則機緘窮, 一毫不續, 則穹壞判"【是先天一氣, 先天之靈。○ 人之脈者, 是血氣之妙, 神之主也, 是理之形體也】
23 「존언下」, '성학지도'(聖學之道), 같은 책, 201: 生之理, 正是性也, 人心之生理是也。

람의 마음"(人心)으로 보고 그 마음을 "생의 근원"(生之源), "물의 군주"(物之君)라고 밝힌 것을 좋아한다. 그에 따르면 성이란 거기서 "생의 리"(生之理)로서 천지의 낳고 살리고 창조하는 큰 덕(天地之大德曰生)이다. 인간 마음의 살아 있는 원리로서 마음의 천(天)이며, 하늘(天元)이 나에게 명한 것이다.[24] 하곡은 그 성이 인간 마음의 천리라고 하지만, 성이 오히려 "리의 체"(理之體)라고 하는 정명도의 생각을 좋아한다.[25] 그는 우리 마음의 "도심(道心)이 엉키고 모여서(凝聚) 천리가 되는 것"(道心凝聚 爲天理)이지 천리가 먼저가 아니라고 분명히 말한다.[26] 그래서 인(仁), 따뜻한 마음, 너그러움, 사랑, 공감이야말로 "생리의 주"(仁者 生理之主)라고 하는데,[27] 이것은 하곡이 어느 정도로 인간 주체적으로 사고하고, 우리의 지적 생활과 공부가 얼마나 실제의 구체적인 삶과 생활, 몸의 감각과 감정의 움직임, 살리고 사랑하는 마음 등과 관계되는 일인가를 강조하는 것이라고 할 수 있다. 그는 주희가 우리 마음의 희로애락을 떠나서 공허한 것을 리와 대본으로 삼아서 그 대본이 마른 나무와 모래와 조약돌과 같은 것이 되었다고 비판하면서, 그렇다면 "어떻게 나의 성과 분별이 있겠는가?"라고 묻는다.[28] 즉 그는 물리와 생리를 구분하기 때문에 인간과 물의 성(人物性)이 서로 다른 것을 설명하기도 하지만,[29] 그러나 그가 궁극적으로 파악하는 리는 '생'(生)이고 '역'(生生之謂易)이기 때문에 종국에는 큰 통합을 말한

---

24 「존언下」, '성자인심지천'(性者人心之天), 같은 책, 173.
25 「존언上」, '성즉리'(性卽理), 같은 책, 138.
26 「존언中」, '도심천리설'(道心天理說), 같은 책, 155.
27 「존언中」, '인·성·심·지'(仁性心知), 같은 책, 160.
28 「존언上」, '태극 주정 중용 미발설'(太極主靜中庸未發說), 같은 책, 114: 若果離喜怒哀樂而以空虛者爲理爲大本, 則其爲大本也, 如枯木也, 砂礫也, 與吾性何有乎分別?
29 「존언上」, '이일설'(理一說), 같은 책, 96.

다. 그는 밝히기를, "성은 형(形)의 주재자(主)가 되고, 리는 기의 뿌리가 되기 때문에 기도 리이고, 리도 기이며, 성도 정이고, 정도 성이다. … 모두 리와 기이고, 성과 기이며, 도와 기(器)이고, 생(生)과 성(性)이므로 두 가지이지만 실은 또한 한가지일 뿐이다."[30]

2. 바렐라의 '미시주체'

이렇게 하곡이 존재론적인 리보다도 인간론적인 성에 더욱 관심하고, 그것을 생의 원리와 생리로 보면서 오히려 '리의 본체(體)'라고 한 것은 앞에서 살펴본 바렐라의 "새로운 마음의 과학"의 관점에서 보면 마음과 몸의 비이원적(nondual) 관계를 강조하면서 그렇지만 다시 지각을 위한 준거점, 마음이 가능해지는 출발점을 오히려 몸으로 보는 방식이다. 바렐라에 따르면 무엇이 중요한 세계로 간주되는가 하는 점은 지각자의 몸의 구조로부터 분리될 수 없다. 그는 "인지적 행동 주체의 감각운동 구조, 다시 말해 감각경계와 운동경계가 신경계를 통해 연결되는 방식"을 말한다.[31] 이렇게 인간의 경험과 인지를 주희나 칸트와 같이 이미 완성되어 있는 선재하는 어떤 객관적 정신 틀(理)의 작용으로 보기보다는 훨씬 더 경험과 경험하는 주체, 몸과 마음, 인지의 구조와 인지 과정의 순환과정에서의 "자기생산"(autopoiesis)으로 이해하는 견해는 하곡이 인간의 성을 당시의 성리학에서보다 훨씬 더 몸적으로 이해하여 "생신명근"(生身命根)의 생리로 보고, 또한 이와 더불어서 그 성이 이루어지기 이전의 '형'(形)에 대해서 언급하는 것과 잘 상통한다. 하곡은 "형이 이루어진 후에야 성(性)이란 이름이 있는

---

30 「존언中」, '인·성·심·지'(仁性心知), 같은 책, 161-162: 性爲形主理爲氣原, 氣亦理, 理亦氣, 性亦情, 情亦性°… 皆理氣也, 性氣也, 道器也, 生性也, 二者也而實亦一焉而已°
31 같은 책, 36.

것이다"(形以後有性之名)라는 말을 하는데,32 바렐라가 경험의 순환성과 인지의 자기구성적, 자기갱신적 특성을 말하지만 경험의 장소이자 경험의 출발점으로서의 몸이 갖는 순환성을 강조하는 것과 같은 의미라고 할 수 있다.

바렐라는 우리가 보통으로 하는 '내가 자아를 지니고 있다 또는 자아이다'라는 생각에 반해서 "비단일체적인(non-unitary) 인지적 자아들"과 "미시주체들"에 대해서 말하고, "자아 없는 자아", "비어 있는 자아"에 대해서 말한다. 이것은 우리의 자아(理/性)가 일반적으로 생각하듯이 하나의 실재라거나 하나의 개념으로 귀결되는 어떤 것이 아니고, 환경 속에서, 세상의 물과 더불어 우리 몸의 두뇌 속의 수많은 뉴런들이 수행하는 앙상블이 명멸적으로 현현하는 공동작업으로 이해하는 것이다.33 그에 따르면 우리 미시주체들이 나타나는 장소들 중의 하나인 시각만 보더라도 시각현상은 내면의 어떤 주체에 의한 중앙 집중적인 영상의 '재구축'이 아니라 형태, 표면 성질, 3차원의 공간관계와 3차원 운동 등과 같은 다양한 시각적 양상의 창발적인 공동작업, "동시적으로 작용하는 하위네트워크들의 창발적인 속성"의 "공명결합"이라는 것이다.34 다르게 이야기하면 두뇌에는 소프트웨어와 하드웨어 사이의 원칙적인 구별이 없다는 것이고,35 생명현상은 체화된 역사에 기반해 의미를 구성하는 자기생산적 과정이라는 것이다. 바렐라는 "인지적 자아는 스스로 구현되는 것이다. 이것의 역사와 행위는 한 덩어리이다"라고 서술하는데, 이 이해는 예전 양명의 '지행합일'의 발

---

32 「존언上」, '이일설'(理一說), 같은 책, 98.
33 프란시스코 J. 바렐라, 같은 책, 77 이하.
34 같은 책, 81-86.
35 같은 책, 89.

견이나 하곡이 우리의 주체와 정신이 우리 몸과 세상과의 공동작업 속에서 현현하는 것임을 밝히는 것과 매우 유사하다. 하곡은 말하기를, "마음의 지(心之知)는 형(감각기관)의 용(形之用)과 물의 체(物之體)에 있고, 물의 체와 형의 능(形之能)은 모두 마음의 지에서 나온 것이다. 마음의 지는 리인 것이니, 이목비구(耳目口鼻)의 형질의 용이 없고, 성색취미(聲色臭味)의 물상(物相)의 체가 없다면 그 아는 것도 있을 수 없고 그 리도 있을 수 없을 것이다"[36]라고 했다.

3. 슈타이너의 '공감'

하곡이 우리 마음의 본성으로 밝힌 생리가 그냥 리가 아니고 생리라는 것, 바렐라가 우리의 인지가 "오직 체화에서만 존재한다"고 강조한 것,[37] 이러한 시대의 대안은 슈타이너가 인간 교육에서 어떻게 '감정'(feeling)을 중시하고, 그 감정을 주관하는 '공감력'(sympathy)을 사고를 주관하는 '반감'(antipathy)보다 우선적인 교육의 대상으로 삼는가에서도 잘 나타난다. 그는 그러한 공감의 마음을 잘 전개하고 순화하기 위해서 교육을 "예술"로 수행해야 한다고 강조한다.[38] 그에 따르면 우리 마음의 두 가지 힘 중에서 반감은 우리의 지적 생활과 관계하지만 공감은 우리의 감정과 의지(willing)와 관계한다. 우리의 지적 생활이 전개되기 위해서는 그 사고의 대상을 먼저 자신에게로 끌어오고, 공감하고 느끼는 일이 수행되어야 한다. 그런 의미에서 특히 한 주체

---

36 「존언上」, '이목구비설 하', 같은 책, 130: 心之知, 在形之用, 物之體, 物之體, 形之能, 皆出心之知° 心之知理也, 無耳目鼻口形質之用, 無聲色臭味物相之體, 不得以有其知有其理°

37 같은 책, 95.

38 루돌프 슈타이너, 『교육의 기초로서의 일반인간학』, 110 이하; 이은선, 같은 글, 275, 301.

의 사고가 본격적으로 일깨워지기 이전까지는 감정이 충분히 전개되어야 하며, 그 감정으로서 현재의 삶에서의 대상들과 잘 관계 맺는 것이 핵심이라고 밝힌다.

그에 따르면 그래서 그 시기에는 아동의 감정생활을 존중하고 귀히여기는 참된 권위로서의 교사의 역할이 특히 중요하다. 그가 그 아이의 마음을 신적 씨앗의 밭으로 보아서 "교육예술"로써 인도해야 하는데, 이 시기의 아이가 가장 기초적으로 경험해야 하는 감정으로 "경외감"(敬)을 든다. 이것은 아이가 이후의 독자적인 사고의 삶을 위해서도 핵심이 되는데, 왜냐하면 세계에 대한 기초적인 친애함과 경외감이 없이는 그 물의 끝까지 내려가서 그와 하나가 되고자 하는 성실한 탐구가 가능하지 않다고 보기 때문이다.39 양명이나 하곡의 언어로 하면 '치지'가 아닌 '치양지'의 공부를 통해서만이 참된 앎에 도달할 수 있다는 의미로 해석해볼 수 있다. 슈타이너에 따르면 어린 시절부터 지적교육을 과도하게 강조하여 개념을 위주로 시키는 교육은 아이의 혈액에 탄산가스를 늘리는 일이고, 그것은 그를 죽이는 일, 육체를 경화시키는 일이다. 그럼에도 오늘 우리의 교육은 이 감정과 몸의 차원에 대한 배려를 하지 않고, 서둘러서 기다리지 못하고 아이를 이미 어른으로 여겨서 오직 지적 교육만 강조한다. 요사이 그에 대한 반성으로서 인성교육을 다시 말하기 시작했지만 그 인성교육도 또 다른 지적 교육이 될 위험성을 안고 있다. 그러므로 진정한 인성교육은 대안적으로 새롭게 밝혀진 인간 이해와 세계 이해에 근거해야 한다고 말하고자 하는데, 하곡이 그 사고의 전개와 더불어 다시 '경학'(經學) 공부를 말하

---

39 이은선, 「어떻게 행위하고 희락할 수 있는 인간을 기를 수 있을 것인가? - 양명과 퇴계 그리고 루돌프 슈타이너」, 308.

는 것도 단순히 다시 표피적인 지적 공부를 강조하기 위해서가 아니라 보다 지속적인 윤리와 인성의 체화를 위해서 근본적으로 '다른 존재론'이 필요하다고 생각했기 때문인 것으로 이해한다.[40] 그는 '감정'(性)을 오히려 '사고의 본체'(理之體)라고 했고, '인'(仁, 인간다움, sympathy)이야말로 그 마음속의 살아 있는 원리(生理)의 "주"(主)라고 했다. 또한 『주역』의 "이(利)라는 것은 의(義)의 조화"(利者 義之和)라는 말과 "이(利)란 이렇기 때문에 의(義)로서 화합한 것이다"(利也 是以和義也)라는 말을 좋아했는데,[41] 우리 삶의 이로움(利)은 타자와 그 타자에게 속한 것을 잘 인정하고(義) 그 일로 잘 화합할 때(和義) 이루어지는 일이라고 해석하여 바로 인성을 통해서 이루어지는 삶의 유익과 평화를 강조한 것이라고 이해하고자 한다. 알랑 바디우나 지젝 등 오늘 우리 시대의 많은 대안적 사고가들이 다시 찾고 있는 바울이 그의 고린도 교회에 보낸 편지에서도 사람들이 알아듣지 못하는 '방언'을 구하기보다는 공동체에게 구체적인 도움을 주고 덕을 세우는 '예언'을 구하라고 한 것도 같은 맥락이라고 해석한다(고린도전서14:1-19). 그가 믿음(知), 소망(意), 사랑(情) 가운데서 '사랑'이 제일 중요하다고 강조한 '인성'(人/仁)이야말로 모든 보통사람의 일상(性)에서 가장 구체적이고도 핵심적인 윤리가 되는 것을 알았기 때문일 것이다.

---

40 이은선, 「내가 믿는 이것, 한국 生物여성 정치와 교육의 근거 - 정하곡의 生理와 한나 아렌트의 탄생성(natality)을 중심으로」, 『陽明學』 제39호(한국양명학회, 2014. 12), 84.
41 「존언上」, '인심도심설'(人心道心說), 같은 책, 137.

IV. 誠, 지속성: 영성(靈性)의 참모습

이렇게 우리 마음의 따뜻함과 인정(人情)은 우리 삶의 기초이지만
또한 그것만 가지고 안 된다는 것을 우리는 매일의 삶에서 경험한다.
우리의 감정은 쉽게 흔들리고, 거기서의 감정적 판단은 오류로 판명나
기 일쑤이며, 또한 한두 번은 인간답게 살 수 있지만 그 일을 지속하기
는 어렵고, 많은 경우 당면한 문제 상황에 대해서 단순한 느낌이 아니
라 더 깊이 있는 통찰과 장기간의 전망이 요청된다는 것을 우리는 잘
알기 때문이다. 이런 윤리적·실천적 요청이 더욱 간절히 표현된 것을
나는 다름 아니라 '영성'(靈性)이라고 생각하고, 오늘 우리 시대가 지
성과 인성을 넘어서 다시 영성을 말하고, 그 차원의 회복을 요청하는
것이 우리 시대의 비인간화와 윤리적 상황이 매우 심각하다는 것의 반
증이라고 생각한다.

공자는 앞에서 인용한 위령공편의 언술에서 지식(知)과 너그러움
(仁)과 한두 번의 장중함에 더해서 "예(禮)로써 하지 않으면 아직 온전
한 일이 아니다"(動之不以禮 未善也)라고 했다. 그러면서 "내가 일찍이
온종일 먹지도 않고 밤새도록 자지도 않고 사색해보았으나 유익한 게
없었고 배우는 것만 같지 않았다"(吾嘗終日不食 終夜不寢 以思 無益 不如
學也)라고 고백하였다. 나는 공자의 이 말씀이 결코 단순한 객관적 지
식 공부를 의미하는 것이 아니라고 생각한다. 오히려 여기서의 '배움'
(學)이란 우리가 앞에서 이야기한 것과 같은 비판적 의미에서의 지적
공부도 넘어서고, 한두 번 밥을 굶거나 하루 이틀의 잠을 자지 않을
정도의 지적 체화를 넘어서 보다 더 지속적으로, 평상의 온 삶에서, 일
생의 작업으로서의 세계(物/타자)와의 대화를 통한 하나됨의 배움을
말하는 것이라고 할 수 있다. 즉『중용』20장의 언어로 이야기하면,

"지속함(誠)은 하늘의 도이고, 지속함을 수행하는 일(誠之)은 인간의 도이다"(誠者 天之道也, 誠之者 人之道也)라는 의미에서의 그것이라고 생각한다. 잘 알다시피 공자는 "한마디로 사람들이 평생토록 받들어 행할 만한 것"으로 "서"(恕)를 들었다. 즉 마음이 다른 사람의 마음을 꿰뚫어서 하나가 되는 것이다. 이 일을 자연스럽게 행하면서 살게 되기까지(從心所欲 不踰矩)의 공부가 그의 일생의 배움이었고, 그것이 그의 참된 영성(克己復禮)이었다.

"새 시대의 새 종교"를 추구하는 함석헌 선생은 전통의 기독교가 예수 한 사람의 십자가 사건을 절대화하고 형이상학화함으로써 그 본뜻을 잃고 값싼 "대속신앙"으로 전락했다고 비판한다. 그에 따르면 속죄의 근본 뜻은 '대신'에 있지 않고 예수가 아들로서 그러했던 것처럼 "알아주는 맘"으로 하나님과 "하나됨"에 있다.[42] 그러므로 "중보(中保) 소리 많이 하는 종교"는 그에 따르면 "협잡종교"이다.[43] 그렇게 지금까지의 기독교의 근간을 흔드는 성찰을 계속해나가는 가운데 함석헌이 통찰한 미래 인류 종교의 모습은 "노력의 종교"이다.[44] 한국의 6.25전쟁을 세계의 모든 나라, 모든 민족이 '하나의 세계'를 향해 나가기 위한 "인류의 제단, 유엔의 제단, 민족의 연합의 제단"이 된 일로 보는 그에 따르면, 지금 인류가 가장 원하는 것은 "새 종교"이고, 인류 삶의 걱정은 더 이상 "기술적인 문명"에 있지 않고 "사상"에 있는데, 인류는 '맹목적 의지'와 '감정'의 종교시대를 거쳐 '이지'(理智)의 종교시대로 들어섰다. 물론 그가 '知'(이성)와 '信'(신앙)을 구분하고 우리 생의 힘이 "수직적으로 연접"하는 두 곳에서 온다고 밝히기도 하지만, 그는 참된

---

42 함석헌, 「기독교 교리에서 본 세계관」, 노명식, 같은 책, 475, 477.
43 함석헌, 「씨알의 설움」, 노명식, 같은 책, 527.
44 함석헌, 「새 시대의 종교」, 함석헌 저작집 14, 74.

인격("영화靈化") 안에서는 그것이 온전히 통합된다는 것을 강조한다. 그는 말하기를, "미래의 인간은 결과보다 노력의 과정 그것을 존중하고 법열보다는 참을 찾는다. 성공을 자랑하자는 심리가 빠지면 노력은 그 자체가 곧 감사요, 기도다. 이 다음날 종교에는 천당 지옥은 없을 것이다. 무서워서 믿는 것도 아니요, 상을 위해 믿는 것도 아니다. 믿는 것이 본분이어서, 인생의 본면목이어서 믿을 뿐이다. 고로 믿음은 곧 그대로 생활인 것이다"[45]라고 선언하는데, 나는 함석헌의 이러한 새로운 종교 탐색에서 유교 전통의 큰 영향을 보았다.[46]

1. 하곡의 '진리'

하곡은 진정한 배움과 공부가 무엇인지를 변증하는 「학변」(學辨)에서 "대인의 천도의 학문"(大人天道之學)이란 맹자가 "그 마음을 다하는 자는 그 성(性)을 아는 것이요, 그 성을 알면 하늘(天)을 아는 것이니, 그 마음을 간직하고 그 성을 기르는 것은 하늘을 섬기는 일이다"라고 한 일에 불과하다고 밝힌다.[47] 이후 후기의 「통서해」(通書解)에서는 "성(聖)은 성(誠)일 따름이다"(聖誠而已矣)라고 한 주자(周子)의 말을 들어 주해하면서 '성'(誠)을 그의 성학의 바탕으로 삼는 경학적 근거를 보여주었다.[48] 주지하다시피 하곡은 우리 마음의 리와 성으로서 생리를 말하였지만 거기서 다시 "참된 리"(眞理)를 구분해낸다. 주로 몸과 기(氣)의 측면에서의 생생한 생명의 원리로서 파악된 생리가 그렇게 생생할 수 있는 근거는 다시 그 "생리의 체"(生理之體)가 있기 때문이

---

45 함석헌, 「새 시대의 종교」, 함석헌 저작집 14, 74.
46 이은선, 「仁의 사도 함석헌 사상의 유교적 뿌리에 대하여」, 『陽明學』 제33호(2012. 12).
47 「학변(學辨)」, 같은 책, 51.
48 윤남한, 같은 글, 18.

라고 하는데, 그것을 그 생리와 구별되는 "진실의 리"(眞實之理-體), 또는 "리의 진체"(理之眞體)라고 한다.[49] 그는 말하기를, "범리(凡理) 가운데서 생리(生理)를 주로 하고, 생리 가운데서도 진리(眞理)를 택해야지만 이것을 리라고 할 수 있다"라고 밝힌다.[50]

이렇게 하곡이 생리를 말한 이후에 다시 그 가운데서 더 핵심적 본체인 진리를 말하고, 그런 구별을 해야만 진실로 리에 대해서 말하는 것이라고 한 일을 여러 가지로 해석해볼 수 있다. 그것은 하곡이 시간의 흐름과 더불어 자아의 삶의 의지와 감정(生理)만을 강조해서는 그것이 쉽게 판단 오류에 빠지고, 주관적이고 이기적인 욕망으로 변질되기 쉬우며, 그래서 좀 더 명징하게 전체적 맥락을 통찰하면서(靈通), 오래 지속적으로 삶의 덕으로 역할할 수 있는 참된 지적 감각(眞理), 영적 통찰력(信)과 참된 지혜(聖知)를 요청한 것이라고 볼 수 있다.[51] 다시 말하면 그는 참다운 유익(實)을 가져오는 실행을 위해서 다시 지(知)와 사(思)의 중요성과 그 근원적 시원으로서의 역할에 주목한 것이라고 할 수 있는데, 그러나 여기서의 知와 思는 그가 이미 떠나온 마른 나무와 불 꺼진 재와 같은 추상적 사고의 리가 아니라 실재와 실천에 바탕을 둔 "실"(實)의 지이고, 그래서 그것은 '양지'(良知)이며, 우

---

49 「존언上」, '생리성체설'(生理性體說), 같은 책, 143: 生理之體, 本謂此爾° 雖然, 又其一箇活潑生理, 全體生生者, 卽必有眞實之理【體】° 無極之極, 而於穆沖漠, 純至一之體焉者, 是乃其爲理之眞體也°【是乃所謂道者也'命者也°】人心之神, 一箇活體生理, 全體惻怛者, 是必有其眞誠惻怛, 純粹至善, 而至微至靜至一之體焉者, 是乃其爲性之本體也°【就其中本體有如是者, 自然本如是, 是正所謂性者也, 道者也聖人惟是而已°】

50 「존언上」, '예조명예설'(睿照明睿說), 같은 책, 95: 故於凡理之中主生理, 生理之中擇其眞理, 是乃可以爲理矣°

51 이 깨달음을 하곡의 삶에서 그 발생 연도에 대해서 많은 논의가 있는 '임정종욕지환'(任情從欲之患)을 의미하는 것으로 본다면 그 연도를 그가 23세 때의 일로 보는 것은 너무 이르게 보이기도 하지만, 이러한 깨달음이 이후에 유사하게 심화된 모습으로 더 전개된 것으로 이해할 수도 있다.

리 몸과 마음의 체험과 실행에서 단련되고 얻어진 명철한 사고이기 때문에 '명덕'(明德)이고, 지혜로운 판단력(智)이며, 용기(勇)와 지속성의 실천력(誠)인 것이다. 그는 그 진리에 대해서 다음과 같이 말한다.

"통섭하는 본체로서 조로(條路)의 주가 되는 곳에 진리가 있다. 즉 바로 내 마음의 명덕이 이것일 뿐이다. 그러므로 슬기롭게 비추어 오는 밝음이 하나의 막을 연다는 것은 다만 이 본성의 성스러운 지(聖知)를 닦은 것이 있기 때문에 열리고 통할 수 있는 것이지 마땅히 저 물건의 조로에서 구하여 열려 통하는 것은 아니다."52

하곡은 성인(聖人)의 학은 "심학"(心學)뿐이라고 밝힌다(聖人之學心學). 그리고 그 심의 본성(性)이 천리(天理)이고, 성(誠)일 뿐이니 "다만 성심으로써 實에 힘을 쏟아야(只以誠心務實)" 한다고 강조한다.53 이렇게 우리의 공부가 성(誠)의 일이니 그 성을 하늘의 도로 밝히고, 초월을 지극히 추구하는 일을 통해서 일상을 성화하는(極高明而道中庸)『중용』의 의미대로 여기서 체현하고자 하는 것은 바로 '영성'(靈性)이며, 예배학 또는 예학(ritual)의 관심과 다르지 않다. 하곡이 생리에서 진리를 가르고, 경학(經學) 공부의 뜻을 새롭게 하고자 한 것은 바로 더 깊게, 더 멀리, 통체적인 내적 직관의 정신을 위한 것이었다고 할 수 있다. 그것이 통체적이기 때문에, 그래서 존재의 깊은 하나됨을

---

52 「존언上」, '예조명예설'(睿照明睿說), 같은 책, 9: 其所以統體而爲其條路之主者, 卽其 眞理之所在者, 則卽吾心明德是已, 然則其睿照之明, 一膜之開, 只有修治於此性之聖 知者, 而可以開通者也, 不當求之於彼物之條路而有開通者也; 김교빈, 「하곡 리기론의 구조에 관한 연구」, 동양예문연구원 · 김교빈 편저, 『하곡 정제두』(서울: 예문서원, 2005), 240 참조.

53 「존언下」, '주왕학동유'(朱王學東儒), 같은 책, 207.

통찰하기 때문에 그 직관은 일상의 지극한 예(禮)로써 구체적이고 현실적인 삶으로 표현된다. 그 구체적이고 실천적인, 반복적으로 몸을 통해서 지각하는 것은 초월의 내적 직관을 지속적으로 담지하는 일을 가능하게 해주고, 거기서부터 자연스럽게, 인간적 무늬(人文)와 습관으로 화해서, 진정으로 자아에 대한 집착에서 벗어나서 오히려 물(物)의 본성을 발견할 수 있는 여유와 넉넉함을 가져다주기 때문이다. 『중용』이 "아름답고 넉넉하게 크도다. 예의(禮儀) 삼백이요, 위의(威儀) 삼천이로다"(優優大哉. 禮儀三百 威儀三千)라고 한 것이 그 뜻이겠다.[54] '선하게 되고자 하는 일을 몸과 삶으로 실행하는 일'(明善誠身)과 '배우는 목적이 결국 우리 삶의 인간다운 변화'(博文約禮)라는 것을 말하고, '知로 이르고, 仁으로 지키며, 敬으로 실천하는' 공부법을 설명하는 하곡은 한 마디로 "理는 곧 禮이다"(理者卽禮也)라는 말을 통해서 자신의 그러한 통찰을 요약하고 정리한다.[55] 그렇게 그에게서 종교와 정치와 교육(문화)은 서로 다른 일이 아니고, 지성과 인성과 영성은 성(誠) 안에서 통합되는 일인 것이다. 그는 다음과 같이 말한다.

"(천하만물의) 조리(條理)에서 능함이 있는 것을 知라고 하고, 그 모든 것을 온전하게 하는 것을 仁이라 하며, 이것을 실행(實)하는 것이 信

---

54 이러한 맥락에서 최근에 간행된 이선열의 『17세기 조선, 마음의 철학』이 한국철학사의 연구에서 17세기의 예학과 경학의 시대가 결코 그 전 시대나 그 이후 18세기의 형이상학적 심성론의 연구에 비해서 탈맥락적이 아니라고 밝히는 연구는 의미가 깊다. 특히 시집가는 딸에게까지 예절의 글을 써주면서 당부했던 우암 송시열과 그의 학단의 실천적 탐구가 어떻게 그들의 깊은 초월(허령한 미발 시의 때)에 대한 관심과 더불어 전개되어 나갔는지를 살피고 있다면, 하곡학 후기의 실심실학적 전개도 같은 의미로 해석할 수 있겠다. 이선열, 『17세기 조선, 마음의 철학』(서울: 글항아리, 2017).
55 「존언下」, '이자즉예야'(理者卽禮也), 같은 책, 193.

이며, 그 일을 지속하는 것을 誠이라고 한다."56

"성인(聖人)의 도(道)는 마음에서 구하기 때문에 일(事)에서 막혀서 멈추지 않고, 이(理)에서 나오기 때문에 물(物)에 막혀 멈추지 않으며, 성(性)에 뿌리를 두기 때문에 때에 구애되지 않고, 신(神)을 움직이기 때문에 장소에 제한 받지 않는다. 진실로 이것을 안다면 어디를 가더라도 배움이 아니겠는가?"57

2. 바렐라의 '무아적 자아'

바렐라의 『윤리적 노하우』의 공동역자 중 한 사람인 유권종 교수는 오늘날의 유교 연구가 새로운 돌파구를 마련할 수 있는 한 길로서 위기지학(爲己之學)의 의미를 새롭게 해석해내는 일을 드는데, 그것이 특히 '예학'과 어떻게 서로 관계될 수 있는가를 탐색하면서 그 좋은 가능성을 바렐라에게서 본다.58 그의 통찰에 공감하면서 본 연구를 통해 먼저 바렐라의 몸의 감각의 자기생산적 노하우로서의 윤리의식이 정하곡의 생리 이해와 많은 접점을 가지는 것을 알 수 있었다. 그 접점에서 시작해서, 하곡이 생리로부터 더욱 구분해서 의식하기를 원하는 '진리' 이해가 바렐라가 동서양의 전통에서 윤리적 성취자(聖人)의 의식을 통해서 발견하는 "자아 없는 자아", "무자아", "가상 자아" 등의 모습과 다르지 않은 것을 발견하게 된다. 즉 바렐라는 우리 윤리적 성

---

56 「존언下」, '이자즉예야(理者卽禮也), 같은 책, 194: 其有能於此條理者謂之知, 其所全體謂之仁, 實此謂之信, 有此謂之誠°

57 「존언下」, '성학지도'(聖學之道), 같은 책, 201; 聖人之道, 求之於心, 故不滯於事; 出之以理, 故不泥於物, 根之以性, 故不拘以時; 動之以神, 故不限以地° 苟知此矣, 焉往而非學?

58 유권종, 「바렐라의 『윤리적 노하우』와 유교연구」, 『한국학논집』 제42집(2011), 39-66.

취의 모습이란 우리의 윤리적 의식이 점점 더 자연스럽게, 굳이 인위적으로 생각하지 않더라도, 몸과 마음의 자유로운 습관이 되어서 "행위가 주체와 객체의 이원화에서 벗어나 일원화"가 즉각적으로 일어나는 모습으로 보는데, 이것이야말로 우리가 위에서 살펴본, 하곡이 궁극적으로 우리의 진리 감각으로 이루어야 함을 강조하는 성학과 성(誠)과 예(禮)의 체화와 다르지 않기 때문이다.

"삶은 인지이다"(Life is cognition)라는 기본 입장에서 주체(subjectivity, 性)가 오직 자신의 체화(誠)에서만 존재하고, 그래서 "윤리의 노하우는 점진적이고 직접적으로 자아의 가상성과 익숙해지는 것이다"라고[59] 말하는 바렐라는 그러나 그럼에도 우리의 미시주체들이 계속해서 현현하는 데에 어떤 일관된 보편성, 또는 법칙(理)이 있다는 것을 무시할 수 없음을 시사한다. 예를 들어 곤충사회에서 보면 그 사회의 개별적 구성요소가 개체이고, 어떤 중앙통제적인 자아나 국부적인 자아를 가지고 있지 않지만, 그러나 전체를 보면 마치 중앙에서 조정하는 행위자, "간단한 구성 요소들의 활동으로부터 창발하는 정합적 전체 패턴"이 있는 것 같고, "이 전체 패턴은 전체의 행위를 위한 상호작용수준에서는 필수적"이라고 한다.[60] 그는 이러한 현실이 바로 자신이 말하는 "무아적(또는 가상적) 자아와 정확히 일치"한다고 말한다. 나는 여기서 바렐라가 '무아적 자아'라는 부정적인 언어로 표현할 수밖에 없어 하는, 그래서 그 자신도 말하기를, "논리적 분석만으로 도달할 수 없는 이해(understanding)의 상위수준을 연습해야만" 하는[61] 그 무엇에 대한 숙고가 하곡이 수행해서 표현하고자 했던 '진리'(眞理)에 대

59 프란시스코 J. 바렐라, 같은 책, 99.
60 같은 책, 88.
61 같은 책, 63.

한 숙고와 다르지 않다고 생각한다. 그리고 그것이 17세기 조선 성리학 담론에서 극진하게 추구되던 '미발'(未發)의 지경에 대한 것과 마찬가지라고 여긴다. 바렐라는 다시 자신의 언어로 "비이원적 행동이 주체와 객체의 근본적 구별보다 앞서는 성향을 성취하는 과정"이라고도 표현했고, "정체성을 구성하려는 뿌리 깊고도 끊임없이 활동적인 충동"이라고 서술하며 그것을 불교적 "空"(sunya)이나 도교적 "무위"(無爲)로 이름 짓지만62 나에게는 양명이나 하곡의 양지, 양지본체, 생리나 진리, 더 포괄적으로는 성(誠) 등의 개념이 훨씬 다가온다. 하곡은 한편 주염계의 『통서』(通書)나 정명도의 『정성서』(定性書)를 좋아해서 성인을 배우는 공(功)은 "무욕"(無欲)이고, "성인의 기뻐하고 노여워하는 것은 마음에 매이지 않고 물(物)에 매인 것이다"라는 서술을 가져오기도 했다.63 유권종 교수는 앞의 논문에서 맹자와 퇴계의 "깊이 파고들어 자득하는 경지"(深造自得之境)를 말했다.64

이렇게 바렐라는 인류 전통의 사상가들이 인지를 주관하고 있는 주체가 과연 무엇일까를 그려내고자 애쓴 전통의 언어들을 탐색하면서 거기에 현대 신경과학적 탐구를 보태고자 했는데, 현대 신경현상학자들에게 핵심적인 관심사는 "살아가고 있는 존재(living being)로부터 살아가고 있는 주체(living subjectivity)가 창발되는 과정, 그리고 살아가고 있는 주체에 의하여 살아가고 있는 존재가 다시 형성되고 있는 상호관계를 이해하는 것"이라고 한다.65 조선 성리학자들이 말하는

---

62 같은 책, 63, 98.
63 「학변(學辨)」, 같은 책, 51-52.
64 유권종, 같은 글, 63.
65 에반 톰슨, 「생명과 마음: 오토포이에시스로부터 신경현상학까지 - 프란시스코 바렐라에게 바치는 헌사」, 프란시스코 J. 바렐라, 같은 책, 149.

'리기묘합'(理氣妙合)의 지경이 현대 인지과학의 언어로 표현된 것이다. 바렐라는 "삶이란 의미 만들기"(sense-making)라는 하는데, 나는 그것이『중용』의 언어로 하면 성(誠)이고, 우리의 윤리적 선택과 행위(擇善固執), 몸의 체화를 통해서 밝아지고 삶의 열매를 낳고 기르는 것(天地生物之心), 그것이 다시 우리 삶을 풍성히 하고, 우리 몸과 마음을 건강하게 만들어서 "윤리적 숙련"을 가능하게 하는 것, 교육과 배움과 숙련이 일어나는 것을 말한다.『중용』21장의 언어는 그 관계를 다음과 같이 밝혀주었다: "성(誠)으로 말미암아 밝히는 것은 성(性)이고, 그 밝아짐으로 말미암아 더 성실해지는 것이 교(敎)이니, 성실하면 밝아지고, 밝아지면 성실해진다"(自誠明 謂之性, 自明誠 謂之敎, 誠則明矣 明則誠矣). 그런데 여기서 바렐라는 우리 삶에서 예기치 못했던 상황에서 자연스럽고 즉각적으로 일어나는 '즉각적인 대응'(just being there)이 가장 "힘든 작업"이라고 지적한다. 왜냐하면 그러한 즉각적인 대응이란 "현재 상태로 진화하기까지 장구한 시간이 걸렸기 때문"이다.[66] 이러한 의미에서 본다면 우리 삶에서 각종 예절로 정돈된(約禮) 예(禮)와 리추얼의 존재가 참으로 귀한 것을 알 수 있고, 그것은 다름 아니라 극고명이도중용적인 초월의 응축(誠)인 것을 잘 알 수 있다. 그러므로 오늘날의 세속화와 과학의 시대에 초월을 참으로 이세상적으로 다시 우리 삶에 담지하기 위한 방도로서도 그러한 인류 자산(禮學)의 의미를 밝혀내는 일이 중요하다는 것을 알게 된다. 그것은 사람들로 하여금 "즉각적인 비이기적 관심과 윤리적으로 완성된 사람"을 자연스럽게, 지속적으로 길러내는 일을 가능하게 해주어서 우리 삶의 지속가능성을 높여준다고 보기 때문이다. 앞에서 우리가 살펴본 슈타이너

---

66 프란시스코 J. 바렐라, 같은 책, 43.

는 그런 뜻에서 인간 지성의 신적인 속성을 한없이 구가하면서도 종교의 본질을 인간에게 "초감각적인 것을 숭배할 기회를 주는 것"이라고 했다. 이것은 우리 삶에서 영성과 인성, 지성의 통합이 있지 않고서는 우리의 윤리적 훈련과 숙련이 용이하지 않고, 그래서 그것을 단지 지성이나 인성만의 일로 보거나, 공동체가 배제된 개인 혼자만의 일로 여기거나, 또는 몸의 수행과 같이 가지 않는 일로 생각해서는 이룰 수 없는 일이라는 것을 밝혀준다.[67]

"생명은 오직 생명에 의해서 알 수 있다"고 해도[68] 그 생명현상의 창발성에 대한 물음은 지울 수가 없다. 그래서 바렐라도 무아적이지만 '자아'를 다시 말했고, 하곡도 생리와 진리를 함께 말했다고 하겠다. 이런 가운데서 인지구조(理/眞理)가 우리 몸의 반복적인 감각운동의 일정한 형태들(氣/生理)로부터 창발한다는 현대 인지과학적 준거나 "마음의 온정이 없다면 무근거성의 완전한 깨달음을 결코 일어나지 않는다"는[69] 바렐라의 신경현상학적 인정은 현대과학으로서 몸(감각적 知)의 출발성을 말하는 것이고, 조선의 성리학자 하곡의 언어로 하면 생리(마음속 仁의 감수성)의 우선성, 우리 논의의 전체 맥락에서 하면 심과 인성을 핵심으로 두는 것이라고 하겠다. 『중용』 25장은 이미 다음과 같이 이러한 관계를 뛰어나게 밝혀주고 있다.

"성실한 것은 스스로 자기를 이룰 뿐만 아니라 만물을 이루는 것이다. 몸을 이루는 것은 仁이요, 만물을 이루는 것은 知이니, 인간성의 덕이

---

67 Rudolf Steiner, *Geistesfragen, Rudolf Steiner Gesamtausgabe 332a* (Dornach, 1981), 130ff.
68 에반 톰슨, 같은 글, 프란시스코 J. 바렐라, 같은 책, 168.
69 프란시스코 J. 바렐라, 같은 책, 104.

다. 안과 밖을 합한 도이니 그러므로 제때에 쓰는 데 마땅한 것이다(誠者 非自成己而已也. 所以成物也. 成己仁也 成物知也 性之德也. 合外內之道也 故時措之宜也)."

3. 슈타이너의 '정신'

현대 인간 지성의 피폐함과 영적 불임(不姙)을 깊이 있게 비판하는 슈타이너는 그런 이유로 인해서 오늘날 사람들이 그렇게 교육을 많이 받고 많이 알고 있지만 모두가 자신이 받은 교육에 대해서 불평하고 끊임없이 갈증을 느낀다고 지적한다. 또한 인간을 만날 때 그의 영적 깊이에 대한 의식과 관심이 없으므로 그저 스쳐지나갈 뿐이고, 그리하여 오늘날 진정한 인간관계가 드물고, 사람과 사람 사이가 건조하고 이익관계로만 휘둘린다고 판단한다. 그런 의미에서 슈타이너는 하곡이 인간 정신적 힘의 정수인 '진리'(영적 통찰력)를 말하고, 바렐라가 '무아적 자아'를 말한 것과 같이 인간 사고로부터 다시 더 깊은 핵심인 '정신'(Geist)을 구분해낸다. 그리고 자신의 교육은 바로 그러한 인간 정신을 일깨워내는 정신적 작업이고 "교육예술"(die Kunst der Paedagogik)이지 단순한 교육적 기술이 아님을 강조한다. 바로 궁극적으로 사람들이 "서로 간에 무엇인가가 되어야만" 하기 때문이고, "예전의 문명들은 인간으로부터 자연계를 파악"해왔고, "전체 삼라만상이 하나의 질문이고 인간이 그 답이라는 사실"을 잘 알고 있었지만,[70] 20세기 이후의 오늘은 그러한 우주에 대한 "도덕적 직관"을 모두 상실했기 때문이라고 판단한다. 그러한 인간의 지적(영적) 가능성에 대한 믿음의 실추로 오늘의 세대가 갈 길을 잃었고, 니체와 마르크스가 서구 지

---

70 루돌프 슈타이너, 『젊은이여, 앎을 삶이 되도록 일깨우라』, 127, 282.

성의 출구 없는 종착점의 표현이라고 슈타이너는 자신의 시대를 평가한다.71

이렇게 19세기 조선 정역(正易)의 창시자 김일부(金一夫, 1826-1898)가 한 말과도 유사한 말을 하는 슈타이너에 따르면 그러한 "더 높은 세계에 대한 인식"(die Erkenntnisse der hoeheren Welten)은 그러나 결코 우리 몸과 마음(혼, 감정 등)의 일깨워짐이 없이는 가능하지 않다. 오히려 한 인간의 성장을 놓고 볼 때, 그러한 몸과 감정, 의지의 온전한 인정과 성숙은 더 높은 인간 인식력, 인간 정신, 영적 통찰력의 깨어남과 신장을 위해서 기초와 전제가 된다. 그는 오늘 현대 과학과 교육에서의 "사고의 무기력"을 치유하기 위해서는 "인간 자신의 내면에 있는 초지상적인 것"을 찾아야 하고, 그 찾는 길이란 "정신적인 것과 지적인 것, 이 양자를 완전히 의식적인 세계에서 결혼"시키는 일이라고 강조한다.72 대략 7세 정도까지의 교육에서는 몸과 '의지'(意)의 건강한 성장에 집중하는 교육이 요청되는데, 왜냐하면 그렇게 의지가 밑받침되어서 길러진 사고만이 그 사고가 의지로 곧바로 전환되기 때문이다. 즉 지행합일을 할 수 있는 순수한 사고가 형성된다는 것이다.73

앞에서 본 대로 그는 인간 마음의 두 가지 근본 힘인 공감(sympathy)과 반감(antipathy) 중에서 대략 사춘기 시기까지 교육에서는 공감의 감정에 주의하면서 그 감정이 아동의 주변과 자연과 세상을 스스로에

---

71 Rudolf Steiner, *Mein Lebensgang, Rudolf Steiner Taschenbuecher aus dem Gesamt-werk* (Rudolf Steiner Verlag, Dornach Schweiz, 1982), 139ff.; 이은선, 「루돌프 슈타이너의 신지학(神智學)과 교육」, 『한국교육철학의 새 지평 - 聖·性·誠의 통합학 문적 탐구』(인천: 내일을여는책, 2000), 58.

72 루돌프 슈타이너, 『젊은이여, 앎을 삶이 되도록 일깨우라』, 65.

73 같은 책, 109; 이은선, 「어떻게 행위하고 희락할 수 있는 인간을 기를 수 있을 것인가? - 양명과 퇴계 그리고 루돌프 슈타이너」, 273 이하.

게로 끌어올 수 있도록 따뜻한 너그러움과 배려의 감정교육을 위주로
할 것을 강조한다. 그래서 거기서 인간과 주변에 대한 신뢰와 믿음이
자라나도록 하고, 온전한 권위에 대한 경외감을 아동이 체험하게 하는
것이 중요하다고 한다. 그렇게 그 다음 시기의 지적 교육기간을 준비
할 때 거기서 길러진 지성과 사고는 말라빠지고 건조한 불신과 냉소와
허무의 지성이 아니라 세계를 자신 안에 깊이 관심하고, 그 본성에 도
달하고자 온 힘을 다해 성찰하며, 거기서 인간적인 책임감으로 행위하
는 영적 판단력이 자라난다는 것이다. 슈타이너는 이렇게 의지(몸의
감각)와 공감력(생리)이 배려되는 교육을 통해서 인간의 미래를 위해
서 결정적으로 중요한, 아직 눈에 보이지 않고 형태를 갖추지 않았기
때문에 보통의 지각으로는 보이지 않는 것을 볼 수 있고 직관할 수 있
는 정신의 '상상력', "형상적 상상력"(bildliche Imagination)이 길러진
다고 강조한다. 그 상상력이 미래를 열어가고 창조하며 키워간다는 것
은 오늘 우리가 모두 말하는 바이다. 그는 말한다. "네가 미래에 윤리
적인 인간이 되고자 하는 경우에 무엇을 가장 필요로 하느냐?" 바로
"인간에 대한 신뢰"라고 답한다.74 주체적으로 사고하면서 행위의 인
간으로 살아가기 위해서는 이 신뢰할 수 있는 힘, 인간 신뢰가 가장
중요한 기초인데, 이것이 길러지는 통로인 의지와 감정 교육을 억누르
고 무시하는 오늘의 한국 교육에서 어떤 정신들이 길러질 것인지를 훤
히 내다볼 수 있다.

슈타이너는 한 인간의 성장에서 성인기(대략 18세)로 들어서기까지
의 배움의 기간 동안은 그 청소년들이 알아야 할 것들을 "사람을 통해
서 체험한다는 느낌이 들도록 교육"하는 것이 중요하다고 강조한다.

---

74 루돌프 슈타이너, 『젊은이여, 앎을 삶이 되도록 일깨우라』, 137.

이것은 하곡이 그의 저서 『학변』에서 강조한 인성의 실천교육을 말하는 것이기도 하고, 바렐라가 인간 인지가 감각 경험의 축적과 더불어 창발되는 것을 밝히고자 한 것과 상통한다. 그리하여 우리의 지성이 그러한 실제와 현실과 구체적인 체험과 체현이 없이 단지 이론과 추상으로만 주입될 때 그 사고는 참된 지적 힘, 영적 통찰력이 되지 못함을 말하는 것이다. 그렇게 현실적으로, 체현으로 계발된 참된 사고는 다시 인간에게 의지를 불러오고, 그 의지는 다시 감정과 판단과 연결되어 행위를 불러오며, 그 행위의 경험이 다시 우리 정신을 성장시키는 삶의 깊은 연관성 속의 교육과 윤리의 숙련을 말하는 것이다. "머리로만이 아니라 전체 인간으로 생각하기를 배우고, 세계를 체험하는 법을 배우고자 갈망합니다"[75]라고 말하는 슈타이너는 인간이 인간(세계) 삶의 뜻을 단순한 머리로만은 절대로 알 수 없다고 한다. 그래서 그는 이 인간성의 모든 능력과 힘을 통섭하는 종교와 교육, 정치를 원한 것이다. 그는 "신체적이 삶의 핏속으로 활기 있게 흘러드는 영적인 피로 가득 채우는 교육학"을 강조하는데, 그 이유는 "인간 없이는 이 세상에 있을 수 없는 정신을 이 세상의 내용으로 만들기 위해서 인간이 존재하기 때문입니다"라고 한다. "내면에 성장력을 지닌다는 것은 인간에 속하는 가장 중요한 요소 중에 하나입니다"[76]라고 밝히면서, 그는 공자가 사람이 도를 넓히는 것이지 도가 사람을 넓히는 것이 아니라고 한 것처럼 "인간이 이 지상적 삶을 정신성으로 관통시켜야 합니다"라고 밝힌다.[77]

---

75 같은 책, 235.
76 같은 책, 276.
77 같은 책, 296.

V. 마무리하는 말: 앎(正名)과 생각하는 일

오늘 우리 주변에 떠도는 우스갯소리로 왜 오늘날에는 부처 같은 사람이 다시 나지 않는가 하면 그처럼 보리수에서 6년 동안 앉아 있는 사람이 없기 때문이라고 한다. 우스갯소리이지만 많은 시사를 준다. 오늘 사람들은 생각하지 않는다. 생각해도 대부분 어떻게 하면 돈을 더 잘 벌 수 있을까, 어떻게 하면 더 크게 성공해서 이름을 얻을 수 있을까 등의 사적인 내용들이다. 이러한 모습에서 종교인들도 예외가 아니고, 우리 사회에서 교육과 정치가 철저히 경제의 시녀가 된 것도 주지의 사실이다. 슈타이너에 따르면 어린 시절 몸과 감정이 배려받지 못하고 일찍부터 추상적인 지적 교육에 내몰린 사람일수록 더 물질적이 되고, 유물론에 빠지기 쉬우며, 자아중심적이고 눈과 귀를 사로잡는 욕망에 휘둘린다. 몸과 삶의 실제에 대한 체험과 경험이 채워지지 못하고 일찍부터 추상과 허구의 세상으로 내몰렸기 때문이다.[78]

그렇다면 함석헌 등이 가장 참된 '정신'(靈)의 종교이고, '노력'의 종교라고 예견한 미래종교와 유사한 한국 유교의 학인들이 예전 자신들의 도학적 선배들처럼 실제 몸으로 오래 앉아서 성찰하고, 마음으로 깊이 배우고자 하며, 입으로 외우면서 예를 행하며 살아가려고 하는가 하면 그렇지 못한 것이 또한 현실이다. 그러면서도 오늘의 우리는 그 도학의 선배들이 그렇게 몸과 마음의 통찰로써 깨달아 전해주고자 했던 이야기들, 그들의 인간 마음에 대한 성찰, 이기(理氣)와 사단칠정에 대한 이야기, 인물성동이(人物性同異)에 대한 치열한 담론들을 별 어려

---

78 이은선, 「어떻게 행위하고 희락할 수 있는 인간을 기를 수 있을 것인가? - 양명과 퇴계 그리고 루돌프 슈타이너」, 306.

움 없이 머리로 깨달을 수 있다고 생각한다. 그래서 여전히 머리로 하는 공부에 몰두해 있다. 그러나 이번 우리의 탐구는 그렇게 머리로만하는 공부로는 우리의 깨달음은 미천하고, 그것이 행위와 삶으로 옮겨지지 못한다는 것을 보여주었다. 그렇기 때문에 우리는 또 '다른 유교', '다른 기독교'를 요청하는 것이다.

우리가 여기에서 살펴본 여러 이야기들은 동서의 사고가들이 나름대로 그들의 전통에서 지금 우리가 겪고 있는 것과 유사한 문제들로 씨름하면서 다시 대안을 찾고, 살아 있는 참된 진리와 원리로 삶을 깨우치기 위해서 고투한 흔적들이다. 오늘날 이런 두 전통을 모두 전수받은 우리 사회이지만 지금 매우 어렵다. 서두에서 밝힌 대로 사람들의 정신이 한없이 무뎌져 있고 생각이 흐트러져 있으며, 그래서 갈 길을 몰라 하면서 쉽게 말이 거칠어지고 폭력적이 된다. 종교와 정치와교육과 문화로부터 도움을 받고자 원하지만 출구가 잘 보이지 않는다.

이런 상황에서 본 연구는 특히 우리 시대보다 결코 더 편안하지 않았을 고통에 찬 삶을 산 하곡의 말을 중심으로 삼아서 어떻게 하면 우리의 이 난관을 뚫고 나갈 수 있을까를 탐색했다. 그도 말했고, 20세기기독교 전통의 슈타이너도 유사하게 밝혔으며, 오늘날 사람들이 쉽게무시하지 않는 과학도 증명하듯이 우리 사고가 더 깊어져야 한다고 강조한다. 거기서 우리 몸이 함께 역할을 해야 한다. 그래서 본질과 근원에 도달하도록 노력해야 하고, 그 일을 하는 데 있어서 경외와 겸비를핵심 덕으로 삼아야 한다고 가르친다. 그런 모든 일을 위해서 우리 안에 내적 가능성을 가지고 있고, 그래서 그 힘을 바탕으로 삼아 우리가더욱 인간적이 되어서, 오늘의 인본주의에 대한 모든 비판에도 불구하고, 사람이 책임자와 중심이 되어서 이 세계의 신음과 고통을 경청하며 풀어나가야 한다고 밝힌다.

그것은 우리의 공부와 학문이 더욱더 '실심실학'(實心實學)의 공부가 되어야 한다는 말이기도 하다. 또한 "정신의 삶"(the life of the mind)으로서 정신이 삶이 되게 하는 것, "앎을 삶이 되도록 일깨우라"는 것이다. 하늘의 영과 그 영과 하나된 그리스도의 영을 자신의 몸에 두고서 우주를 마음에 품었던 바울은 그의 로마서에서 "모든 피조물이 구원을 갈망하고", 그 일을 이룰 "하늘의 자녀"가 나타나기를 간절히 기다리고 있다고 했다(로마서 8:9-25). 이 소망을 한국의 유교전통은 다음과 같은 말로 지극히 인간적으로, 참으로 통체적이고, 진정으로 영적으로 밝혀주었다. 즉 삶은 인지(心)이고 사고(思)이다. 그것을 통해 이름을 정확히 아는 일(正名)인 것이다.

> "이름이 바로 밝혀지지 않으면 말이 순해지지 않고, 말이 순해지지 않으면 일이 제대로 성취되지 않는다. 일이 제대로 성취되지 않으면 예악(禮樂)도 흥하지 않고, 예악이 흥하지 않으면 형벌도 바르게 적용되지 않는다. 형벌이 바르게 적용되지 않으면 백성들은 손발을 둘 곳이 없다."[79]

> "(천하만물의) 조리(條理)에서 능함이 있는 것을 知라고 하고, 그 모든 것을 온전하게 하는 것을 仁이라 하며, 이것을 실행(實)하는 것이 信이며, 그 일을 지속하는 것을 誠이라고 한다."[80]

---

79 『논어』 '자로' 3: 不正 則言不順 言不順 則事不成 事不成 則禮樂不興 禮樂不興 則 刑罰 不中 刑罰不中 則 民無所措手足.

80 「존언下」, '이자즉예야'(理者卽禮也), 같은 책, 194: 其有能於此條理者謂之知, 其所全 體謂之仁, 實此謂之信, 有此謂之誠'

생각(知), 너그러운 공감의 마음(仁), 행함(實), 지속함(誠), 그 모든 일의 중심에 믿음(信)이 있다. 맹자는 우리가 진정으로 원하는 것은 善이고, 믿음이 바로 우리 몸에 있다고 했다(可欲之謂善, 有諸己之謂信. 『맹자』「盡心下」25).

인성교육의 새로운 길

— 그 길에서의 모성의 역할과 교사의 권위

I. 시작하는 말

오늘 우리 시대, 그리고 한국 사회의 삶에서 여전히 건재해 있는 '권위'(authority)로 무엇을 들 수 있을까? 많은 논란 중에서도 여전히 아이들은 태어나고, 세대 간의 구분은 부인할 수 없으며, 또한 모든 인간 공동체적 삶에서 먼저 온 자와 나중 온 자의 구별은 어찌할 수 없는 것이기에 권위의 문제를 없는 것으로 해버릴 수 없다. 그러나 그럼에도 오늘 우리 상황은 지금까지 당연시되어오던 많은 권위가 무너지고 형편없이 추락하고 있기 때문에 이러한 질문을 던지지 않을 수 없다. 특히 박근혜 정부와 그 체제를 떠받쳐오던 그룹들의 부패와 패행이 속속들이 드러나면서 이 권위 붕괴와 그에 대한 부정의 소리는 더욱 크게 들린다.

박근혜/최순실 국정농단 사태와 연루된 인사들 중에 특히 교수 출신이 많은 것이 눈에 띈다. 안종범 전 정책조정수석은 말할 것도 없고,

김상률 전 교육문화수석, 김종덕 전 문화체육부 장관과 김종 전 차관 등 모두가 교수 출신이다. 이들 중 몇몇은 피의자로 법정에 서게 되었고, 몇몇은 대학으로 다시 돌아가려 하자 학생들이 단체행동으로 그것을 막아서고 있다. 이러한 가운데 지난 2015년 여름 한국 대학은 이미 교수가 대학의 민주화를 위해서 교정에서 투신자살까지 하는 사태를 겪고도(부산대 故 고현철 교수) 꿈쩍하지 않았으니 한국 대학의 권위 내지 교수와 그 권위에 대한 시대적 기대는 이미 날아가 버린 것인지도 모른다. 초중등학교에서의 교사의 권위에 대해서는 말할 것도 없고, 나라까지 잃었던 대한민국 국민들이라 웬만해서는 국가의 권위에 대해서는 말하지 않지만 요즈음은 '이것도 국가인가?'라는 탄식이 자주 들린다. 이런 상황에서 오늘 부모와 자식지간도 결코 그냥 당연한 관계가 아니게 되었으니, 우리가 어디서 우리 삶을 안정시켜주고, 차례를 세워주며, 성장해서 스스로가 권위가 될 수 있을 때까지 기다려주면서 키워주고 안내해주는 권위를 만날 것인가?

인간 공동 삶에서 권위가 부재하다는 것은 공적 영역이 심하게 훼손되었다는 것을 의미한다. 사람들이 세상에서 권위로 인정하는 것이 남아 있지 않게 되었다는 것은 역으로 보면 오늘날 사람들과 세대들은 누군가에게 진정한 돌봄과 키움을 받은 기억을 그렇게 많이 가지고 있지 않다는 것이고, 이것은 자신을 내어놓고 진정으로 오는 세대와 상대를 위해서 성실한 배려와 돌봄을 베푸는 일이 드물어졌다는 것을 의미한다. 하지만 이런 가운데서 요즈음 한국 교육에서는 '인성교육'을 말한다. 자라나는 세대들의 지적 능력은 키워져 있는데 인성이 자라지 않아서 자기밖에 모르고, 다른 사람을 배려할 줄 모르며, 권위를 인정하지 않고, 책임감과 근면성, 정직성 등이 떨어진다는 것이다. 그래서 학교 교육에서 인성교육에 힘을 기울여서 그러한 능력을 길러주자는 것이다. 일찍이 퇴계 선생도 자신 시대의 극심한 사화(士禍)를 겪으면서 그 시대의 병을 "인물위기의 병"(認物爲己之病, 세상을 자기로 여기는 병통)으로 밝히며 사람들이 온통 자기밖에 모르고, 스스로를 세상의 기준과 원리로 삼아서 사적 욕망에 휘둘리는 것을 지적했다.[1]

대학의 권위가 땅에 떨어지고, 교사들이 지식전달자의 역할조차도 제대로 감당하지 못한다고 비난받는 상황이란 인간 지성의 힘과 역할에 대한 큰 회의를 말한다. 또한 그 가운데서 인성교육을 강조한다는 것은 그 지성과 인성이 현실에서 서로 연결되지 않는다는 사실을 지적한다. 이와 더불어 오늘날 한국 사회에서 이렇게 대학진학률이 높아서 학습과 배움에 쓰는 돈이 엄청나지만 각종 사이비 신앙과 타락한 종교와 일확천금에 대한 꿈이 비등하다는 것은 참된 영성의 부재 때문이며, 영성이 삶과 윤리적 행위로 전환되지 않고, 지성과 영성이 서로 심하게 반목하면서 우리 삶을 왜곡하고 있는 것을 반증한다. 본 글은 이상과 같은 우리 삶의 정황에서 시작해서 어떻게 그 개선의 실마리를 찾을 수 있을까를 탐색하려는 것이다. 참된 지성이란 무엇이며, 그것이 어떻게 길러지는 것일까, 인성과의 관계는 어떠하고, 과연 오늘 학교의 인성교육을 통해서 아이들의 도덕심이 길러질 수 있는가, 참된 영성이란 건강한 판단력과 지속적인 행위력으로 꾸준히 표현될 것인데, 우리가 이해하는 영성은 어떠하며, 이 세 차원을 고루 통섭하는 또 다른 차원의 인간력의 신장을 기대할 수 있을까 등을 생각해보고자 한다. 거기서의 모성과 교사의 역할, 가족적 삶의 의미, 이제 새로운 문명과 새로운 한국을 희구하면서 대안적 삶과 배움의 공동체를 찾아가

---

1 이황, 이광호 옮김, 『성학십도』(서울: 홍익출판사, 2001), 50.

는 한국 사회에서의 권위 문제를 통전적으로 살펴보고자 한다.

II. 인간 능력의 핵으로서 지성(知性)과 모성의 역할

왜 우리는 그렇게 오랜 시간 학교를 다니고, 책과 씨름하고, 지적 능력을 단련하기 위해서 많은 활동을 하면서 살아왔는데도 여전히 미진한 느낌인가? 그리고 항상 알지 못한다고 지적받을까 봐 두려워하고, 또는 안다고 해도 그 아는 대로 행동하지 못하고 반복적으로 아는 것과 삶의 괴리를 느끼면서 괴로워할까? 만약 우리가 받은 배움과 공부의 결과가 이러하다면 거기서 우리에게 많은 앎을 전해주었지만 그 앎이 우리 삶의 진정한 힘이 되지 못한 경우이므로 그러한 교육에서 교사의 권위를 말하기는 간단치 않을 것이다. 즉 교사의 권위는 진정으로 그 가르침이 우리 삶을 변화시키고, 내적 자신감을 회복해주며, 거기서 전달된 지식이 단순한 정보가 아니라 그것을 토대로 스스로가 더욱더 세상과 관계 맺고 싶어 하는 지적 자발성을 일으키는 경우라야 자연스럽게 생겨나는 것이라는 말이다. 하지만 오늘 우리의 상황은 그렇지 못하다. 오늘날 대학의 권위가 무너지고, 교사의 권위가 날아갔다고 하는 것은 학교와 대학교육에서조차 이러한 공부와 배움이 잘 일어나지 않는 것을 지시한다. 그렇다면 어떻게 다시 그러한 참된 배움과 가르침을 회복할 수 있을까?

1. 일찍이 인류 역사에서 인간 지성의 힘에 대한 자각이 크게 일어났을 때 동서 문명의 양쪽에서 한결같이 참된 지성이란 무엇이고, 어떻게 그것이 형성될 수 있고, 진정한 지성은 왜 행위와 이분되지 않는

지에 대한 깨우침이 있었다. 그중 맹자는 다음과 같이 말했다:

"구하면 얻고 버리면 잃어버리는데, 이 구함은 얻을 경우에 유익한 것
이니, 그것은 내 안에 있는 것을 구하기 때문이다. 구하는 데 방법이
있고 얻는 것이 명에 좌우되는 것이 있는데, 이 구하는 것은 얻을 경우
에는 무익한 것이니 밖에 있는 것을 구하기 때문이다."[2]

"우리 마음의 맡은 바는 생각하는 일이요, 그래서 생각하면 얻고,
생각하지 않으면 얻지 못한다"(心之官則思 思則得之 不思則不得也.『맹
자』「告子上」15)라고 한 맹자는 자신 시대의 혼란과 파국을 이겨낼 수
있는 가능성을 인간 지성의 회복에서 보았다. 그는 그 인간의 '생각할
수 있는 능력', '사'(思)와 '앎'(知)의 힘은 "하늘이 각자에게 소여해준
것"(天之所與我者)이어서 우리의 지적 공부는 바로 그 선천적 능력의
자발성을 기르는 일에 집중해야 한다고 강조했다. 인간의 지적 능력이
진정한 삶의 힘이 되려면 우리의 지적 공부가 단순한 정보의 암기나
이미 밝혀진 세상의 구조나 틀에 대한 개별적 지식들을 그저 머릿속에
채워 넣는 일이 되어서는 안 된다는 것이다. 그것은 마치 사람들이 아
무런 생각 없이 TV 앞에 앉아서 수동적으로 거기서 내보내는 상들을
그냥 지나쳐가도록 놔두는 일과 유사해서, 오늘날 많은 이들이 TV나
영화를 보는 것을 좋아하는 것도 그들의 인식력이 내적으로 활성화되
어 있지 못하고 수동적이어서 그러한 것이라고 서구의 인지학자 루돌
프 슈타이너(Rudolf Steiner, 1861-1925)도 지적하였다.[3]

---

2 『맹자』「盡心上」3: 求則得之 舍則失之 是求有益於得也 求在我者也 求之有道 得之有
  命 是求無益於得也 求在外者也.
3 루돌프 슈타이너, 최혜경 옮김, 『젊은이여, 앎을 삶이 되도록 일깨우라 – 인류 발달에 관

2. 오늘날의 새로운 인지과학적 탐구로도 살펴보면, 신경생물학자 프란시스코 J. 바렐라에 따르면 오늘의 인지과학은 이 세계가 우리에게 그저 단순하게 어떤 완결체로 주어지는 것이 아니라는 사실을 밝혀준다. 오히려 그것은 자아와 환경 사이의 끊임없는 관계성 속에서 우리가 움직이고, 만지고, 파악하고, 의도하는 가운데 만들어지는 그 어떤 것이라고 가르친다. 즉 "구성으로서의 인지"(cognition as enaction)를 말하는 것인데, 이것은 이제 세계를 구성하는 인간 인지력과 지각력으로서 인간 지성이 "노왓"(know-what)이 아니라 "노하우"(know-how)의 힘이라는 것을 밝혀주는 일이다.[4] 이러한 현대 인지과학적 발견을 보더라도 우리의 지성이나 주관이 더 이상 어떤 고정된 실체로서 대상을 단순히 표상하고, 있는 그대로의 세상을 받아들이기만 하는 것이 아님을 알 수 있다. 이것은 생명과 온 우주가 더욱더 역동적인 '관계성' 속에서 '발제'(發製, enacted)되고, '창발'(emergence)되는 인지적 과정이라는 것을 밝혀주기 때문에 우리의 지적 공부가 지금까지의 수동적 표상 지식을 얻는 수준에만 얽매여 있어서는 안 된다는 것을 밝혀준다. 즉 오늘의 교사와 대학공부에서의 권위 부재는 이러한 변화된 상황과 밀접히 연결되어 있다는 것이 본인의 생각인데, 특히 인공지능 알파고 등의 등장과 더불어 이러한 상황은 더욱 가속화될 것이므로 교사의 일과 교육자의 역할이 새롭게 변화되지 않고서는 거기서의 권위를 기대할 수 없다는 것이다. 앞에서도 지적했지만 오늘의 자아중심주의의 시대에 스스로 자연스럽게 권위에 대한 존숭을 깊이 느낄 수 있는 것은 매우 귀한 일이지만, 그러한 일은 피교육자가 참된 성장과 성

한 정신과학적 연구 결과』(서울: 밝은누리, 2013), 22.

4 프란시스코 J. 바렐라, 유권종·박충식 옮김,『윤리적 노하우 - 윤리의 본질에 관한 인지과학적 성찰』(서울: 갈무리, 2009), 31-32.

숙을 경험하지 않고는 불가능한 일이다. 따라서 오늘 우리 배움의 현장에서 권위가 사라진 것에 대한 대책으로 단순히 다시 인습적인 도덕교육만을 강조하는 것은 어불성설이고, 거기서 성과를 얻기 어렵다는 것이다. 이러한 상황은 특히 교육자들 스스로가 인간 삶과 우주에 대한 근본적인 인식 전환을 요청받는 일이라는 것을 밝혀준다.

3. 이렇게 인간 지성을 특히 자발성과 창조력, 창발적 구조력 등의 시각에서 더욱 살펴보려 한다는 것은 인간 지성의 힘이 특히 인간 '의지력'의 발달과 매우 긴밀하게 연결되어 있다는 것을 더욱 인식하는 일과도 연결된다. 예를 들어 중국 명대의 왕양명은 지적 공부(格物)의 핵심을 '성의'(誠意, 뜻을 바로 함)라고 파악했는데, 그것은 우리의 생각하는 능력 신장과 지적 공부가 진정한 열매(행위, 도덕적 판단)를 맺게 하려면(知行合一), 그 공부는 먼저 의지의 단련에 집중해야 함을 말하고, 또 그 의지의 지향점이 있어야 함을 밝히는 것이라 할 수 있다.[5] 그런데 오늘 우리 교육현실을 살펴보면, 한 인간의 탄생과 더불어 시작되는 성장 과정에서 우선 자극되고 활동해야 하는 것이 의지력이지만 이 의지력이 충실히 발휘되기도 전에 서둘러서 지적 능력이 강조되는 것을 목격할 수 있다. 또한 아이들이 자신들의 기초적인 생명력인 의지력을 스스럼없이 표현하고 사용할 수 있으려면 그들 생활 속에 여유가 있고 억눌림이 없어야 하지만 오늘날 한국 사회 대부분의 맞벌이 가정에서 그러한 일은 거의 가능하지 않다. 오히려 아이들은 일찌감치 공공 탁아 장소로 보내져서 아이들이 여유와 신뢰의 모성을 충실히 경

---

5 이은선, 「어떻게 행위하고 희락할 수 있는 인간을 기를 수 있을 것인가? - 양명과 퇴계 그리고 루돌프 슈타이너」, 『생물권 정치학시대에서의 정치와 교육 - 한나 아렌트와 유교와의 대화 속에서』(서울: 도서출판 모시는사람들, 2015), 271.

험하기 전에 서둘러서 경쟁과 인위적인 질서와 조작적인 지적 훈련에 노출된다. 그곳에서 아이들의 의지력은 온전히 꽃피기도 전에 손상되고, 억눌리고, 호의와 공감의 감정으로 발전되지 못하고 악의와 시기, 거짓 등의 왜곡된 모습으로 변형되기 십상이다. 그런 왜곡된 기초 위에서 과장된 방식으로 키워진 지적 능력은 깊이가 없고, 오래가지 못하며, 삶에서 열매를 가져오지 못한다.

그래서 일찍이 루소는 이 시기의 교육은 시간을 낭비할수록 나중에 더 많은 이자가 붙어서 돌아온다고 했다. 보통 오늘로 보면 유치원 또는 초등학교 들어가기 전까지의 시기를 말하는 이때의 의지교육은 아이들이 온전히 자신에게 집중하면서 이제 막 새로 온 세상에 스스로가 두 발로 굳건히 서기 위해서 그 생명의 의지력이 큰 장애 없이 피어나야 한다는 것이다. 그러므로 경쟁보다는 하나됨과 깊은 공생을 체험하는 것이 중요하고, 그 생명의 의지력으로부터 선한 마음으로 선한 목표를 자연스럽게 터득하는 것이 긴요하다. 루소에 이어서 페스탈로치도 이 처음 시기의 불안정과 폭력적인 의지 박탈에서 이 후에 생기는 모든 인간 삶의 부도덕과 불안정, 동물적인 폭력과 불신들이 나오는 것이라고 지적했다.6 그러므로 가까운 삶의 반경에서 여유로운 모성의 사랑과 신뢰를 받으면서, 스스로의 의지를 써가면서 모방과 하나됨의 방식을 통해 하루하루 자라게 하는 것이 무엇보다도 중요하다. 이 시기에 '물리'(物理)를 하나 더 깨치는 하는 것이 중요한 것이 아니라 아이 자신 속의 '생리'(生理), 생의 건전한 의지가 더욱 튼튼해지는 것이 긴요하다는 것이다. 그래서 이 기초를 놓는 시기의 건강한 권위(모

---

6 J. H. Pestalozzi, *Saemtliche Werke, Kritische Ausgabe*, Berlin/Zuerich, 1927ff., Bd. 28, 351.

성)의 부재는 참으로 안타까운 일이고, 오늘 한국 사회가 이 모성을 귀하게 여기지 않고 당장의 몇 푼의 이익으로 이 일을 방임하거나, 또한 수행하고 싶어도 할 수 없게 만드는 일이란 얼마나 우둔한 일인지 말하지 않을 수 없다. 이 시기의 조급한 교육은 아이들에게 불신감을 조장하고 세상에 대한 신뢰를 훼손하여 인간 공동체 삶을 위해서 기초 중의 기초인 '서로 신뢰할 수 있는 능력'(信), 서로 믿고 '약속'할 수 있는 자연스러운 능력(恕)에 큰 상처를 입힌다. "인간 내면의 신뢰할 수 있는 힘 – 믿음"이야말로 우리가 이룩하고자 하는 공동체 정의의 뿌리라는 것을 잊지 말아야 할 것이다.7

III. 인성(人性) 교육과 교사의 권위

지난 2015년 7월 21일부터 대한민국에 '인성교육진흥법'의 시행되었다. 국회에서 만장일치로 통과되어 교육부에서는 필기시험으로 평가되는 것은 아니라고 하지만, 벌써 사교육 현장에서는 그 인성교육을 시행하고 평가할 '인성교육 교사양성'이라는 취업프로그램이 난무한다. 학생들의 인성교육이 또 하나의 '직업시장'을 여는 방식으로 진행되고 있고, 그것이 다시 표피적인 인지교육과 연결되어서 시행될 조짐을 보여주고 있는 것이다. 어떻게 하면 학생들로 하여금 인간으로서 공동 삶을 살아가는 데 기초가 되는 인간 덕목들을 배울 수 있게 할까? 오늘날 인성교육진흥법이 시행되었다는 것은 그만큼 인성이 문제가

---

7 이은선, 「믿음(信), 교육 정의이의 핵심과 한국공동체 삶의 미래」, 김일수 외, 『한국사회 정의 바로세우기』(서울: 세창미디어, 2015), 187 이하.

되었다는 것인데, 하지만 그 증진을 위해서 법을 만들고, 또한 그것을 다시 학교교육의 틀 안에 두는 일이 과연 온당한 일이냐 하는 물음이 나오지 않을 수 없다. 오늘 우리 학교교육의 현실이란 여전히 이론 중심의 지적 교육이 주를 이루고, 특히 학생들의 몸과 삶이 간절하게 요청하는 현실로부터 유리되어 있기 때문이다. 즉 이런 상황에서의 인성교육은 또 하나의 공허한 머리공부로 전락하기 십상이다.

1. 일찍이 유럽 계몽주의와 산업혁명이 막 본격화되는 시기의 페스탈로치는 당시 인구 99%를 차지하던 가난한 농촌 민중들의 빈민아이들을 교육하면서 오늘 우리 시대의 인성교육을 위해서도 중요한 시사가 되는 의미 있는 교육방식을 제안하였다. 그것은 인성교육도 포함해서 모든 인간 교육은 피교육자의 절실한 '삶의 필요'에서 시작하라는 것이고, 그들이 이미 가지고 있는 내재적 가능성에서 출발하라는 것이었다. 취리히 대학을 졸업하고 가난한 농촌 민중의 삶을 위해서 농촌으로 들어간 그는 거기서 혼신을 다하는 노력을 통해서 농촌 아이들의 현실을 누구보다도 잘 알게 되었다. 그는 그 아이들은 미래에도 여전히 넉넉지 않은 상황에서 살게 될 것이라는 예견으로 아이들이 진정으로 필요로 하는 교육이란 그들 스스로의 힘으로 그들의 필요물들을 채울 수 있는 능력, 즉 "생산력"(Geverbsamkeit)과 "수입을 얻을 수 있는 능력"(Verdienstfaehigkeit)이라는 것을 깨달았다. 그래서 그들이 아직 어리지만 그들의 일을 할 수 있는 능력을 사용토록 하는 것이 수입을 얻으면서 몸과 마음을 단련할 기회를 얻게 하는 것이라고 생각한다. 따라서 그는 당시 산업혁명의 물결이 몰려오는 농촌에서 면방적과 직조일을 빈민아동을 위한 교육과정의 하나로 넣었고, 그렇게 농사일이나 실이나 옷감 짜는 일 등의 노동을 통해서 아이들이 "온전성"(Vollkom-

menkeit)이라는 개념, 어떤 일을 끝내는 데에 "정확성"(Genauheit)과 정리능력, 민첩성과 부지런함 등을 배울 수 있는 것을 보았다. 그는 당시 다른 사회 계몽가 차르너 등이 빈민아동을 위해 세운 복지시설에서 도덕교육이 그들 교육의 최고목표라고 하면서도 아이들에게 단지 학교교육과 같은 인지교육만 강조하는 것을 보면서 그러한 교육은 그들을 단순히 부자들의 '시혜'와 '은혜'의 대상으로만 보는 것이고, 그들을 진정으로 돕는 것이 아니라고 비판한다. 특히 빈민아동들에게는 그들이 이미 가지고 있는 근면성과 노동력을 기초로 해서 그것을 사용할 기회를 주면서 하는 노작학교 방법이 훨씬 더 적절한데, 왜냐하면 아이들은 여기서 질서를 배우고, 정확한 절약성과 근면성, 의무감, 책임성, 협동정신 등을 습득하면서 후에 자신들이 어떠한 처지에 놓이게 되더라도 스스로가 자신을 구원할 수 있는 있는 능력을 얻게 되기 때문이라고 역설한다.[8]

이러한 페스탈로치의 주장을 오늘날 그대로 적용하기는 어렵다. 하지만 오늘 우리 시대의 많은 아동들과 청소년들도 페스탈로치 시대의 '빈민아동들'과 크게 다르지 않다는 관점으로 보면 많은 것을 시사해준다. 루소에 따르면 진짜 가난한 사람이란 그의 욕망이 그것을 스스로 채울 수 있는 힘과 능력보다 항상 더 큰 사람을 가리킨다. 오늘 우리 시대는 사방을 둘러보아도 욕망을 줄이게 하기보다는 오로지 그것을 부추기는 일만 가득한데, 우리 시대의 아동들과 청소년들은 욕망만 잔뜩 부풀려진 상태에서 아무런 흥미도 일으키지 못하는 고루한 방식의 지적 공부와 감옥 같은 학교에 갇혀서 그들의 힘과 능력을 사용

---

8 J. H. Pestalozzi, *Saemtliche Werke, Kritische Ausgabe*, Berlin/Zuriech 1927ff., Bd.1, *Herrn Pestalozzi Briefe an Herrn N.E.T. ueber die Erziehung der armen Landjugend*, 1777, 142-175.

할 기회를 얻지 못하고 억압당하고 있으니 그들이 진정 빈민아동들인 셈이다. 따라서 그들은 페스탈로치 당시의 빈민아동들만큼이나 피폐해 있고, 단지 어른 세대가 그들에게 시혜처럼 베풀어주려고 하는 학교공부에 짓눌려서 스스로의 필요와 욕구를 인간적으로 채울 수 있는 방식을 배우지 못하고 죽어가고 있거나 방황하고 있다. 그런 가운데 있는 아이들에게 다시 더 인성교육이라는 명목으로 또 하나의 머리교육으로 예를 익히고, 부모세대를 공경하는 일을 배우며, 정직과 근면, 책임감과 배려심, 협동심 등을 배우라고 하니 참으로 안타까운 일이다.

2. 여기서 페스탈로치가 밝힌 것과 같이 지적 능력뿐 아니라 특히 도덕적 능력을 키우는 데 있어서 노작과 노동을 통하는 길이 훨씬 더 바람직하다고 한 것은, 오늘 우리 시대의 언어로 풀어보면, 우리의 '몸' 과 '감정'의 차원을 건드리지 않고서는 윤리와 도덕이 가능해지지 않는다는 것을 밝히는 의미라고 하겠다. 즉 윤리와 도덕의 문제는 매 순간 현재에 일어나는 "몸의 체화"의 문제라는 것이다. 앞에서 살핀 신경생물학자 바렐라에 따르면, 인간의 윤리적 행위는 우리가 보통 생각하듯이 먼저 윤리적으로 판단하고 뒤이어서 일어나는 단순한 지적인 합리의 일이 아니다. 특히 인간 공동 삶에서 보편화된 상식이나 예절 차원에서는 더욱 그러한데, 보통의 일상의 삶에서 주로 일어나는 행위란 '몸'의 "재현"(recurrence)이라는 것이다. 즉 우리가 살면서 치하게 되는 상황마다 그에 따라서 적절하게 행동할 수 있도록 "채비가 되어 있는"(a readiness-for-action) 몸적 "창발"(emergence)이고, 그 채비는 우리 몸의 반복되는 경험 속에서 일어나는 "체화의 산물"(the embodied mind)이라는 의미이다.9 이것은 우리의 지적 행위뿐 아니라 윤리적 행위에서 우리 몸의 활용이 얼마나 중요한지를 잘 드러내준다. 이

렇게 보았을 때 우리가 오늘날 학교교육에서 인성교육을 행하고자 하고, 또한 학교현장에서 다시 교사의 권위를 말하고자 한다면, 그 교사의 권위는 단순한 지적 교육을 위한 것이 아니라 참된 인성교육을 위해서 교사의 몸적, 실천적 행위를 통해서 세워지는 도덕적 권위여야 한다는 것을 알게 한다. 다시 말하면 오늘날 학교교육에서 진정으로 권위가 요청되는 분야는 지적 공부에서가 아니고 학생들을 윤리적 삶으로 이끄는 일에서, 그리고 그 일은 결코 교사가 이론으로 행할 수 없고, 스스로가 특히 피교육자의 현재의 감정과 몸의 현실을 잘 살펴서 인도해주고, 스스로가 모범을 보이는 실천 가운데서 나온다는 것이다. 이런 의미에서 본다면 오늘날 진정으로 요청되는 교사의 역할은 예전의 모성의 역할을 포괄한 것이어야 한다고 할 수 있다. 그래서 오늘날은 중등교육까지도 가까운 삶의 반경에서 가족적인 환경에서 이루어지는 일로 전환되는 것이 필요한지도 모르겠다.

도덕과 윤리의 일이란, 즉 인성의 실천이란 지금 여기의 지극한 현재의 일이고, 거기서 제일 먼저 관계되는 것은 우리 감정이며 감각이다. 또한 그 감정이라는 것은 매우 동요하기 쉽고 불안정한 것이어서 이 감정이 주로 많이 쓰이는 아동청년기에는 좋은 예를 보여주고 중심을 잡아주는 권위가 필요하고, 그런 의미에서 이제 특히 인공지능의 시대에 교사의 권위는 오히려 감정의 삶을 인도해주는 인성의 권위가 되어야 한다. 모성과 전통적 교사의 권위의 통합을 말할 수 있겠는데, 이 일에서 예전 퇴계 선생의 어머니 춘천 박씨(1470-1537)의 이야기나 신사임당(1504-1551)의 모습이 생각난다. 이들의 돌봄과 권위의 삶은

---

9 프란시스코 바렐라 외 지음, 석봉래 옮김, 『몸의 인지과학』(파주: 김영사, 2016), 277 이하.

오늘 우리 시대에 누구를 위해서도 참된 교육 실행과 리더십의 실천을 위해서 좋은 예와 귀감이 된다고 생각한다.10

3. 프랑스의 정치철학자 랑시에르는 오래전의 예이긴 하지만 어떻게 배움이 교사들의 인습적인 권위와 독점에서 벗어날 수 있겠는지를 그의 『무지한 스승 - 지적 해방에 대한 다섯 가지 교훈』이라는 제목의 책에서 보여주고자 했다. 거기서 그는 프랑스 혁명시절에 네덜란드어를 조금도 모르는 프랑스 교사가 프랑스어를 조금도 모르는 네덜란드 학생들에게 프랑스 문학을 가르치는 일을 성사시킨 이야기를 하는데, 학생들 스스로 네덜란드어 번역문을 통해서 프랑스어 텍스트를 대조하여 익히게 하면서 그 일을 가능하게 했다고 한다. 이 일을 통해서 이 무지한 스승은 학생들의 무능력이란 교사가 지어낸 허구라는 것을 깨닫게 되었고, 이 일이 가능했던 것은 교사가 학생들로 하여금 "바보 만들기"(abrutissement)를 멈춘 때문이었다고 고백한다. 스승은 말하기를, "학생을 해방한다면 다시 말해서 학생이 그의 고유한 지능을 쓰도록 강제한다면, 우리(교사)는 우리가 모르는 것을 가르칠 수 있다"라고 한다. "해방하지 않고 가르치는 자는 바보를 만든다"라는 말을 그 스승은 남겼다고 소개하는데, 이런 예를 통해서 "해방하는 스승의 방법"과 "인간 정신의 진정한 힘을 깨닫는" 것에 근거한, 또한 세상의 배움이 시작되면서부터 존재해왔던 "보편적 가르침"의 방식이 드러났다고 강조한다.11 나는 오늘 초중등학교에서의 교사의 권위와 지적 교육

---

10 이은선, 「페미니즘 시대에 신사임당 새로 보기 - 신사임당의 '성인지도'의 길」, 『동양철학연구』 제43집(2005. 8), 218-254.

11 자크 랑시에르, 양창렬 옮김, 『무지한 스승』(서울: 궁리, 2008), 29-36; 이은선, 「21세기 포스트모던 영성과 큰 배움, 큰 공동체」, 『다른 유교, 다른 기독교』(서울: 도서출판

의 문제는 점점 더 이와 같은 해방적 방식과 보편적 가르침의 방식을 받아들이는 방향으로 나가야 한다고 생각한다. 대신 거기서의 스승의 진정한 권위는 더욱더 삶과 인성, 윤리와 감정과 관계되는 것이어야 하고, 그런 의미에서 서구 인지학자 슈타이너도 '교육예술'을 말하며 이 시기에 공감력의 감정이 잘 배려되고 중시되어야 하며, 그 일을 위해서는 교육이 '예술'로써 수행되어야 함을 강조하였다.[12] 그렇게 자신의 감정이 권위에 의해서 잘 보살핌을 받으며 자란 아이는 세상의 대상을 자신에게로 잘 끌어당겨서 관계를 잘 맺을 수 있고, 이것은 학문적 역량으로도 전개되어 세계의 대상에 대한 경외와 더불어 그 대상과 온전히 하나가 되기까지 탐구하는 높은 학적 탐구력으로 발전할 수 있다고 보는 것이다.[13]

조선 유교전통에서 정하곡의 '생리'(生理) 이해도 이러한 해석의 근거가 될 수 있음을 알 수 있다. 그는 조선의 양명학자로서 당시의 학문이 주자의 주지주의적 객관주의에 경도되어 객관적 리(理)에 집중하면서 그 역동성과 실천성을 잃어버린 것을 크게 염려하였다. 그 대안으로 그는 우리 마음속의 '생리'(살아 있는 리, 또는 낳고 살리는 리)에 주목했는데, 그것은 인간 주체성의 정수를 지(理/知)로 여긴다 해도 그 지적 능력이란 몸(精)의 경험이기도 하고, 감정(情)의 일이기도 하며, 그래서 몸과 마음, 마음과 정신, 인성과 지성, 행위와 아는 것, 氣와 理는 결코 둘로 나뉠 수 없다는 것을 밝힌 것이다. 그러한 입장에서

모시는사람들, 2016), 125.

12 루돌프 슈타이너, 김성숙 옮김, 『교육의 기초로서의 일반인간학』(서울: 물병자리, 2007), 190.

13 이은선, 「어떻게 행위하고 희락할 수 있는 인간을 기를 수 있을 것인가? - 양명과 퇴계 그리고 루돌프 슈타이너」, 308 이하.

하곡은 理보다는 '性'에 더 주목하면서 그것을 특히 "생리"로 표현한다. 그는 정명도의 『정성서』(定性書)를 좋아하며 性에 주목하는데, 性이 인간 마음의 天理라고 하지만 그 性이 오히려 "리의 체"(理之體)라고 하는 명도에게 공감했기 때문이다.14 하곡은 우리 마음의 "도심(道心)이 엉키고 모여서(凝聚) 천리가 되는 것"(道心凝聚 爲天理)이지 천리가 먼저가 아니라고 분명히 말한다.15 그에 따르면 '仁', 따뜻한 마음, 너그러움, 사랑, 공감(sympathy)이야말로 "생리의 주"(仁者 生理之主)라고 하는데,16 이것은 하곡이 어느 정도로 인간 주체적으로 사고하고, 우리의 지적 생활과 공부가 얼마나 실제의 구체적 삶과 생활, 몸의 감각과 감정의 움직임, 살리고 사랑하는 마음 등과 관계되는가 하는 것을 밝히는 일이다.

그는 공자가 "사람이 道를 넓히는 것이지 도가 사람을 넓히는 것이 아니다"라고 한 말을 귀하게 여겼다. 그는 주희가 우리 마음의 희로애락을 떠나서 공허한 것을 理로 삼고 대본(大本)으로 삼아서 그 대본이 마른 나무와 모래와 조약돌과 같은 것이 되었다고 비판하면서 그렇다면 "어떻게 나의 性과 분별이 있겠는가?"라고 묻는다.17 이상과 같은 사상을 이어 받은 강화 양명학(하곡학)은 그 후 여러 갈래의 '실심실학'(實心實學)으로 전개되어서 풍성하게 꽃피었는데,18 이것을 보아도 삶

---

14 『신편 국역 하곡집』 3, 「존언(存言)」上, '성즉리'(性卽理), 재단법인 민족문화추진회 옮김(서울: 한국학술정보(주), 2007), 138.

15 「존언(存言)中」, '도심천리설'(道心天理說), 같은 책, 155.

16 「존언(存言)中」, '인 · 성 · 심 · 지'(仁性心知), 같은 책, 160.

17 「존언(存言)上」, '태극 주정 중용 미발설'(太極主靜中庸未發說), 같은 책, 114: 若果離喜怒哀樂而以空虛者爲理爲大本, 則其爲大本也, 如枯木也, 砂礫也, 與吾性何有乎分別?

18 유명종, 「강화학파의 양명학 전통」, 김교빈 편저, 『하곡 정제두』(서울: 예문서원, 2005), 375-406.

과 실천(실학)을 통해서 표현되는 학의 권위야말로 참된 권위라는 것을 잘 밝혀준다. 오늘 우리 교육현실에서 요청되는 교사의 권위도 바로 이러한 모습이어야 함을 알려준다. 몸과 감정의 배려와 관계없는 지적 성장은 실심을 이루지 못하고, 학생들이 이미 지니고 있는 몸과 마음의 능력을 사용할 기회를 주지 않는 인성교육은 허구가 되기 쉽다는 것을 밝혀준다. 교사의 권위는 이러한 참된 몸 씀과 마음 씀을 통한 성장에 관심을 갖고 보살피며 함께할 때 자연스럽게 얻어진다는 것을 말하고자 한다.

IV. 영성(靈性)과 지속성(誠)으로서 인성

한 사람이 성장해나갈수록, 우리 사회적 삶이 더욱 확장되고 다면화될수록 스스로가 결정하고 판단해야 하는 일들이 많아진다. 오늘날은 정말 현기증을 느끼고 갈피를 잡을 수 없을 정도로 많은 선택과 판단, 결정의 순간들이 계속 밀려온다. 이런 가운데서 앞에서 우리가 강조한 우리의 감정은 쉽게 흔들리고, 공감적 판단은 종종 왜곡된 것이었음을 경험한다. 그래서 우리는 결정하지 못하고 우왕좌왕하기 일쑤이며, 생각하고 또 생각하지만 결론을 내리지 못하고 실기하는 경우를 종종 겪는다. 오늘 우리 시대는 주지주의와 지성의 시대라고 하지만 점점 더 '영성'에 대한 요구가 증대하고, 많은 경우 우리가 지금까지 학교 공부를 통해서 얻은 지식들이 실제 삶에서 그렇게 도움이 되지 못한다는 것을 느끼고, 그래서 어떤 더 근본적인 통찰과 삶의 '지혜' (智)를 얻기를 원한다. 이러한 모든 일이 우리 시대 지성과 감성의 한계를 지시해주는 일이라고 할 수 있다. 앞에서 들었던 정하곡도 우리 마음의 생리를 말했지만 그는 다시 그 가운데서 '진리'(眞理)를 구분해 내었고, 그것을 "리의 진체"(理之眞體)라고 했다. 그는 말하기를, "범리 (凡理) 가운데서 생리(生理)를 주로 하고, 생리 가운데서도 진리(眞理) 를 택해야지만 이것을 理라고 할 수 있다"라고 했다.[19]

1. 오늘 우리 시대뿐 아니라 우리 각자도 진정으로 체득하기를 원하는 이 '영성'이라는 것이 무엇일까? 우리가 보통 알고 있는 것을 넘어서 '참으로' 깨닫게 되었다는 말을 하게 하고, 아니면 온갖 의혹과 두려움 가운데서도 용기를 내서 다시 '믿음'을 가지고 우리 삶을 계속하도록 하는 것이 무엇일까? 그것은 인류 문명이 지금까지 지내오는 가운데 전개시켜온 각 개별 '종교'의 실행과 전혀 무관한 것은 아닌 것 같고, 그렇다고 그 전통 중의 어느 하나와 무조건적으로 동일화할 수는 없는, 그보다 더 기초적인 어떤 것, 그래서 '보편성'을 가질 수밖에 없는 어떤 '초월성'의 의미를 말하는 것이 아닌지 생각한다. 한국 사회를 근본에서부터 뒤흔든 박근혜/최순실 게이트에서 제일 책임이 큰 집단이 한국 개신교라고 한 원로 신학자가 언술했다. 본인도 이 말에 동의하면서 어떻게 한국 기독교가 그렇게 사적 욕망을 한계를 모르고서 채우고자 하는 인간 욕망의 노예가 되었고, 보편적인 인간 지성의 단순한 요구도 무시할 정도로 사이비 영으로 전락했는가를 생각해본다. 그러면서 바로 그 큰 요인이 초월과 내재의 철저한 분리, 초월적 절대자를 자신과 인간 세계와 공동체 밖에 두면서, 목표와 과정을 과격하게 분리하여 '믿음'과 '은혜'라는 이름으로 목적을 단번에 이루려

---

19 「존언(存言)上」, '예조명예설'(睿照明睿說), 같은 책, 95: 故於凡理之中主生理, 生理 之中擇其眞理, 是乃可以爲理矣.

는 사행(射倖) 심리의 하나로 변질했기 때문이 아닌가 여긴다. 그렇게 된 요인이 기독교 신관과 인간관(세계관), 구원관 자체 안에 사각지대로 내재되어 있다고 생각하는데, 그것을 따르는 사람들이 그 절대주의적 신의 자리에 자신을 두고, 자기 그룹을 두고서, 자신의 판단과 생각을 절대주의적으로 주장할 때 그와 같은 오류와 패행이 일어나는 것이 아닌가 생각한다.

여기에 대해서 본 성찰은 참된 영성이란 결코 지성과 인성에 반하는 것이 아니라고 생각하며, 건강한 인간의 지성은 영성으로 연결되며 인성으로 표현되는 것을 말하고자 한다. 또한 그중에서도 인간 공동체 삶이 전체주의적이고 파시즘적으로 변해갈 때 지도자 그룹에서든 또는 그 공동체 구성원에게든 가장 두드러지게 드러나는 특징이 '고립'과 '원자화'라는 것을 알고, 참된 영성이란 그에 반대되는 '公'과 '공동체성'을 다시 살리는 것임을 강조하고자 한다. 박근혜 정부하에서 국정농단의 현실과 헬조선의 모습이 그것을 잘 보여주고 있다. 오늘날 사람들은 크게 모여 살지만 그 안의 구성원들은 원자화되어 있고 고립되어 있으며, 거기서 건강한 공동체적 실천력이 자라나지 못한다. 하지만 이번 사태를 겪으면서 한국 국민들은 수차례의 촛불 광장집회를 이루어내면서 이 무력함과 두려움을 서서히 극복해가는 것을 볼 수 있었고, 여기에 세계도 크게 주목했다.

2. 공자께서 말씀하셨다:

"知가 미친다 하더라도 그것을 仁으로 지킬 수 없으면, 비록 그것을 얻었다 해도 반드시 잃고 말 것이다. 知가 미치고 仁이 지켜지더라도 장중한 자세로 그것에 임하지 않으면 백성들은 공경하지 않을 것이

다. 知가 미치고 仁이 지켜지며 장중한 자세로 임한다 하더라도 그들
을 움직이는 데 禮로써 하지 않는다면 선한 일이 아니다."20

『논어』위령공편의 이 말씀은 오늘 우리 상황에서 많은 것을 시사해
준다. 그것은 먼저 우리가 아무리 지식이 높고 앎이 풍부하더라도 그
것이 인간성의 너그러움과 부드러움, 인간적인 감정의 방식으로 나누
어지지 않는다면 그 지식은 소용없게 된다는 것이고, 다시 거기서 더
나아가 그 지식이 보다 더 멀리 민중들에게 향하고, 훨씬 지속적으로
일상의 보편적 삶에 영향을 미칠 수 있으려면 그것이 리추얼(ritual)과
예(禮)의 방식으로 정중하게 표현되어 사람들에게 '경외'(敬)의 감정
을 불러일으켜야 한다는 것이다. 여기서 나는 공자가 지성과 인성과
영성을 선하게 통합하는 방법을 가르쳐주신 것이라고 생각한다. 우리
가 비록 남들이 알지 못하는 어떤 특별한 지식을 얻었다 하더라도 그
것이 인간적인 감정과 실천적 삶에서의 인간적인 언어로 재구성되지
않고서는 지속적으로 생명력을 가질 수 없다는 것이고, 그것이 다시
더욱더 삶으로 확산되고 장기적으로 공동체의 생활 속에서 행위와 실
천력으로 화할 수 있게 하기 위해서는 사람들로 하여금 '거룩'(聖/敬)
을 알게 하여야 한다는 것이다. 그것도 그 가르침을 담당하는 자의 몸
의 자세가 장중함과 경외를 일으키는 것을 직접 경험하게 하는 방식으
로 해야만 그 가르침이 상대에게 경외의 마음을 불러일으키고, 그것을
통해서 배우는 자도 체화하면서 선한 실천력으로서 공동체의 삶에 계
속해서 전해질 수 있다는 의미라고 할 수 있다.

---

20 『논어』「衛靈公」32: 子曰 知及之 仁不能守之 雖得之必失之. 知及之 仁能守之 不莊以
涖之 則民不敬. 知及之 仁能守之 莊以涖之 動之不以禮未善也.

여기서 나는 두 가지를 특히 강조하고자 한다. 첫 번째는 지성(知)이 영성(敬)의 차원으로 전개되지 않고서는 그것이 지속적으로 삶과 공동체에서 작동할 수 없는 것을 말한다. 이것은 여러 가지 다른 표현으로도 서술될 수 있겠는데, 그 일례로, 知에서 行이 자연스럽게 나오도록 하려면 그 지가 행의 실천을 통해서 배워져야 한다는 것이고, 또한 그 행의 공부도 철저히 세속화된 의미에서의 이성주의적 수준에서의 공부가 아니라 그 안에 거룩과 초월과 내면적 뜻의 차원이 포함된 의미와 행의 공부여야 한다는 것이다. 그래서 서구 철학사상가 한나 아렌트도 건강한 인간 공동체 삶을 이루기 위해서는 '종교'와 '권위', '전통'이라는 "(로마적) 삼중주"가 필요하다고 말했고,[21] 앞에서 언급한 인지학자 슈타이너도 종교의 본질을 "(인간에게) 초감각적인 것을 숭배할 기회를 주는 것"이라고 했다. 즉 공동체를 인간다운 공동체로서 지속하기 위해서는 '영성'과 '종교'의 차원이 필요하고 그것이 사람들로 하여금 경외와 누미노제의 감정을 불러일으켜서 하나의 '권위'로 자리 잡을 수 있어야 한다는 것이다.

두 번째 강조점으로 나는 공자가 禮로써 행해지는 가르침을 강조하신 것과 관련해서 영성(종교)이란, 또는 참된 인간적 지혜(智, 판단력)와 행위력이란 어떤 이론이나 지식으로 얻는 것이 아니라 우리 몸의 구체적 체화로서, 몸과 마음의 자연스러운 '습관'으로서 체득하는 것이어야 한다는 것을 말하고자 한다. 즉 그 가르침이 지속적인 '전통'으로 되기 위해서는 단순히 한두 번의 이론적 가르침으로는 이루어질 수 없고, 장기간의 꾸준함 속에서, 몸과 마음의 습관으로 이루어질 때까

---

21 Hannah Arendt, "What is Authority?", *Between Past and Future* (NY: Penguin Books, 1968), 125ff.

지 행해야 한다는 것이다. 그러기 위해서는 그 가르침이, 다시 동어 반복적인 말이긴 하지만, 영성의 차원으로 연결되어야 한다는 것이고, 다시 말하면 한 공동체의 정치와 교육과 문화가, 즉 전통이 종교적·영성적 차원을 탈각해버리고서는 제대로 작동할 수 없다는 것이다. 왜냐하면 그러한 세속적인 차원에서만의 가르침은 민중에게서 경외와 존중감을 이끌어낼 수 없고, 그래서 권위가 서지 않으며, 그런 경우 몸으로 체득하기까지 긴 노력을 들여서 배우려고 하지 않기 때문이다.

여기서 우리는『중용』이 "아름답고 넉넉하게 크도다. 예의(禮儀) 삼백이요, 위의(威儀) 삼천이로다"(優優大哉. 禮儀三百 威儀三千)라고 한 말의 뜻을 잘 생각해볼 수 있고, 그전에 먼저 "지속함(誠)은 하늘의 도이고, 지속함을 수행하는 일(誠之)은 인간의 도이다(誠者 天之道也, 誠之者 人之道也)라고 선포한 '誠'의 가르침을 새겨볼 수 있다. 인간 마음의 생리(生理, 지성/인성)로부터 다시 진리(영성)를 구별해내는 정하곡도 '선하게 되고자 하는 일을 몸과 삶으로 실행하는 일'(明善誠身)과 '배우는 목적이 결국 우리 삶의 인간다운 변화'(博文約禮)라는 것을 말하고, '知로 이르고, 仁으로 지키며, 敬으로 실천하는' 공부법을 설명하면서 그는 한 마디로 "理는 곧 禮이다"(理者卽禮也)라고 언술했다.[22] 그에게도 '종교'와 '정치'와 '교육'(문화)은 서로 다른 일이 아니고, 지성과 인성과 영성은 '지속성(誠) 안에서 통합되는 일인 것이다. 그는 다음과 같이 말한다:

"(천하만물의) 조리(條理)에서 능함이 있는 것을 知라고 하고, 그 모든 것을 온전하게 하는 것을 仁이라 하며, 이것을 실행(實)하는 것이 信

---

22 「존언(存言)下」, '이자즉예야'(理者卽禮也), 같은 책, 193.

이며, 그 일을 지속하는 것을 誠이라고 한다."[23]

3. 다시 인지과학자 바렐라의 언어로 살펴보면 그는 "삶은 인지(理)이다"(Life is cognition)라는 기본 입장에서, 그러나 우리의 주체(subjectivity, 性)는 오직 '체화'(誠)에서만 존재하고, 윤리의 노하우는 점진적이고 직접적으로 항상 다시 새롭게 체화하는 행위 속에서 얻어지는 것이라고 밝힌다. "삶이란 의미 만들기"(sense-making)라고 말하는 그는 어떤 고정된 실체로서의 주체나 객체의 존재를 인정하지 않지만, 그럼에도 우리가 삶의 어떤 예기치 못한 상황에서 즉각적이고 자연스럽게 반응하는 '즉각적인 대응'(just being there)을 말하며, 그것이 사실 "가장 힘든 작업"이라고 지적한다.[24] 왜냐하면 그러한 즉각적인 대응이란 "현재 상태로 진화하기까지 장구한 시간이 걸렸기 때문"이다. 즉 여기서 그도 한 공동체가 장기간에 걸쳐서 禮와 리추얼과 습관과 상식 등으로 전통과 문화로 이룩한 인간 삶의 환경을 지적하는 것이다.

하지만 그는 여기서 더 나아가 진전된 연구에서, 그리고 또한 개인적으로 불교도가 되어서 '지관(止觀) 명상'을 깊이 수련하면서 우리 삶(인지)에서 그 환경이라는 것도 결코 고정된 것으로 이해해서는 안 된다는 것을 강조한다. "환경은 살아 있는 존재에 대해 외부로부터 부과되는 구조가 아니라 사실은 그런 존재들에 의해서 창조된 것"이라는 사실을 더욱 주창하는 의미이다.[25] 그는 인지는 표상이 아니고 체화된 행위라고 하면서 세계는 미리 주어진 것이 아니라 우리가 지닌 "구조

---

23 「존언(存言)下」, '이자즉예야'(理者卽禮也), 같은 책, 194: 其有能於此條理者謂之知, 其所全體謂之仁, 實此謂之信, 有此謂之誠.

24 프란시스코 바렐라, 『윤리적 노하우』, 43,

25 프란시스코 바렐라 외 지음, 『몸의 인지과학』, 319.

적 연합(structural coupling)의 역사를 통해서 발제된 것"을 말한다. 즉 "환경의 규칙성"이 계속 새롭게 생성되고 규정되는 것임을 강조한 것이다.[26] 나는 이러한 현대 과학자의 발견과 노력을 특히 오늘날의 유교 전통이 잘 숙지하고 숙고해야 한다고 생각한다. 왜냐하면 앞에서 살펴본 대로 인간 삶의 지속과 참된 배움과 성장을 위해서 권위와 전통과 예가 필요하다고 해서 그것을 어떤 고정된 실체로 여긴다거나, 그래서 그것을 그대로 답습하면서 오늘날의 새로 오는 세대들에게 그대로 인습적인 권위로 강요하거나 주입하려 해서는 안 된다는 것을 말해주기 때문이다. 유교는 과거 자신의 그러한 오류를 기억하고 매번 새로운 모습으로 시의의 지혜를 통해서 자신을 갱신하는 것이 긴요하다는 가르침이다.

바렐라에 따르면 "세계를 이미 주어진 것으로 간주하는 것, 그리고 생물체를 그렇게 주어진 세계에 적응하거나 그 세계를 표상하는 것으로 간주하는 것은 '이원론'이다."[27] 앞에서 우리는 오늘 한국 사회에서 파행으로 치닫고 있는 기독교의 오류가 그가 빠져든 과격한 절대주의적 이원론에 기인함을 지적했다. 만약 유교도 자신의 고유한 '리기불이'(理氣不二)적 지혜와 믿음을 망각하고서 과거에 이미 이루어진 외형과 틀에 집착하고, 권위를 실체화한다거나, 전통을 생활과 관계없는 고정된 환경으로 고집할 때는 다시 현재적 생명과 삶으로부터의 배적을 면치 못할 것이다. 이러한 변화된 세계관과 인지관의 삶에서는 "지능은 문제를 해결하는 능력에서 공유된 의미의 세계에 참여하는 능력으로 바뀐다"라고 지적된다.[28] 즉 어떤 정해진 정답과 완결된 해

---

26 같은 책, 323, 325.
27 같은 책, 326.
28 같은 책, 333.

답을 찾는 일에 집착하는 지성이 아니라 그 지성이 온 삶의 생명을 더욱 북돋우고 함께 세계를 일구어가는 '천지를 낳고 살리는 생물영성'(天地生物之心/理)의 실천으로 화해야 함을 말하는 것이다. 그런 의미에서 『중용』 25장의 다음과 같은 언술은 인간 정신이 어떤 지향점을 향해서 나가야 하는지를 잘 알려주고, 어떻게 그 안에서 지성과 인성과 영성이 크게 통합되는지를 잘 밝혀준다고 하겠다:

> "성실한 것은 스스로 자기를 이룰 뿐만 아니라 만물을 이루는 것이다. 몸을 이루는 것은 仁이요, 만물을 이루는 것은 知이니, 인간성의 덕이다. 안과 밖을 합한 도이니 그러므로 제때에 쓰는 데 마땅한 것이다(誠者 非自成己而已也. 所以成物也. 成己仁也 成物知也 性之德也. 合外內之道也 故時措之宜也)."

"우리는 항상 우리가 걸어온 길에 의해서 제약되지만 앞으로 택할 길을 결정할 (무조건적으로) 궁극적인 기반은 없다."[29] 우리 자신의 자아조차도, 그리고 하늘과 세계조차도 모두 서로의 연합의 역사를 통해서 새롭게 발제되는 것이라는 사실을 깊이 숙지한다면 오늘 어느 한 국가나 한 개인, 또는 한 대통령이나 삶의 한 요소로 세상을 온통 뒤덮는 것은 반(反)자연적이고 비윤리적이며, 사이비 미신의 일이라는 것을 말할 수 있다. 이렇게 우리가 매 순간 마주해야 하는 우리 존재의 무근저성에도 불구하고 이 세상은 또한 아름답고 살아볼 만하다는 것을 우리는 사랑과 신뢰의 모성으로부터 배운다. 또한 우주가 쉼 없는 '易'(the Change)이지만 그것이 이치(理)로도 나타난다는 것을 권위의

---

29 같은 책, 343.

교사로부터 체득한다. 이런 전통과 과거와 전(前) 세대의 은덕과 배려 덕분으로 새로 오는 세대는 용기를 내어서 믿음을 가지고 다시 자신들의 고유한 새로운 세계를 발제할 힘을 얻으면서 현재를 살아가는 것이다. 모두의 미래는 그 안에 있다는 것을 우리가 잘 안다.

V. 마무리하는 말

오늘 우리가 처한 교육현실과 관련해서 전통 서당(書堂)문화의 아름다운 유산과 그 안에서 귀하게 수행되던 스승의 도를 새기는 일에 다시 시선이 쏠리고 있다. 한국의 서당문화와 서원교육, 전통의 스승상 안에 지금까지 본 연구가 인성교육의 다른 길로 제안한 지성과 인성, 영성의 통합의 길을 훌륭하게 수행해온 역사가 잘 담겨 있기 때문이다. 그런 의미에서 다시 오늘 우리의 가정과 학교, 초중등교육과 대학교육 등에서 이러한 전통들이 새롭게 적용되고 응용되는 일이 매우 중요함을 말하고자 한다.

하지만 앞에서도 밝혔듯이 그것이 과거의 형태 그대로 실체로서 주장되어서는 안 된다. 모성을 여전히 인습적인 신체적 성역할의 고정에 묶어두려 한다거나 좁은 의미의 혈연 중심적 사고에 매어두려는 것 등은 오늘의 사회와 삶의 환경이 더 이상 용납할 수 없는 것들이다. 또한 교사의 권위 문제도 깊은 책임감과 더불어 구체적이고도 인간적인 배려와 간섭을 통해서 피교육자의 성장을 도모하는 일이 없이 단지 자리와 체제의 힘을 빌려서 그것을 요구한다거나 과거와 같은 단순한 정보와 객관적인 지식의 양 등과 관련해서만 말한다면 그 권위는 오래 지속될 수 없을 것이다. 인간 교육이 그렇게 낱개의 정보수집과 얄팍한 인지력을 키우는 일로 전락한 데에는 근대 과학주의의 영향이 크다. 거기에 대해서 한국 전통의 유교사상은 '학(學)을 통해서 성인(聖人)의 경지에까지 도달할 수 있다'(人皆可以爲堯舜)는 큰 뜻을 가지고 일종의 세간적(世間的) 종교영성으로서 학문과 공부의 새로운 차원을 지시해줄 수 있을 것이다. 오늘 세속화 시대를 거치고 다시 탈세속화 시대에 이와 같은 유교 영성이 줄 것이 많다고 보기 때문이다.[30] 그런 의미에서 유교학자 뚜 웨이밍은 앞으로의 인류 미래를 위해서 우리 각자가 어떤 개별 종교그룹에 소속되었는가에 상관없이 유교도 보편적으로 새로운 인간학적 토대를 위한 "영적 휴머니즘"(spiritual human-ism)으로 받아들일 수 있지 않겠느냐고 제안했다. 즉 유교 영성이 앞으로의 인류 사회를 위해서 "21세기 보편영성"으로 훌륭한 역할을 담당할 수 있다고 여긴다.[31] 오늘날 한국 사회가 많은 시련 앞에 놓여 있지만 세계의 어느 곳에서보다도 더 진지하고 성실하게 이러한 유교정신을 성찰하고 수행해온 전통을 잘 살려서 이 새로운 과제를 잘 감당할 수 있으리라고 생각한다. 하지만 그렇게 되려면 자신과 '다른' 것을 향하여 더욱더 자신을 개방해야 하고, 그러면서 동시에 더욱 진지하게 자기 성찰을 수행하면서 '겸손하게'(孝), 그리고 '성실하게'(誠) 이 일을 탐색해가야 할 것이다. 참된 인성교육을 이루고자 다시 전통 서당문화나 서원교육 등을 살펴보는 일도 바로 그러한 일을 위한 토대를 마련하기 위해서라고 생각한다.

---

30 이은선, 『잃어버린 초월을 찾아서 - 한국 유교의 종교적 성찰과 여성주의』(서울: 도서출판 모시는사람들, 2009).

31 현장아카데미 편, 『21세기 보편 영성으로서의 誠과 孝 - 海天 윤성범 선생 탄생 100주년 기념』(서울: 동연, 2016), 9.

여성의 원리와 공존의 윤리, 그 실천의 교육적 의미와 가능성

낸시 프라이디. 안혜성 역.『여성의 자기발견』. 서울: 대완출판사, 1985.

_____. *My Mother / My Self.* New York: Delacorte Press, 1977.

시몬느 드 보브와르. 조홍식 역.『제2의 성 上, 下』. 서울: 을유문화사, 1986.

엘리자베트 바뎅테. 최석 옮김.『XY남성의 본질에 관하여』. 서울: 민맥, 1993.

오에 겐자부로. 정효영 역.『개인적 체험』. 서울: 소학사, 1994.

이은선·이정배.『현대이후주의와 기독교』. 서울: 다산글방, 1993.

헬렌 피셔. 박매영 옮김.『性의 계약 - 인간의 진화를 보는 새로운 관점』. 서울: 정신세
계사, 1993.

Alice Miller. *Am Anfang war Erziehung* . Suhrkampf Taschenbuch 951,
1983.

Demaris S. Wehr. *Jung and Feminism: Liberating Archetypes* . Beacon
Press, 1989.

Ed. by Connie Zweig. *To Be A Woman : The Birth of the Conscious
Feminine.* Los Angeles: Jeremy P. Tarcher, Inc., 1990.

Hanna Wolf. *Jesus der Mann: Die Gestalt Jesu in tiefenpsychologische
Sicht.* Stuttgart, 1977.

Heinrich Boll. *Ausichten eines Clowns 36.* Munchen: dtv, 1987.

M. F. Belenky · B. M. Clinch. N. R. Goldberger · J. M. Tarule. *Women's
Ways of Knowing: The Development of Self, Voice, and Mind.* New
York: Basic Books, Inc., Publishers, 1986.

Simone Weil. *Aufmerksamkeit fur das Alltagliche, Ausgewahlte Texte Zu
Fragen der Zeit.* Munchen: Kosel-Verlag, 1987).

신자유주의 사회에서 탈학교와 한국 생물(生物)여성영성의 교육

『대학』.『맹자』.『율곡전서』.『전습록』.『중용』.『퇴계전서』.

고요한.『몸과 배움의 철학』. 경기: 학지사, 2008.

김은실.「세계화, 국민국가, 생명정치: 촛불, 국민, 여성들」. 한국여성학회&비판사
　　회학회 공동심포지엄. 중앙대학교 법학과 대강당 2008. 9. 26 발표문.

김혜순.『여성이 글을 쓴다는 것은』. 파주: 문학동네, 2002.

벨 훅스. 윤은진 옮김.『경계넘기를 가르치기』. 서울: 모티브북, 2008.

샐리 맥페이그. 김준우 옮김.『기후 변화와 신학의 재구성』. 고양: 한국기독교연구소,
　　2008.

신창호.『대학(大學)의 교육론 산책』. 인천: 내일을여는책, 2001.

이동준.「인류의 성숙과 열린사회 - 동방사상의 현대적 성찰」. 한국철학연구소 학술
　　문화발표 44, 2008. 10. 4. 성균관대학교.

이반 일리치. 심성보 옮김.『학교 없는 사회』. 서울: 미토, 2004.

_____. 이한 옮김.『성장을 멈춰라 - 자율적 공생을 위한 도구』(*Tools for
　　Conviviality*). 서울: 미토, 2004.

_____. 박홍규 옮김.『그림자 노동』(*Shadow Work*). 서울: 미토, 2005.

이은선.『한국교육철학의 새지평 - 聖·性·誠의 통합학문적 탐구』. 인천: 내일을여는
　　책, 2000.

_____.『잃어버린 초월을 찾아서 - 한국 유교의 종교적 성찰과 여성주의』. 서울:
　　도서출판 모시는사람들, 2009.

_____.「양명 공부법의 교육철학적 의의」.『東洋哲學硏究』24, 2001. 191-220.

_____.「『대학』과『중용』사상의 현대 교육철학적 해석과 그 의의」.『교육학연구』
　　39(4), 2001. 19-44.

_____.「한나 아렌트 사상에서 본 교육에서의 전통과 현대」.『교육철학』30, 2003.
　　139-159.

_____.「성과 가족, 그리고 한국 교육철학의 미래」.『교육철학』33, 2005.
　　117-135.

_____.「한나 아렌트의 '탄생성'(natality)의 교육학과 양명의 '치량지'(致良知)」.
　　『陽明學』18, 2007. 5-62.

_____.「종교성과 생태적 감수성 - 생명교육의 한 예시」. 한명희 외.『종교성, 미래
　　교육의 새로운 패러다임』. 경기: 학지사, 2007. 119-144.

_____.「국제화시대 한국교육의 '무한경쟁주의' 극복을 위한 인문학적 성찰」.『교육
　　철학』41, 2008. 203-223.

_____.「한국 유교의 종교적 성찰 - 조선후기 여성성리학자 강정일당을 중심으로」.
　　　『陽明學』20, 2008. 43-82.

이한.『탈학교의 상상력』. 서울: 삼인, 2000.

장하준. 이순희 옮김.『나쁜 사마리아인들』. 서울: 부키, 2007.

_____. 이종태·황해선 옮김.『다시 발전을 요구한다』. 서울: 부키, 2008.

줄리아 칭. 변선환 역.『유교와 기독교』. 왜관: 분도출판사, 1994.

츠츠미 미카. 고정아 옮김.『르포 빈곤대국 아메리카』. 파주: 문학수첩, 2008.

크리스 메르코글리아노. 공양희 옮김.『두려움과 배움은 함께 춤출 수 없다』. 서울:
　　　민들레, 2002.

한나 아렌트. 이진우·박미애 옮김.『전체주의의 기원 1』. 파주: 한길사, 2006.

한명희 외.『종교성, 미래교육의 새로운 패러다임』. 경기: 학지사, 2007.

졸부와 불신의 사회에서 종교와 정치 그리고 교육

강민석 외.『노무현 상식, 혹은 희망』. 서울: 행복한책읽기, 2009.

고옥.「탈속과 귀환의 중도에서 만난 아렌트」. 홍원표 외.『한나 아렌트와 세계사랑』.
　　　서울: 인간사랑, 2009.

김대호.『노무현 이후 새 시대 플랫폼은 무엇인가』. 서울 : 한걸음더, 2009.

김흥호.『다석일지공부 2권』. 서울: 솔출판사, 2001.

김흥호·이정배 엮음.『다석 유영모의 동양사상과 신학』. 서울: 솔, 2002.

로저 스크러튼. 조현진 옮김.『스피노자』. 서울: 궁리, 2002.

류영모 역. 박영호 해석.『마음길 밝히는 지혜』. 서울: 성천문화재단, 1994.

베네딕트 데 스피노자. 김호경 옮김.『신학 - 정치론』. 서울: 책세상, 2006.

_____. 김호경 옮김.『정치론』. 서울: 갈무리, 2009.

안토니오 네그리·마이클 하트. 윤수종 옮김.『제국』. 서울: 이학사, 2001.

안토니오 네그리. 이기웅 옮김.『전복적 스피노자』. 서울: 그린비, 2005.

이반 일리치. 이한 옮김.『성장을 멈춰라』. 서울: 미토, 2004

이은선.「『대학』과『중용』사상의 현대 교육철학적 해석과 그 의의」.『교육학연구』
　　　제39권 제4호, 2001. 5-62.

_____.「한나 아렌트의 '인간의 조건'과 '공공성'에로의 교육」.『교육철학』제29집,
　　　2003. 45-73.

_____.「한나 아렌트 사상에서 본 교육에서의 전통과 현대」.『교육철학』제30호,

2004. 139-159.

_____.「한나 아렌트의 '탄생성'(natality)의 교육학과 양명의 '치량지'(致良知)」. 『양명학』 제8호, 2007. 5-62.

_____.「국제화 시대 한국교육의 '무한경쟁주의' 극복을 위한 인문학적 성찰」.『교육철학』 제41집, 2008. 203-223.

_____.「사람의 아들 노무현 부활하다」.〈기독교사상〉7월호. 서울: 대한기독교서회, 2009.

_____.『한국 교육철학의 새지평』. 인천: 내일을여는책, 2009 개정판.

이정배.『없이 계신 하느님, 덜없는 인간 - 多夕신학의 얼과 틀 그리고 쓰임』. 서울: 도서출판 모시는사람들, 2009.

장하준. 이종태·황해선 옮김.『다시 발전을 요구한다』. 서울: 부키, 2008.

정양모. "다석 유영모 선생의 신앙". 김흥호·이정배 엮음.『다석 유영모의 동양사상과 신학』. 서울: 솔, 2002.

조병옥.『라인 강변에 꽃상여 가네』. 서울: 한울, 2006.

제16대 대통령비서실 짓고 엮음.『노무현과 함께 만든 대한민국』. 서울: 지식공작소, 2009.

질 들뢰즈. 박기순 옮김.『스피노자의 철학』(이데아 총서 63). 서울: 민음사, 1999.

칼 폴라니. 홍기빈 옮김.『거대한 전환 - 우리시대의 정치·경제적 기원』. 서울: 도서출판 길, 2009.

한나 아렌트. 이진우·태정호 역.『인간의 조건』. 서울: 한길사, 2001.

_____. 서유경 옮김.『과거와 미래 사이에서』. 서울: 푸른숲, 2005.

_____. 이진우·박미애 옮김.『전체주의의 기원 1』. 파주: 한길사, 2006.

함석헌.『뜻으로 본 한국역사』. 서울: 한길사, 1986(제11판).

홍세화. "우리는 모두 루저".〈한겨레신문〉2009년 11월 26일.

홍원표 외.『한나 아렌트와 세계사랑』. 서울: 인간사랑, 2009.

Hannah Arendt. *Between Past and Future*. NY: Penguin Book, 1963

_____. *Rahel Varnhagen - The Life of a Jewish Woman*. NY: A Harvest/HBJ Book, 1974.

_____. *The Origins of Totalitarianism*. NY and London: A Harvest/HBJ Book, 1983.

믿음(信), 교육정의의 핵심과 한국 공동체 삶의 미래

『孟子』.『메논』.『에밀』.『전습록』.

김예슬.『김예슬 선언 - 오늘 나는 대학을 그만둔다, 아니 거부한다』. 서울: 느린걸음, 2010.

김희삼.「사회 이동성 복원을 위한 교육정책의 방향」. KDI FOCUS. 2015년 4월 29일(통권 제54호).

데이비드 케일리 대삼 엮음. 이한·서범석 옮김.『이반 일리치의 유언』. 서울: 아파르, 2009.

루돌프 슈타이너. 김성숙 옮김.『교육의 기초로서의 일반인간학』. 서울: 물병자리, 2007.

_____. 최혜경 옮김.『젊은이여, 앎을 삶이 되도록 일깨우라 - 인류 발달에 관한 정신과학적 연구 결과』. 서울: 밝은누리, 2013.

양미선 지음.『영유아교육·보육비용추정연구』. 서울: 육아정책연구소, 2013.

양은주 엮음.『교사를 일깨우는 사유』. 서울: 문음사, 2007.

이명휘 지음. 김기주·이기훈 옮김.『유교와 칸트』. 서울: 예문서원, 2012.

이반 일리치. 이한 옮김.『성장을 멈춰라 - 자율적 공생을 위한 도구』. 서울: 도서출판 미토, 2004.

_____. 심성보 옮김.『학교없는 사회』. 서울: 도서출판 미토, 2004.

_____. 권루시안 옮김.『과거의 거울에 비추어 - 현대의 상식과 진보에 대한 급진적 도전』. 서울: 느린걸음, 2013.

이은선.『한국 생물여성영성의 신학』. 서울: 도서출판 모시는사람들, 2011.

_____.『생물권 정치학시대에서의 정치와 교육 - 한나 아렌트와 유교와의 대화 속에서』. 서울: 도서출판 모시는사람들, 2014.

한나 아렌트. 이진우/태정호 옮김.『인간의 조건』. 서울: 한길사, 2002.

_____. 김선욱 옮김.『예루살렘의 아이히만』. 파주: 한길사 2006.

한형조 외.『500년 공동체를 움직인 유교의 힘』. 서울: 글항아리, 2013.

Hannah Arendt. *The Origins of Totalitanism*. NY/London: A Harvest/HBJ Book, 1973.

_____. "On the Nature of Totalitarianism", *Essays in Understan- ding 1930-1954*.

J. H. Pestalozzi. *Saemtliche Werke, Kritische Ausgabe*. begruendet von A. Buchenau, E. Spranger, H. Stettbacher. Berlin/Zuerich 1927ff. Bd. 13.

내가 믿는 이것, 한국 생물(生物)여성정치와 교육의 근거

『맹자』.

『霞谷集』. 鄭齊斗. 민족문화추진회 한국문집총간 160. 경인문화사, 1995.

재단법인 민족문화추진회 옮김.『신편 국역 하곡집』1, 2, 3, 4. 서울: 한국학술정보
　　(주), 2007.

김교빈.「하곡 리기론의 구조에 관한 연구」. 동양예문연구원 · 김교빈 편저.『하곡
　　정제두』. 서울: 예문서원, 2005.

김길락.「하곡 정제두의 심성론 연구」. 동양예문연구원 · 김교빈 편저.『하곡 정제두』.
　　서울: 예문서원, 2005.

김낙진.「정제두의『중용설』에 나타난 반주자학적 경전 해석」. 동양예문연구원 · 김교
　　빈 편저.『하곡 정제두』. 서울: 예문서원, 2005.

노명식 지음.『함석헌 다시 읽기』. 서울: 책과함께, 2011.

니콜라이 베르쟈예프. 이신 역.『노예냐 자유냐』. 서울: 도서출판 인간, 1979.

동양예문서원 · 김교빈 편저.『하곡 정제두』. 서울: 예문서원, 2005.

르웰린 보간리. 김준우 옮김.『생태영성 – 지구가 울부짖는 소리』. 고양: 한국기독교
　　연구소, 2014.

박연수.「하곡 정제두의 지행일체관」. 예문동양사상연구원 · 김교빈 편저.『하곡 정제
　　두』. 서울: 예문서원, 2005.

생명평화마당 엮음.『생명과 평화를 여는 정의의 신학』. 서울: 동연, 2013.

유승국.「하곡 철학의 양명학적 이해」. 동양예문연구원 · 김교빈 편저.『하곡 정제두』.
　　서울: 예문서원, 2005.

이은선.『한국교육철학의 새지평 – 聖 · 性 · 誠의 통합학문적 탐구』. 인천: 내일을여는
　　책, 2000.

＿＿＿.『잃어버린 초월을 찾아서 – 한국 유교의 종교적 성찰과 여성주의』. 서울:
　　도서출판 모시는사람들, 2009.

＿＿＿.『한국 생물生物여성영성의 신학』. 서울: 도서출판 모시는사람들, 2011.

＿＿＿.『생물권 정치학시대에서의 정치와 교육 – 한나 아렌트와 유교와의 대화
　　속에서』. 서울: 도서출판 모시는사람들, 2013.

＿＿＿.「仁의 사도 함석헌 사상의 유교적 뿌리에 대해서」.『陽明學』제33호.
　　2012. 12.

＿＿＿.「오늘의 '포스트휴먼' 시대에 무엇이 인간을 여전히 인간되게 하는가? –
　　유교적 페미니즘과 '다른 기독론'(the other christology)」.『유교사상문화
　　연구』제52집. 한국유교학회, 2013. 6.

이해영. 「하곡 정제두 철학의 양명학적 전개」. 예문동양사상연구원·김교빈 편저. 『하곡 정제두』. 서울: 예문서원, 2005.

정인재. 『양명학의 정신』. 서울: 세창출판사, 2014.

정희진. 「정희진의 어떤 메모」. 〈한겨레〉 2014. 9. 20일자 2면.

크리스 메르코글리아노. 공양희 옮김. 『두려움과 배움은 함께 춤출 수 없다』. 서울: 민들레, 2002.

크리스토퍼 레인. 이문희 옮김. 『만들어진 우울증 - 수줍음은 어떻게 병이 되었나?』. 서울: 한겨레출판, 2009.

플라톤. 김안중 옮김. 『메논』. 이은주 엮음. 『교사를 일깨우는 사유』. 서울: 문음사, 2007.

한나 아렌트. 인진우·태정호 옮김. 『인간의 조건』. 서울: 한길사, 2002.

_____. 서유경 옮김. 『과거와 미래 사이』. 서울: 푸른숲, 2005.

_____. 이진우·박미애 옮김. 『전체주의의 기원 1』. 파주: 한길사, 2006.

한완상,「피로담론을 퍼뜨리는 이 땅의 '선장들'」, 〈한겨레〉 2014. 9. 11(목), 2면.

Hannah Arendt. *The Life of the Mind*. Two/Willing, Appendix/Judging. NY&London: Yale University Press, 1982.

_____. *The Origins of Totalitarianism*. New York and London: A Harvest/HBJ Book, 1983.

_____. *The Promise of Politics*. New York: Schocken Books, , 2005.

Hans Jonas. *Das Prinzip Verantwortung*. Frankfurt am Main: Insel Verlag, 1983.

'페스티벌/도쿄2014' 초청작, 〈몇 가지 방식의 대화들〉, 2014. 9. 13-21, 아르코예술극장 소극장, 크리에이티브 VaQi, 팸플릿.

세월호 이후의 한국 교육

『논어』.『맹자』.『중용』.『霞谷全集』 권8.

『신편 국역 하곡집』 3. 재단법인 민족문화추진회 옮김. 한국학술정보(주), 2007.

김교빈. 「하곡 리기론의 구조에 관한 연구」. 동양예문연구원·김교빈 편저. 『하곡 정제두』. 서울: 예문서원, 2005.

노명식 지음. 『함석헌 다시 읽기』. 서울: 책과함께. 2011.

루돌프 슈타이너. 김성숙 옮김. 『교육의 기초로서의 일반인간학』. 서울: 물병자리, 2007.

루돌프 슈타이너. 최혜경 옮김.『젊은이여, 앎을 삶이 되도록 일깨우라 - 인류 발달에 관한 정신과학적 연구 결과』. 서울: 밝은누리, 2013.

유권종.「바렐라의『윤리적 노하우』와 유교연구」.『한국학논집』제42집. 2011, 39-66.

이명휘. 김기주 · 이기훈 옮김.『유교와 칸트』. 서울: 예문서원, 2012.

이선열.『17세기 조선, 마음의 철학』. 서울: 글항아리, 2017.

이은선.「루돌프 슈타이너의 신지학(神智學)과 교육」.『한국 교육철학의 새 지평 — 聖 · 性 · 誠의 통합학문적 탐구』. 인천: 내일을여는책, 2000.

_____.「仁의 사도 함석헌 사상의 유교적 뿌리에 대하여」.『陽明學』제33호. 2012. 12.

_____.「어떻게 행위하고 희락할 수 있는 인간을 기를 수 있을 것인가? - 양명과 퇴계 그리고 루돌프 슈타이너」.『생물권 정치학시대에서의 정치와 교육』. 서울: 도서출판 모시는사람들, 2015(3).

_____.「오늘의 '포스트휴먼' 시대에 무엇이 인간을 여전히 인간되게 하는가? - 유교적 페미니즘과 '다른 기독'론」.『儒教文化思想』제52집, 2013. 6.

정인재.『양명학의 정신』. 서울: 세창출판사, 2014.

프란시스코 J. 바렐라. 유권종 · 박충식 옮김.『윤리적 노하우 - 윤리의 본질에 관한 인지과학적 성찰』. 서울: 갈무리, 2009.

함석헌.『뜻으로 본 한국역사』함석헌 전집 1. 서울: 한길사, 1986 제11판.

_____.『함석헌 저작집』14. 파주: 한길사, 2009.

Rudolf Steiner. *Geistesfragen, Rudolf Steiner Gesamtausgabe 332a*. Dornach, 1981.

Rudolf Steiner. *Mein Lebensgang, Rudolf Steiner Taschenbuecher aus dem Gesamtwerk*. Rudolf Steiner Verlag: Dornach Schweiz, 1982.

인성교육의 새로운 길

『논어』.『맹자』.『聖學十圖』.『중용』.

『신편 국역 하곡집』3.「존언(存言)」. 재단법인 민족문화추진회 옮김. 서울: 한국학술정보(주), 2007.

루돌프 슈타이너. 김성숙 옮김.『교육의 기초로서의 일반인간학』. 서울: 물병자리, 2007.

_____. 최혜경 옮김.『젊은이여, 앎을 삶이 되도록 일깨우라 - 인류 발달에 관한

정신과학적 연구 결과』. 서울: 밝은누리, 2013.

자크 랑시에르. 양창렬 옮김.『무지한 스승』. 서울: 궁리, 2008.

유명종.「강화학파의 양명학 전통」. 김교빈 편저.『하곡 정제두』. 서울: 예문서원, 2005.

이은선.『잃어버린 초월을 찾아서 - 한국 유교의 종교적 성찰과 여성주의』. 서울: 도서출판 모시는사람들, 2009.

_____.「어떻게 행위하고 희락할 수 있는 인간을 기를 수 있을 것인가? - 양명과 퇴계 그리고 루돌프 슈타이너」.『생물권 정치학시대에서의 정치와 교육 - 한나 아렌트와 유교와의 대화 속에서』. 서울: 도서출판 모시는사람들, 2014.

_____.「믿음(信), 교육정의의 핵심과 한국공동체 삶의 미래」. 김일수 외.『한국사회 정의 바로세우기』. 서울: 세창, 2015.

_____.「다른 유교, 다른 기독교, 지성·인성·영성의 통합에 대하여」.『陽明學』제42호. 한국양명학회, 2015. 12.

_____.『다른 유교, 다른 기독교』. 서울: 도서출판 모시는사람들, 2016.

프란시스코 J. 바렐라. 유권종·박충식 옮김.『윤리적 노하우 - 윤리의 본질에 관한 인지과학적 성찰』. 서울: 갈무리, 2009.

프란시스코 바렐라 외 지음. 석봉래 옮김.『몸의 인지과학』. 서울: 김영사, 2016.

현장아카데미 편.『21세기 보편 영성으로서의 誠과 孝 - 海天 윤성범 선생 탄생 100주년 기념』. 서울: 동연, 2016.

J. H. Pestalozzi. *Saemtliche Werke, Kritische Ausgabe.* Berlin/Zuerich 1927ff., Bd.28.

Hannah Arendt. *The Origins of Totalitarianism.* NY/London: A Harvest/HBJ Books, 1983.

_____. *Between Past and Future.* NY: Penguine Books, 1968.